好父母胜过好老师

静涛 建霞◎编著

南海出版公司

2019·海口

图书在版编目（CIP）数据

好父母胜过好老师 / 静涛, 建霞编著. -- 海口：南海出版公司, 2019.5
 ISBN 978-7-5442-9550-5

Ⅰ.①好… Ⅱ.①静… ②建… Ⅲ.①家庭教育 Ⅳ.①G78

中国版本图书馆CIP数据核字（2019）第043069号

HAO FUMU SHENG GUO HAO LAOSHI
好父母胜过好老师

编　　者	静　涛　建　霞
责任编辑	雷珊珊
装帧设计	李爱雪
出版发行	南海出版公司　　电话：（0898）66568511（出版）（0898）65350227（发行）
社　　址	海南省海口市海秀中路51号星华大厦五楼　邮编：570206
电子邮箱	nhpublishing@163.com
经　　销	新华书店
印　　刷	北京柯蓝博泰印务有限公司
开　　本	710毫米×960毫米　1/16
印　　张	20.25
字　　数	273千
版　　次	2019年5月第1版　　2019年5月第1次印刷
书　　号	ISBN 978-7-5442-9550-5
定　　价	45.00元

南海版图片　版权所有　盗版必究

前 言

在这个世界上，真正了解孩子的人，是父母；真正引领孩子走过人生关键路程的人，也是父母；真正经历过人生风雨沧桑的，用行为解释人生爱憎是非的人，还是父母。父母称得上是孩子一生中最早的老师。

家庭是孩子最早接受人生启蒙的地方，也是最早接受启蒙教育的场所，每个孩子身体的发育、智力的发展、品质的形成，都是从这里开始的。家庭教育对一个人的成长，既是启蒙教育，又是终身教育。

要想很好地担负起教育子女的责任，父母不仅要有正确的教子观念，而且还要有正确的教子方法，从而从各方面潜移默化地影响孩子。

一个人的教育有很大一部分是由家庭来完成的，实施教育的角色是爸爸妈妈。对于绝大多数独生子女来说，爸爸妈妈只有一次实践机会，只许成功，不能失败。

著名教育家魏书生就认为，现在的"中国家长身上藏着十把刀"，他说，我们家长就是用这十把刀，砍去了孩子身上本来就具有的民主、爱心、诚实、冒险、守纪、善良、自然、创新、欣赏、竞争这十个优秀的特点。

因此，严重的问题不是出在孩子身上，更不在老师，而在于家长没有引导好。

孩子刚出生时就像没有装过软件的电脑，有智慧的父母善于洞察奥秘，善于为孩子编制正确程序，以后自然就如意了。为什么好父母胜过好老师？因为家长是孩子教育方式的最重要的设计师。

世界上的事情就是这样奇怪：有些父母对孩子从小就有求必应、百依百顺，然而，孩子不但不知感恩，反而对家长充满怨恨，长大后不成体统；也有些家长教育孩子方法得当，指挥若定，子女对父母既爱戴又敬畏，长大后用超出预料的辉煌成就回报父母和社会。

教育孩子是父母的天职。可是，要做一个合格的家长却又不是一件可以无师自通的事情。现在，有关家庭教育方面的学说五花八门，父母们该怎样从权威学者那里学到科学、完整而又通俗、实用的教育理念呢？这就需要有一座连接他们的桥梁。

本书就是这样的一座桥梁。书中的很多经验都是行之有效的，它融思想、智慧、创新于一体，直面我们现行的教育体制，探索思想独特、视角新颖的方法。能让家长知道如何与孩子沟通，如何正确地批评和表扬孩子，如何培养孩子的自立能力……

父母是孩子的第一任老师，是和孩子接触时间早、长的关键人物，是"教育小环境"的主要营造者。父母在日常生活中如何引导孩子，如何处理和孩子间的关系，几乎每一个细节都影响着孩子的成长。父母更需要做孩子的朋友、做孩子的老师、做孩子人生的引路人。父母的教育影响并决定着孩子的一生。

父母艰辛，孩子就学会珍惜；

父母勤奋，孩子就明白了努力；

父母冷静，孩子就学会观察；

父母认真，孩子就能学会方法；

父母尽责，孩子就明白做人要担当；

父母宽容，孩子眼里计较的事就少了；

父母开怀，孩子眼里快乐的事就多了；

父母仁爱，孩子的心一定是宽广善良充满阳光的；

……

好父母胜过好老师，好家庭胜过好学校！

目 录

第1章　好父母好孩子，父母决定孩子一生
　　父母是孩子的第一任老师 / 002
　　父母的形象影响孩子的成长 / 003
　　父母要传承给子女优秀的品质 / 005
　　父母的足迹，孩子的轨迹 / 008
　　父母，要给孩子树立怎样的榜样 / 010
　　做人做事，为孩子做出表率 / 012
　　对孩子最好的教育就是言传身教 / 014
　　以身垂范，好父母胜过好老师 / 016

第2章　梦想之路，父母是孩子的优秀导航手
　　点燃孩子梦想，鼓励孩子追梦 / 020
　　做孩子生命航船的优秀导航手 / 022
　　点一盏明灯，指引孩子前行 / 024
　　把理想的决定权交给孩子 / 026
　　精心培育孩子的"理想之苗" / 028
　　激励孩子为理想而奋斗终生 / 029
　　理想教育，让孩子梦想开花结果 / 031

第3章　呵护孩子内心，做孩子心灵的守护神
　　重学习轻心灵的教育不可取 / 034
　　永葆童心，和孩子心连心 / 036
　　呵护孩子的心灵之花 / 037
　　疏导压力，为孩子排忧解难 / 039
　　教导孩子正确对待偶像崇拜 / 041

做孩子体验美的开拓者 / 043
孤独的孩子，需要父母的抚慰 / 045
脉脉温情，温暖孩子的一生 / 048
驱散迷雾——破解青春期焦虑症 / 049

第4章 塑造健全人格，亲手把孩子雕琢成璞玉

别让自己的灰色性格毁了孩子 / 054
当孩子遭遇嫉妒时，你该怎么办 / 056
抑制虚荣的种子，培养自律的孩子 / 059
明辨是非，夯实孩子立身的根基 / 061
父母为人谦逊，孩子学会了谦虚 / 063
父母注重信誉，孩子学会了诚实 / 065
父母善于谅解，孩子学会了宽容 / 068
父母一视同仁，孩子学会了尊重 / 071
父母仁爱友善，孩子就有了爱心 / 074
父母勇于负责，孩子就有了责任心 / 076

第5章 少成若天性习惯为之常，习惯培养要趁早

少成若天性——别拿习惯当小事 / 082
培养孩子的习惯要从小抓起 / 083
培育孩子习惯，多塑造少改造 / 085
手把手教孩子改掉不良习惯 / 087
教孩子养成严格要求自己的习惯 / 089
教孩子养成做事有条理的习惯 / 091
教孩子养成认真细致的习惯 / 094
教孩子养成掌控时间的习惯 / 096
教孩子养成良好的生活卫生习惯 / 099
教孩子养成良好的消费习惯 / 101
教孩子养成独立自理的习惯 / 104
教孩子养成孝敬父母的习惯 / 106
从点滴做起，培养文明礼貌的好孩子 / 108

第6章　把家变教室，交给孩子学习的金钥匙

别用孩子的成绩长自己的脸 / 114

别让孩子成为分数至上的牺牲品 / 116

父母要善于激发孩子的学习动机 / 118

搭建学习天梯——教给孩子学习方法 / 121

及时总结，汲取课堂精华 / 124

陪孩子学习不如让孩子自己学习 / 125

提问无须脸红，无知才应羞耻 / 128

增强孩子注意力，提升孩子学习力 / 130

该不该为孩子请家庭教师 / 132

学习化家庭——两代人共学共长 / 134

第7章　发掘天赋潜能，训练出最聪明的孩子

世上没有不聪明的孩子 / 138

好玩乃孩子的天性，让其纵情发展 / 139

将孩子的兴趣火苗燃成熊熊烈火 / 141

保护孩子好奇心，善待孩子"为什么" / 143

动手能力，让孩子心灵手巧 / 146

思维能力，让孩子大脑越来越聪明 / 148

想象能力，让孩子插上成功的翅膀 / 151

幽默才能，让孩子与快乐一生相随 / 153

艺术才能，让孩子人生流光溢彩 / 156

领导能力，让孩子成为中流砥柱 / 158

第8章　孩子内心是否强大完全取决于父母

只有鲜花和掌声的教育是不完整的 / 164

一边受伤一边学坚强 / 165

挫折教育——为孩子的成长加"钙" / 167

怎样让自卑的孩子昂首阔步 / 169

怎样让"胆小鬼"勇于挑战 / 172

提高孩子应对挫折的免疫力 / 174

将勇敢的基因植入孩子的骨子里 / 177
意志力决定孩子的路能走多远 / 179
教孩子始终做个乐观向上的人 / 182
和孩子一起分享阳光，分担风雨 / 184

第9章　会说话得天下，教给孩子金不换好口才

再忙，也别忘了与孩子说说话 / 190
培养孩子语言能力从小开始、从家开始 / 191
让不爱说话的孩子变得爱上说话 / 193
孩子害怕在班上发言怎么办 / 195
这样教，让口吃的孩子口齿流利 / 197
绕口令练就孩子一副伶俐口齿 / 200
7招让孩子多说话爱说话会说话 / 201
为孩子创设言语智力的学习环境 / 204
听、说、读、写，全速训练孩子表达力 / 206

第10章　好人缘好前程，当好孩子交际生涯引路人

为青春期孩子补上交友一课 / 210
当好男孩交际生涯的引路人 / 211
鼓励孩子走出家门，结识朋友 / 213
培养和提高孩子的交往能力 / 215
教给孩子基本的交往技能 / 217
自信大方——培养孩子良好交际性格 / 219
让孩子多参加一些集体活动 / 221
指导孩子交友，用对方法最重要 / 222
帮助孩子战胜交友中的挫折 / 224
强化团队意识，培养孩子合作能力 / 226

第11章　爸爸妈妈，请这样对孩子说话

唠叨让孩子离你越来越远 / 230
以打代教不可取，以骂代教不可行 / 232

永远不要对孩子说伤害话 / 234
和孩子沟通，讲究方式很重要 / 236
掌握批评的诀窍，孩子也会乖乖听话 / 238
心平气和比指手画脚更有效 / 240
要知道，好孩子是夸出来的 / 242
对孩子露出八颗牙齿的微笑 / 244
允许孩子顶嘴，给孩子申辩权 / 246
与孩子交流时应当少说多听 / 248
亲子教育，此时无声胜有声 / 250

第12章　不一样的孩子，不一样的养育

男女不一样，教育大不同 / 254
溺爱是男孩成长的毒药 / 256
坐享其成的男孩会一事无成 / 258
警惕男孩的"王子病" / 260
受苦磨难，给男孩最珍贵的财富 / 261
"穷"养的男孩成大器 / 264
公主是"富"养出来的 / 267
打造千金的别样气质 / 270
端庄优雅，给女孩最金贵的礼物 / 272
气质在心不在身，塑造女孩内在美 / 274
知识是对女孩最有价值的投资 / 277

第13章　提升爱的质量，让孩子成为更好的自己

走出情绪误区，排除教育隐患 / 282
因材施教，教出优秀好孩子 / 283
爱子切忌矫枉过正 / 286
教育的核心是"心"育 / 289
孩子不是货，莫要比三家 / 291
教育孩子不能红白轮流唱 / 293
把时间分给孩子 / 296

勿以成人世俗心，误导孩子成长路 / 298
教育无小事，细节见真爱 / 300
还孩子一片自由的天空 / 302
教育，是让孩子成为最好的自己 / 304

附录一　父母培养孩子要避免的50个错误 / 307

附录二　父母给孩子的50句成长期望寄语 / 310

第1章

好父母好孩子,父母决定孩子一生

父母是孩子的第一任老师

父母教子心经

孩子是父母的影子，父母要严于律己、身正为师，用善良的品性和高雅的美德熏陶孩子。

父母的言行在很大程度上影响着孩子的成长道路和发展轨迹，影响着孩子的人生观、世界观、价值观的形成。虽然孩子具有很强的模仿能力，但他们的判断能力却还不很强，加上父母在孩子心目中的不可替代的重要地位和与父母的朝夕相处对他们耳濡目染、潜移默化的影响，导致他们不可能也无法准确地判断父母言行的正确与错误。在他们看来，自己的父母所说的和所做的都是自己可以学习也是应当学习的。从这个角度来看，父母应当十分注重自己的言行，为孩子树立一个好榜样。

不少父母习惯以对话的方式让孩子做这做那，和孩子进行交流。其实，有时候试一试用无声的语言，即自我形象、自身榜样来教育、影响孩子，效果可能会更好。

父母在教育孩子时务必使自己的体态自然大方、动作讲究得体，让孩子感到父母的稳重、威严却不失亲切、随和。尤其要注意，父母在外面有什么不顺心的事情，绝不可以回家把气撒到孩子身上。否则，久而久之会形成孩子偏执、狭隘的性格，并形成自卑心理。平时，父母对孩子一定要注意多用柔和、温存、真诚的眼光，这将会使孩子产生一种良性反应，使孩子感到心情舒畅、身心愉悦，对生活充满信心，学习也会追求上进。从塑造孩子的正确审美观念上来说，父母穿着得体、整洁朴实，在孩子面前总是保持美观整洁、大方得体的外观形象，孩子就将得到非常具体的美的形象和美的教育。

以下这些行为不要做：

夫妻吵架，互不相容。

带孩子到公共场所去，随地吐痰、擤鼻涕、抢座位、跨越栏杆、摘花草……

不善于与邻居和睦相处，常常因小事耿耿于怀，指桑骂槐，恶语相对。

愤世嫉俗，有很强的"权力欲"和"金钱欲"。

家庭是社会的细胞，孩子是祖国的明天，每一个家庭实际上都担负着不可推卸的培养教育祖国下一代的责任。把孩子培养成为有出息、有作为的人，有各种条件、因素和方式，但最直接、最重要的就是父母自身的表率作用。如果每一位父母都能以身作则，把自己的孩子教育好，那么这个家庭就是一个幸福的、有希望的家庭。如果每个家庭都是健康幸福的家庭，那我们的社会就会安定祥和、充满朝气。

父母要严于律己、身正为师，用善良的品行和高雅的美德熏陶孩子，让他健康快乐地成长。父母要时刻告诫自己，好父母就是一所好学校，孩子是父母的影子，父母要做孩子的好榜样。

父母的形象影响孩子的成长

父母教子心经

形象"润心细无声"，对孩子是一种无声的教育。

日本一个机构曾对日本1303名高中生、美国1052名高中生、中国大陆1220名高中生进行了一项关于"你最尊敬的人是谁"的调查。结果，中国大陆学生的答案中，父亲排在第10位，母亲则在10位之后；美国学生的回答第一是父亲，第二是球星，第三是母亲；日本学生的答案是：第一是父亲，第二是母亲。如果不考虑调查本身的科学性，就用调查中得到的数字来推论一般中国父母在孩子心目中的形象，这是不妥的。不过，以上调查结果确实可以给我们一些提醒。

导致一些中国父母在孩子心目中地位低的原因有很多，但主要原因在于父母的形象不佳。

"孩子是看着父母的脊背长大的。"孩子学做人，第一个榜样就是父亲或母亲。可以这样说："家家户户有杆秤，那秤砣是孩子的心。"不同的母亲发出的生命信息，在孩子心中留下了不同的图像。妈妈的好行为、坏行为，孩子都看得清。可是一方面家长们希望孩子成才，而另一方面家长却不能创造一个有利于孩子成长的氛围。比如，有的父母回到家把饭桌变成麻将桌，把家庭变成赌场、舞厅、酒店、仓库，全然不顾在一旁写作业的孩子；还有一些孩子形成了"享乐至上"的人生哲学，是因为家长整天忙于工作、事业或做买卖赚钱，对孩子不管不问、放任自流，甚至在孩子面前也不检点自己的行为……

俗话说，"身教重于言教""榜样的力量是无穷的"。父母的形象对孩子的影响是巨大的，在孩子的成长过程中，他们与父母相处的时间最长。孩子每天都在用最精细的眼光注意着生活中的一切问题和观察着大人的一举一动、一言一行，于是，父母便成了他们学习的示范老师。由于孩子正处于自觉和不自觉的学习过程中，他们的模仿能力非常强，而且绝大部分能力和习惯都是从他人的言行中模仿过来的。许多孩子的性格、作风、行为习惯之所以很像父母，并非全是遗传起决定作用，主要是受到潜移默化的影响而逐渐形成的。如果父母在各方面的表现是良好的、适当的，孩子看得见、学得着，耳濡目染、潜移默化，久而久之，孩子就会受到良好的家庭教育，并健康地成长起来。否则，正如鲁迅所指出的："父母的缺点，便是子孙灭亡的伏线，生命的危机。"父母不注意自己的形象就会让孩子对父母失去信任感，也会失去在孩子面前的威信，他们的思想意识、价值观念、习俗好恶、道德品质和社会公德都会受到不好的影响。

父母的形象对孩子的影响是巨大的。在孩子的成长过程中，他们与父母相处的时间最长。孩子每天都在用最精细的眼光注意着生活中的一切问题，观察着大人的一举一动、一言一行，父母的所言、所为，就自然而然地成了孩子们的榜样。父母做得好的方面，孩子能学到；父母做得不好的方面，孩子也照样学得到……父母对孩子的教育，就是这样的潜移默化，这样的"润心细无声"。

因此，为了让孩子有一个良好的模仿榜样，父母必须十分注意自己的形象。

不用责备打骂、不必苦口婆心，当你意识到孩子存在这样的缺点、那样的毛病时，请您揽镜自照，看看"病根"是不是在您的身上，因为您的形象对孩子就是一种无声的教育。

父母要传承给子女优秀的品质

父母教子心经
孩子优秀的品质源于父母的言传身教。

比尔·盖茨出生在1955年10月28日。那天晚上9点刚过，在美国西北部西雅图市的"瑞典人医院"里，伴随着一声响亮的啼哭，比尔·盖茨出生了。但没有人能够想到，这个出生时显得并不起眼的孩子日后竟然成了全球首富！

比尔·盖茨的父亲威廉·亨利·盖茨是美国著名的律师，母亲玛丽·马克斯韦尔是一名中学教师，都是受人尊敬的知识分子。由于身份的原因，他们需要常常活跃在交际场上，并在一些社交和政治集会上引人注目，从而闻名于西雅图市。不过，虽然父母都是受人尊敬的知识分子，但还不能说具有天才级的智商。所以，如果认为比尔·盖茨的天才是父母所赐的，那你就错了。所谓代代相传的"血统论"在盖茨家族中是站不住脚的。

　　说到比尔·盖茨的父母，还必须说说他们的家族。毫无疑问，这是一个勤奋的家族，如果说这个家族中没有遗传天才的智商，那么在每个家族成员的身上涌动着的，都是勤奋的血液和狂热的精神。

　　在比尔·盖茨的家族里，父系和母系方面都没有称得上大富大贵的人，但在双方的家庭中却都有相同的东西——那就是勇敢、创新、独立、谦逊等精神和无穷无尽的活力。没有这些精神的一代代传承，比尔·盖茨就不会具有超人的才干，并最终造就微软帝国。

　　比尔·盖茨在20岁那年创立微软，并已连续十多年蝉联为《福布斯》评比的世界首富，这实在是一件值得高兴的事。然而，比尔·盖茨的母亲却从来没期盼过自己的儿子是世界首富，对于母亲来说，她内心中真正的期盼是，比尔·盖茨也能像她那样成为终身慈善家，用自己通过努力创造的财富来帮助更多需要帮助的人。比尔·盖茨也深深理解母亲的心意，他已于2008年卸下微软职务，全身心地来实践母亲的梦想。

　　由此可见，母亲对于比尔·盖茨的影响不可谓不深刻。这一点也可以从比尔·盖茨家族历史得出结论。因为比尔·盖茨的父亲和母亲家族中的人都不墨守成规，虽然他们性格温文尔雅、和蔼善良，但是都有一种相同的东西——那就是冒险精神和创新精神。现在，很多人都认为，家族中的这两种精神对比尔·盖茨的事业产生的影响很大。也许，正是因为这两种精神才造就了后来的微软帝国。

　　父母从来都是孩子的榜样，比尔·盖茨的成长经历也印证了这点。

显而易见，在他的身上经常会体现出父母的许多不同一般的素质，他已经继承了父母以及家族的野心、智慧还有竞争精神。比尔·盖茨这些素质的形成，有家庭环境熏陶的因素，甚至还有遗传的因素，但不可否认，父母的教育在其中起到了决定性的作用。

比尔·盖茨的父母在质朴的处世生活中，对于盖茨的未来倾注了极大的热情和耐心，把更多的精力用在了关心孩子的成长与教育上。比如，他们虽然总要忙于各自的工作，但在工作之余总是想办法尽可能地与孩子们待在一起。平时，一家人只要一有空，就会聚在一起进行各种游戏，从棋类到拼图比赛，几乎玩遍所有的益智游戏。盖茨天资聪慧，特别是在数学和自然科学上，他表现得更为出色。他早早地表现出来的计算和想象的天赋，甚至让老师和校长都吃惊不已。而盖茨的父母更加了解孩子的优点，很快就认识到他的智慧，并且及时送他到更合适他成长的湖畔中学学习，湖畔中学是一所私立学校，而且是那种以热烈的学习环境而闻名的私立学校。后来的事实证明，父母的这个决定对比尔·盖茨的一生具有长久的影响。

相对于关心盖茨的学习，盖茨的父母更关心他的心理成长。比如，在慈善方面，比尔·盖茨的父母乐善好施，是天生的慈善家。而比尔·盖茨则并非天生的慈善家，他的乐善好施在很大的程度上源于父母的影响与熏陶。父母不仅自己一直支持慈善事业，而且在比尔·盖茨很小的时候就经常鼓励他做出一些善举。儿时的比尔·盖茨曾是西雅图童子军的一员，为了给童子军筹集资金，曾在街上卖坚果。当比尔·盖茨的微软公司开始挣钱的时候，他的母亲就开始鼓励他考虑慈善事业。为了促进盖茨真正大力支持慈善事业，母亲常常要求他多接近那些社会底层的、生活困难的人。1993年秋天，比尔·盖茨做了一次非洲之旅，在当地，他看到了许多让他难以想象的、极度贫困的人，这让他不禁扪心自问："我能为他们做些什么？"回来后，他把自己的所见所想一股脑

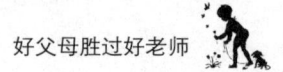

儿倾诉给父母。老盖茨对儿子说："孩子，你应该建立基金会，开展慈善工作。"盖茨欣然答应，立即建立了启动资金达9400万美元的慈善基金会。现在，比尔·盖茨做了多少慈善事业，可能连他自己也无法记清了。因为仅是他启动的全球健康计划，就已为全球医疗保健业捐赠了40亿美元。

所有这一切，都与父母本身做出的榜样和对盖茨孜孜不倦的教导密不可分，都源于从父母身上继承了优秀的品质。

每个父母都希望自己的孩子有责任感、诚实、正直、自律、坚韧、刻苦、善良、有爱心，是具有优秀品质的人，但是他们这些品格特质从哪里来？是父母言传身教的结果。父母身上所有优秀的品质，都应当通过自己的言传身教传递给孩子，让孩子继承下去并发扬光大。

一个优秀的家庭、一个优秀的父母亲，并不是给自己的孩子留10亩地、10栋房子、10辆轿车、10个百万元的存款，而是言传身教给他们优异的品格。如果父母和家庭能给孩子们留下了优秀的立身品质和生命气质，那么孩子的一生会受用不尽。

父母的足迹，孩子的轨迹

父母教子心经

父母的品质、人格对孩子有潜移默化的作用，它会影响孩子今后的成长。

汤姆习惯在每天工作之后，回家之前，先去附近24小时营业的酒馆喝上一盅。虽然知道这是个不好的习惯，妻子一直劝他戒掉，但是他想，反正只是自己的一个坏习惯而已，又不影响别人。

一天，天降大雪，汤姆穿好棉袄，戴上手套，和往常一样吹着口哨向酒馆走去。没走多远，他觉得有人跟在后面。回头一看，竟是自己年幼的儿子。

儿子踩着父亲留在雪地上的脚印，边跑边兴奋地喊："爸爸，你看，我正在踩你的脚印！"

儿子的话令汤姆心中一震，他想："如果我去酒馆，儿子踏着我的脚印，将来他也会去酒馆的。"

从那以后，这位父亲再也不光顾酒馆了。

为人父母的，请走好你们的每一步，要知道，孩子正"踏着你们的脚印"呢。

父母的品质、人格对孩子有潜移默化的作用，它会影响孩子今后的成长。如果父母的行为出现了偏差，孩子的思想行为就会出现偏差。在今后的生活中他就会放松自律，做出有损社会公德的事情，从而也使他失去社会性人格的发展机会。

父母日常生活的一言一行无不对孩子产生影响。有一位男人这样谈及他的父亲："我记得我的爸爸。在工会保护制度还没有建立起来以前，他每周有五天要为他的本职工作干很长时间，星期六还有另外的工作，也要干很长时间。我还能记得每天天还没亮的时候就依稀听见父亲起床并悄悄地出去上班，而此时家里其他人都还在睡觉。我不记得他生过病，请过一天假。他唯一不工作的一天是星期天，他总是和我们一起做些事情来消磨这一天，比如探望亲戚、和我们一起骑车等等，这一天他的家庭就是他的生活。他的工作信念和他对家庭的全力投入给我留下了很深的印象，而且至今影响着我。"

许多人还记得他们的父母是怎样向家庭之外的人伸出援助之手的。一位母亲说："萦绕在我脑海中的是那种对家庭之外的其他人的真诚关心的氛围。我的父亲直到60岁时仍然是一位志愿消防员和救援工作者。

我的母亲则一直做各种志愿工作并时常帮助社区中的其他人。即使自己并不富有的时候，父母对别人仍很慷慨。因为父母的友善，许多人在我和姐姐面前常常称赞他们。"

我们的孩子在注视着我们的生活，我们是什么样的人要比我们说什么样的话更有力量。

我们做出了率直的榜样，我们的孩子就会诚实。

我们用爱环绕着他们，他们就会去爱。

我们善于谅解，他们就会宽容。

我们对体育显示出兴趣，他们就会在绿茵场叱咤风云。

我们用微笑和闪烁的眼睛对待生活，他们就会懂得幽默。

我们感谢生活的祝愿，他们就会对生活满怀欣慰。

我们表示出友好，他们就会变得和善。

我们的言辞充满进取的意志，他们就会振奋他人。

我们勇敢地面对挫折、失败和不幸，他们就能学会顽强地去生活。

我们的人生肯定了我们对于生命长久而深沉的信念，他们将不再迷惘。

我们用真善美维护着他们，他们将会发现生存的真谛。

我们的行为像个英雄，他们就会成为勇士。

不要只是站着，只用手比画或指点着你企望你的孩子征服的高度。攀缘吧，他们就会跟上来！

父母，要给孩子树立怎样的榜样

父母教子心经

父母在孩子的眼里就是模范和表率，父母的一举一动、一言一行都在潜移默化地影响着孩子。

父母的言行对孩子有潜移默化的作用，它会影响孩子今后的成长。如果父母的榜样出现了偏差，孩子的思想行为就会出现偏差，在今后的生活中他就会放松自律，做出有损社会公德的事情，从而也使他失去了社会性人格的发展机会。

身为父母，应注意自己的品德修养，如孝敬老人、诚实守信等；要具备勤于钻研、勇于探索的进取精神。父母的榜样，无形之中，也会深深地影响孩子的行为品质，促进孩子的求知欲，使孩子在耳濡目染中养成优良的品质。

"孩子需要榜样甚于批评。"孩子的目光像永不休息的雷达，不停地注视着大人的言行举止，模仿着大人的行为习惯。

模仿是孩子特别突出的一个心理特点。父母在教育孩子的同时，也要以自己的言行举止做表率，身体力行，注重以行为和言语影响孩子，让孩子树立远大的理想。

在现实生活中，父母要给孩子树立怎样的榜样？

（1）有博爱之心，怜悯、同情人，能尽力而为地关心、帮助他人。

（2）尊重他人的人格和生命、健康，不东父母、西家短地乱议论人和事，信任基本了解的人并与之共事。

（3）孝敬老人，爱护年轻人。

（4）要让人实实在在地看得出你家里的东西是用自己的劳动和智慧赚来的，不是今天这个送来的，明天那个送来的。否则，孩子会觉得不用劳动和智慧照样可以获得，可以过好生活。

（5）你永远是个爱学习和勤于思考的人。

（6）你是一个大智若愚的人，不大喜大悲；你冷静沉着，对事对人智慧、宽容、拿得起、放得下。

（7）你的生活目标明确、热情向上、意志坚强、坚定而坚持、敢于直面矛盾和困难。

（8）你的行为严谨、办事干练、实事求是、作风检点、语言干净、礼貌待人、谦虚谨慎。

（9）你的举止庄重、衣着整洁，住房内整齐有序、清洁卫生。

（10）你身体力行，注重以行为和言语影响人，善于鼓励和批评孩子。

这是十个主要方面，做的程度要有层次和境界，不管怎样，你都要尽力而为。

此外，父母在对孩子的教育中，在深化孩子道德行为时，既要关注行为结果，又要关注行为过程的合理性和适当性，给孩子们营造一个诚信、激励、乐观向上的好环境，以确保孩子在生活中不至于偏离社会轨道。

做人做事，为孩子做出表率

父母教子心经

父母的行为是孩子的榜样。若要受到孩子的尊敬，需要自己以身作则。

想让孩子健康地成长，成为一个有用的人才，除了供孩子吃、穿、学习之外，父母还应该时时注意为孩子增加一份精神营养，即良好的教育。或许有的父母不以为然。关于孩子的教育，父母在家经常讲，老师在学校天天讲；广播里说，电视里说，报纸杂志上也不断地宣传，难道这样的影响力还不够吗？答案当然是否定的。对孩子的教育，不仅仅要靠学校、靠社会的宣传，更要靠孩子的父母，把它实实在在地落实到实际行动上，落实到每一件小事上。孩子本没有什么大事情，但是孩子终究要长大成人，小事做不好，大事也难成；小毛病不注意，大毛病很快就会找上门。从小事做起，学做人，学做事，是孩子人生之路自始至终都要学的一门最重要的基础课。无数成功人士的经验证明：从小养成的好习惯会伴随人的一生，终身受用。而父母在孩子良好的行为习惯形成方面起着至关重要的作用，直接影响孩子行为习惯的养成，影响孩子对社会和人生的直接看法。

　　当你的孩子一脚踏入绿茵茵的青草坪，或者随手将一块果皮扔在了地上，作为家长的你，这时应该怎么办？毫无疑问，立即劝阻孩子不要践踏小草，告诉孩子要将果皮拾起来扔进果皮箱，并告诉他这样做的好与不好。这就是对孩子道德观的一次最直接的影响和教育。古人说得好：勿以善小而不为，勿以恶小而为之。孩子年龄小，判断是非的能力还不强，在是与否的认识上还很模糊。俗话说树大自然直，然而事实并非如此。人的道德水平与人的年龄并不同步增长，不是有很多成年人，其道德水准仍保持在幼稚的以自我为中心的幼儿时期吗？不是有许多人，早已过了弱冠之年，仍伸手向父母要这要那，或者随意破坏公共卫生和秩序吗？

　　父母的行为是孩子的榜样，若要受到孩子的尊敬，需要自己以身作则。

　　有个男人结了婚，生了个儿子。他十分疼爱孩子，却很讨厌自己的老父亲。他的老父亲连路也走不稳了，到处磕磕绊绊的，除了吃饭和抽烟之外，什么事也干不了。所以他很想把老父亲打发走，便对自己的妻子说："让老头到外面的世界去闯闯吧。"

　　妻子恳求他让老人留在家里，但他连听都不愿意听。所以她只好说："那你就让他带上一条毯子走吧。"

　　他心里只想给老人半条毯子，但嘴上却说："好吧，就让他带上一条毯子走吧。"

正在这时，他自己的儿子——四五岁的小孩子，突然说起话来了："父亲，你不必给爷爷一条毯子，给他半条就行了，剩下的半条请你好好地收藏起来，等我长大以后可以把它送给你，让你也到外面的世界去闯闯。"

大吃一惊的男人赶紧留住了他的老父亲，因为他已经知道自己的儿子为他准备了什么。

社会已发生了日新月异的变化，新科技、新思想、新观念，无时无刻不在冲击着我们的传统道德观。电脑、网络、基因、克隆等技术越发达，就越需要高水平、高素质的人们去参与、去管理、去使用。没有优秀的道德品质，没有良好的行为习惯，一个品德低下、性格扭曲的人很难成为高素质、高水平的人才。他不但不能有大的作为，也难以立足于社会。养成好的道德习惯，是孩子的立身之本，也是孩子走向成功之路的第一张人生通行证。

当然，有一条十分重要：想要孩子养成好的道德品质，父母首先要规规矩矩做人，勤勤勉勉做事，为孩子做出表率。

对孩子最好的教育就是言传身教

父母教子心经
只有把自己做好了，孩子才能够做得更好。

有很多父母抱怨现在的孩子难管，但有时候你在抱怨孩子的同时，有没有发现自身存在的一些问题。你每天抱着个手机玩游戏，你还想着让你的孩子专心学习；你每天流连于麻将桌旁，还想让自己的孩子在那里看书。你都不能给孩子提供一个良好的学习环境，每次遇到孩子成绩下降时，还对他们横加指责。父母对孩子最好的教育就是言传身教，只有自己努力，孩子才会更加上进。

明明放学了，走到家里，正坐在桌子旁写作业，这时他爸爸躺在床上看电视，还拿着手机玩游戏，明明根本无法让自己专注下去，因为太吵了，他就对他爸说："爸爸，你能不能把电视关上，手机也不要玩游戏了，我学不下去。"他爸爸在明明的一再要求下，才把电视关上，但还是没有停止玩手里的手机。孩子仍然学习着，但他自己写的什么，恐怕连他自己都不晓得。你说，这样的一个家庭环境怎能让学习沉下心去。父母一定要有父母的样子，一定给孩子带来一个好的模范带头作用。如果自己都做不到，那就不要求自己的孩子那样做。

对孩子最好的教育就是言传身教，你的一言一行，都会给孩子带来深远的影响，有时，你一句粗糙的话语，你觉得对你来说已经是家常便饭，但却对于孩子来说，他会不知不觉中受其影响，和同学间就会有言语上的过击。你想要让自己的孩子怎么样，你首先要做个那样的人，否则对孩子的教育就只是口头上话语。只有把自己的一些好的品性，好的教养，潜移默化地传给孩子，孩子才会受益匪浅。

有时候，我们会看到别家的孩子彬彬有礼，别人家的孩子成绩好，诸不知这一切的成绩，都和他们的父母有关，家庭教育对于一个孩子的成长，起了决定性的作用，一般有什么样的父母，就会有什么样的孩子。有句俗话："龙生龙，凤生凤，老鼠的儿子会打洞。"就是说的这个道理，只有远见的父母，才能教育出优质的孩子，父母的言行关系着孩子将来的幸福。

有一个女孩子，父母离异，她跟随母亲生活。母亲开了一个麻将馆，麻将馆里每天都会有形形色色的人出现，女孩子在这样的环境下，根本没有办法学习，最后上到初中就辍学，和一个经常来麻将馆、年龄都能当好爸的人好上了，当她离开好母亲的那一天，她母亲才后悔是自

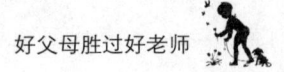

己害了女儿。

甭管你生活多么贫穷，但面对孩子，你一定要给他提供一个好的环境，自己要以身作则，想想看，一个每天在麻将馆忙碌的女人，和各色各样的男人打交道，这样的母亲能培养出一个有懂自律、上进心的孩子吗？不要抱怨孩子，首先你要想到的是自己，有没有以身作则。

给孩子最好的教育就是父母的言传身教，你每天晚上都读书到深夜，孩子也不可能沉迷于游戏，你整日为了家庭的幸福忙碌，孩子也不会变得无所事事，没有上进心。所以说，好的父母一定给孩子带来好的榜样，只有把自己做好了，孩子才会做得更好！

以身垂范，好父母胜过好老师

父母教子心经

父母是孩子一生的老师，明智的父母都应该以身作则，给孩子做个好的人生榜样。

有一对夫妻经常抱怨他家的孩子"贪玩""不听话""不好好学习"。有一次，因为儿子考试两门功课不及格，夫妻俩就开始"收拾"孩子，打得孩子哇哇大哭。邻居见了，实在忍不住了，就过去批评他们："你们整天让孩子好好学习，你们好好做爹妈了吗？你们整天打麻将打到半夜，却让孩子好好做作业，他能做得下去吗？"

俗话说，榜样的力量是无穷的，对于孩子成长来讲，这一点尤其重要。

正如俄国伟大的文学家托尔斯泰所说："教育孩子的实质在于教育自己，而自我教育则是父母影响孩子的最有力的方法。"

孩子最早接触的生活环境主要是家庭，而父母是孩子的第一任教师，要以身作则，做好孩子的榜样。

启蒙老师对孩子的影响最深远。父母若想成功地教育孩子，则必须以身垂范，做孩子的好榜样。

在家庭教育中，父母经常会对孩子颐指气使，以此来规范孩子的言行和习惯，可是这种空洞的说教往往收效甚微，甚至适得其反。实际上，父母的言行举止，孩子都会看在眼里、记在心上，父母良好的行为规范会让孩子心生崇敬，并且会以父母为榜样模仿。所以，在日常生活中，父母要做好孩子的表率，做到谨言慎行，以身示教，凡是要求孩子做到的，自己必须首先做到。

父母对孩子的影响是无时不在的，尽管经常给孩子讲道理，但其行为却会对孩子产生更深的影响。

如果父母对待他人友好和善，孩子也会善待他人；如果父母心胸狭窄、自私自利，孩子也同样会冷漠高傲、目中无人。如果父母找理由推掉不愿参加的约会，或者因为不想接电话而让孩子告诉对方自己不在家时，就会给孩子的心中留下父母爱撒谎的印象，受到这种不良影响的孩子渐渐地就学会了骗别人。如果父母对顺手牵羊的事不以为然的话，那么孩子也会觉得偷窃不是错事。如果父母在孩子面前难露笑脸或漠不关心，那么孩子也会缺少爱心，冷漠待人。

所以，身为父母应注意自己的品德修养，无形之中，这些会深深地影响孩子的言行，促进孩子的求知欲，使孩子在耳濡目染中养成刻苦钻研、执着追求的优良品质。

第 2 章

梦想之路,父母是孩子的优秀导航手

点燃孩子梦想，鼓励孩子追梦

父母教子心经

父母对孩子的梦想坚信不疑，孩子就会从父母那里获得力量、获得勇气，树立信心。

儿童心理学家认为，梦想是孩子自我形象的理想化，能使孩子在学习、工作过程中创造不辍，并获得愉悦的情感体验。梦想对孩子来说，有着无穷的魅力，对孩子的成长具有巨大的牵引和激励作用。

在对爱迪生、毕加索、达尔文等成就卓越人物的研究发现，他们在童年时期都有一个绚丽多彩的梦，一生为之奋斗的目标就是实现早年的梦想。因此，可以这样说，没有梦想的孩子是没有未来的，是不可能有所作为的。

有梦想的孩子，哪怕梦想有些不可思议，父母都应为他有了"理想的我"而感到欣慰和自豪，并给予肯定。父母对孩子的梦想坚信不疑，孩子就会从父母那里获得力量、获得勇气、树立信心。为了使孩子的梦想能成为现实，父母还应给孩子的圆梦计划提供建议和支持；经常提醒孩子践诺，在孩子怀疑梦想时给孩子鼓励。此外，还要经常与孩子谈论自己的梦想，谈谈自己在实现梦想过程中遇到的困难以及自己是如何去克服的。在这个过程中，父母可以把关于坚持梦想的一些道理讲给孩子听。同时，讲讲伟人的故事以及身边成功人士的故事，也是非常有效的。父母也要鼓励孩子从小树立梦想，不要轻易改变自己的梦想。在面对孩子梦想的问题上，父母一定要慎重。父母的轻视往往会造成孩子对梦想的轻视，孩子随意变更梦想，遇到困难放弃梦想就变得非常自然了。

一个妈妈说过他孩子的故事：

孩子在睡前很认真地要求："妈妈，等我长大，你买一只小白鼠给我好吧！它不会咬人，好可爱哦！"我忍住笑说："好。"他便满意地含笑睡去。这个时候，一定是不能说不好的，上次他要求："等我长大，让我养一只狗好吧！"那时，他未满三岁，我自然说："不行。"还没说明理由，他已号啕大哭，似乎自尊受到极大的伤害。从此他有类似的要求我都说"好"，但这并非蓄意骗他。因为我知道，这是他对长大的憧憬，在他小小的心中，知道长大后能做许多事，因此把许多希望寄托在未来。让不让他养小动物是一回事，破坏他的梦想则是更残酷的事。期待长大跟期待爱情一样热切，却比爱情更难表达，一般人总是过度强调爱情的重要性，而小孩焦急地想要长大，不也得经过长长的等待与煎熬？可爱的孩子，等你长大，你还会喜欢小白鼠和小狗狗吗？

很多父母可能都曾经问过自己的孩子，长大后准备做什么，得到的答案：歌星、老师、厨师、开飞机、开公共汽车、卖电影票……父母要么笑脸盈盈，要么大吃一惊，要么皱眉暗自叹息。

鼓励孩子拥有梦想吧！他会在梦想中愉快成长，随着一点一点长大，他的梦想也会越来越合理了，不要担心他有一个什么样的梦想。

孩子的梦想天真烂漫。在他们的梦想中，有各种功能的机器人、有会走的房子、有时光机……很多的梦想并不是不可以实现，梦想会产生学习的动力。所以，父母应该保护孩子的梦想，给孩子一个梦想，让孩子在梦想的动力下健康成长。梦想就是志向，鼓励孩子梦想，就是鼓励孩子在成长道路上、积累知识、渴望进步，就是让孩子幼小的心里始终有一个美好的未来。有时，"提出一个问题比解决一个问题更重要"。梦想，也许就是孩子从此走向进取和成才的转折点。

孩子光有梦想还不行，父母用梦想激励孩子的同时，还应讲清道理，明白地告诉孩子，只有通过好好学习，打好知识基础，才能实现梦

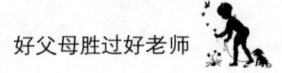

想。"知识就是力量,知识是进步的阶梯……"都是对孩子实现梦想的最好教育和鞭策。

做孩子生命航船的优秀导航手

父母教子心经
在孩子树立理想的过程中,父母要做一个优秀的导航手。

张凡学习成绩一直不大理想,其他方面也是表现平平。他经常认为自己长大以后没什么出息,在父母和同学面前时常流露出对前途没有信心。

平时,张凡总让人感觉缺乏生气。他不知道自己为什么要学习,因此学习也不努力,有时想起来了就做几道作业题,但其实他也并不特别爱玩。

有一次,老师布置了作文《长大以后》,张凡不知道怎么写,因为他不知道自己长大以后要干什么……

理想是孩子人生的奋斗目标,也是孩子不断进取的动力。没有理想的孩子就会失去前进的动力,会表现出缺乏学习的热情和激情,终日无所事事,碌碌无为地度过每一天。

孩子理想的形成有一定规律:小学时期处于理想的准备、萌发期,中学时期处于理想的形成期,高中时期则是理想的确定期。可见,中小学是孩子形成理想的关键时期。因此,父母要注意引导孩子树立崇高的理想。

有一次,李云经带着年幼的儿子李嘉诚到了汕头的海边。他一边指着港口来往如梭的巨轮,一边给李嘉诚讲生活的道理。但是,年幼的李嘉诚对父亲讲的生活道理并没有放在心上,反而对停泊在码头的巨轮产生了兴趣。

他觉得这么大的轮船可以稳稳当当地在海上航行是非常不可思议的。于是,他指着大船对父亲说:"爸爸,我将来也要做大船的船长!"

父亲高兴地对儿子说:"好孩子,真有志向!但是,做一个船长非常不容易,他必须考虑很多问题,思考必须很全面。"

父亲把手放在李嘉诚的肩膀上,说:"你看,现在天气很好,船只在海中航行就比较安全。但是,如果出海后,风暴来了怎么办?做船长的人,就得提前想到这种情况,提早做好一切准备工作。其实,做任何事情都要像做船长一样,预先考虑周全,随时准备应付一切问题。"

李嘉诚从小就树立了做船长的意识,并向着这个目标而不断努力。虽然,他最终没有做成船长,但是他一直以做船长的意识去经营他的公司和人生。他喜欢把自己的人生比作一条船,喜欢把自己的李氏王国比作一条船。他曾经自豪地说:"我就是船长,我就是这条航行在波峰浪谷中的船的船长!"

父母应该通过各种方法来了解孩子的理想。比如,在日常生活中,父母可以询问孩子"你将来希望成为怎样的人""你觉得学习是为了什么"等;在观看电视、电影的时候,父母可以借机问孩子:"你觉得这位模范人物怎么样?""他有什么值得你学习的地方?"父母也可以与老师取得联系,从孩子的作文、周记等方面去了解孩子的理想。了解孩子的理想可以让父母了解孩子的心态,及时引导孩子树立远大的理想。

如果孩子经常谈论他的理想或者目标,聪明的父母不要嘲笑孩子的理想,而是应该鼓励孩子把理想说出来,同时引导孩子向着自己的理想去努力。

例如,一个8岁的孩子会说自己的理想是当个科学家,这时,父母要引导孩子把这个理想写下来,并把它当成行动的计划,去做一些能够实现理想的事情,这样才能把理想变成现实。比如,父母要教育孩子好好学习科学知识，可以让孩子在一年内学习两册科学知识读本。当然，并不一定是要树立当科学家、政治家之类的远大理想才有意义，实际上，理想没有高低贵贱之分，不管孩子的理想是什么，只要他能够坚持自己的理想不断努力，这才是最关键的。更何况，在实际过程中，许多人年幼时的理想往往会在成年后发生改变，这非常正常。而理想的作用，只是给孩子树立一个努力的方向。

点一盏明灯，指引孩子前行

父母教子心经

当孩子对一切都感到迷茫之时，父母及时的引导是指引孩子前进的一盏明灯。

理想是每个孩子都挂在嘴边上的词语，但并不一定每个孩子都理解其中的内涵。家长一定要明确，从小让孩子树立正确的理想，其价值将贯穿孩子的一生。当孩子有了自己的理想时，父母应该告诉孩子："你树立了理想，我们支持你，相信你通过自己的努力一定会实现！""你想实现自己的理想，就要从小事做起，这样，你就会离自己的理想越来越近！"

钱玄同是中国近代著名的语言学家，从1915年起，他先后出任北京大学、北京师范大学教授。钱三强是钱玄同的儿子，当钱三强萌发了研究科学的兴趣后，钱玄同就积极地给予鼓励。钱三强上了中学后，有一次读了孙中山先生著的《建国方略》，书中提出要把黑暗、落后的旧中国建设成繁荣昌盛的新中国，并具体描绘了未来中国的蓝图。他读完后自言自语道："对，要使国家摆脱屈辱，走向富强，非建立强大的工业、非学科学不可。"这本书对钱三强后来的专业选择影响很大。

钱三强中学毕业前夕，毕业后向哪个方向发展的问题便提上议事日程。此时有人对钱玄同建议说："你是搞语言文字的专家，名气又大，应当叫三强接你的班。"

钱玄同笑道："那要看孩子的态度和兴趣了！"一天，钱玄同对钱三强说："你将来学什么，我不包办代替，要由你自己去选择。但是，对于一切事物，一个人应该有科学的头脑，应该用自己的理智去分析、研究其真相、判断其是非，然后制定方法与措施。"父亲的这席话，更坚定了钱三强心中早已立下的志向。他很明确地告诉父亲："爸爸，我要学工！"钱玄同很理解和支持儿子的想法，点头表示赞许，并鼓励他报考北京大学理科预科班。

不久，钱三强进入北京大学预科班学习。不料，他首先就碰上了语言难关，因为钱三强在中学学的是法文，而北京大学使用的外文教材是英文。父亲怕儿子泄气，便鼓励说："目标既然确定了，就应当用艰苦的劳动去实现理想，克服困难要有一股牛劲儿！"在父亲的鼓励和支持下，钱三强经过不懈的努力，终于闯过了英文关。

在北京大学读预科时，钱三强还到清华大学旁听近代物理和电磁学，读了英国科学家罗索的《原子新论》，他深深爱上了原子物理。后来他考入清华大学攻读物理，并以优异的成绩毕业。

1940年，钱三强取得了法国国家博士学位，又继续跟随约里奥·居里夫妇做钋的放射研究。1946年，他与同一学科的才女何泽慧结婚。夫妻两人在研究铀核三裂变中取得了突破性成果，被导师约里奥向世界科学界推荐。不少西方国家的报刊刊登了此事，并称赞"中国的居里夫妇发现了原子核新分裂法"。同年，法国科学院还向钱三强颁发了物理学奖。

1948年夏天，钱三强怀着迎接解放的心情，回到战乱中的祖国。从新中国成立起，钱三强便全身心地投入到原子能事业的开创之中。

钱三强成长为一名科学家的过程，就是其父不断培养的过程，从钱玄同带儿子参加"五四"游行,到支持儿子自主选择专业,到鼓励儿子克服语言困难及出国深造。在钱三强成长的每一个阶段,都有其父及时的引导、鼓励和扶持。

我们不能在孩子上学时,只给他每月的生活费和一些必要的开支后,就撒手不管不问,任其在外胡乱作为。在孩子人生的每一个重要关口,都要给他及时的引导和启发,这些都是在教育孩子的过程中必不可少的。尤其是当孩子还处于青少年阶段,对一切都感到迷茫之时,父母及时的扶持和引导则是指引孩子前进的一盏明灯。

把理想的决定权交给孩子

父母教子心经

千万不要为孩子设计发展的模式,不要让孩子做自己的"接力棒"。

在现实生活中,父母们往往喜欢为孩子设计理想。从上小学开始,就为孩子的理想一步步规划好了,甚至想好了孩子以后上哪个大学、学什么专业。为此,许多父母不顾孩子的理想和爱好,强迫孩子按自己设计的轨道去发展。

在这些父母看来,孩子还小,很多事情他们都不懂,父母们为他们做出的选择对他们有好处。殊不知,孩子虽然年龄小,但是他们也有着鲜活的思想和情感,有自己的兴趣、志向和理想。孩子为了自己这些目标而努力的时候,是自觉自愿、积极主动的,而且学得又快又好,同时享受到学习的乐趣。如果父母把自己的意愿强加给孩子,让孩子担负起父母的愿望,那孩子就会感到身上的担子太重了,压力太大了,孩子就会觉得学习是一种痛苦的过程,同时也会使孩子失去自己的成长空间和独立意识，这就可能导致孩子产生抵触、反叛与对抗的情绪，出现与父母关系紧张、厌学等现象，甚至走上歧路。也有些孩子会变得精神萎靡，对生活、学习感到迷茫、失去信心等，这些都对孩子的心理健康极其不利，甚至可能引发心理障碍与心理疾病。

所以，父母千万不要为孩子设计发展的模式，不要让孩子做自己的"接力棒"。其实，每个人都有自己的理想和追求，孩子也不例外，那么，父母又该如何对待孩子的理想和追求呢？

父母要给孩子足够的成长空间，让他们有自己的理想和愿望，有自己的思想和独立思考的权利，不要让孩子成为别人怎么想、孩子也要怎么做的盲从的产物，更不要让孩子成为代替父母实现未尽理想的工具。父母可以根据孩子的具体情况和兴趣，向孩子提出建议，引导孩子找到自己努力的方向。

随着孩子一天天长大，他们会逐渐形成独立的意识，所以父母要尊重孩子的独立性，让孩子充分地发展，而不是被父母限制在已为他们设计好的框子里。不然的话，他们也会像自己的父母一样，在补偿父母遗憾的同时，留下自己的遗憾。

对孩子的理想，父母如果觉得是合理的，就应给予尊重和支持。对孩子理想真正的支持应该建立在对孩子的充分理解和尊重的基础之上，以孩子的心理准备和接受能力为前提，然后进行适当的启发和引导，需要的是精心呵护，不是说教，不是命令，更不是趁机提条件。即使孩子的理想与父母的意愿产生了很大的偏差，也要平静地与孩子沟通，在尊重孩子理想和追求的基础上，通过充分的商量和探讨，让孩子充分理解父母的想法，然后再把决定权交给孩子。

父母在尊重孩子理想和追求的时候，还要注意一些问题：不要在孩子建立理想的初期就给孩子太多的压力和警示，这样做很可能就会打击了孩子的积极性，让孩子轻易放弃自己的理想。

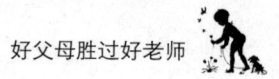

精心培育孩子的"理想之苗"

父母教子心经
鼓励孩子追梦，孩子就会产生强劲的内驱力。

每个孩子都有对未来的梦想，他想成为什么样的人或他长大后想干什么。而且，不论这些梦想看起来有多么遥不可及，作为父母切记不要忘记，你的孩子想要模仿的那些大人物，不管他是医生、演员或是超级球星，都是梦想的一个外在具体形象，更何况小时候的父母们也曾是一个拥有梦想的孩子。

对孩子的梦想，父母应给予肯定和鼓励。孩子尝试做事没有成功，并不表示他无能，只不过他还没有掌握技巧。父母如果指责孩子，会让孩子的自信心受到伤害，从而放弃努力。成功的实质是不怕失败，赏识的实质是承认差异、尊重差异，哪怕孩子摔倒100次，也要相信孩子第101次能爬起来。鼓励孩子追梦，孩子就会产生强劲的内驱力，面对各种困难也会主动想办法去克服。

父母应对孩子追梦予以多方面的关注。在孩子追梦的过程中，要重视非语言的运用，如目光、表情、动作等，帮助孩子寻找梦想的偶像，和孩子讨论偶像的成长史、奋斗史、成就史，明确成功必须付出辛劳和汗水；给孩子的圆梦计划提供建议和支持，经常提醒孩子践诺，在孩子怀疑梦想时给孩子鼓劲。要多用积极性评价，如"你非常能干""你做得很好""相信你下次会成功的"；多使用鼓励性语言，如"继续下去，你会成功的""妈妈相信你会做得更好"等。

父母应该帮助孩子探索他的梦想，不管那个梦想是什么样的。和孩子一起，找出实现梦想所必须做的准备工作，需要学习哪些技术和接受哪种教育。提醒孩子如果没有努力的学习、坚定的决心并经历过无数次的失败，就不可能获得成功。如果有可能的话，也可以花上一段时间做一些假想的练习工作，看看你能为孩子安排些什么。也许你会对将要发生的事情感到非常吃惊，因为你会发现人们都非常乐意帮助孩子去了解有关他们职业的各种情况。

如果孩子的梦想和志向与你为他们构想的不一样，也没有关系，不要强迫孩子放弃他的梦想去迎合你的愿望。因为父母需要做的是始终鼓励孩子去触摸天上的星星，大胆地去梦想！

总之，父母对孩子的理想之苗，要一点点地培养扶持，要细心浇灌滋润。

激励孩子为理想而奋斗终生

父母教子心经
引导孩子从小立下志向，努力奋斗，刻苦成才。

所谓"少壮不努力，老大徒伤悲"，而许多孩子于"少壮"之时不是不努力，而是不用努力。不少事实已经证明，家庭优越的孩子往往进取心不强，反而一些由于家境贫寒而经历坎坷的孩子，很早就会为自己立下志向，并为之奋斗。童年是播种理想的最佳时期，他们充满着对未来的美好憧憬和向往，这种理想将推动他们奋斗不息。家长一定要引导孩子，立下志向，刻苦成才。

诸葛亮为儿子取名瞻，起的字叫"思远"，取"志当存高远"之意。诸葛亮还专门写了一篇《诫子书》送给诸葛瞻，作为儿子的座右铭：

"夫君子之行，静以修身，俭以养德，非淡泊无以明志，非宁静无以致远。夫学须静也，才须学也，非学无以广才，非志无以成学。淫慢则不能励精，险躁则不能冶性。年与时驰，意与日去，遂成枯落，多不接世，悲守穷庐，将复何及！"

座右铭的主旨是要求儿子树立远大志向，"淡泊明志，宁静致远""静以养身，俭以养德""非学无以广才，非志无以成学"，就是其中的具体要求。在《诫子书》中，诸葛亮最后还特别警告儿子，年轻时如果不立下志向，学有所成，那么，随着年岁增长，年华消逝，意志丧失，到头来就会像无用的枯枝落叶，悲伤地在破茅屋里了却一生，到这样的地步再后悔也来不及了。

诸葛亮对子孙的教育不只停留在口头上，而且采取了实际有效的措施。他去世的时候，给子孙留下的遗产不是什么金银，而是800株桑树，15顷薄田。在外人看来，一个官位显赫、功勋盖世的蜀国宰相，只给子孙留下这么一点点田产，实在不可理解。但在诸葛亮眼里，给子孙留下这么多桑树和田亩，只要他们辛勤耕耘，已经能够丰衣足食了，财产留多了反而没有好处。

诸葛亮的子孙后代没有辜负先辈的教育。诸葛瞻少年有为，17岁就当上了骑都尉，后从羽林中郎将升迁为军师将军。炎兴元年（263年），魏将邓艾率10万大军伐蜀，诸葛瞻亲自挂帅，奋勇抵挡。邓艾派使者前来诱降，说："你若降魏，表请封为琅琊王。"诸葛瞻不为所动，怒斩来使，领兵上阵，浴血战斗，最后以身殉职。诸葛瞻死后，他的儿子诸葛尚又奋不顾身地杀入敌阵，因寡不敌众而战死，父子一同为国捐躯。后人称赞他们"外不负国，内不改志"，真不愧是诸葛亮的后代。

在中国历史上，诸葛亮是一个富有传奇色彩的人物，有关他运筹帷幄、指挥千军万马的故事流传很广，妇孺皆知。而诸葛亮高明的教子之道，一般人却很少注意，更没有引起人们足够的重视，这是非常可惜的。诸葛亮的智慧，不但表现在治国和治军有道上，而且还表现在教子有方上。他不让儿子依仗父辈的权势搞特殊化，他把确立儿子的远大志向放在教子成才的首位，他不多留遗产给子孙让他们坐享其成。所有这些，都是他的家教取得巨大成功的有效举措，也正是他的高明之处。

对孩子的理想，父母采取不理不睬或者拔苗助长的做法都是错误的。如果父母们用这样的态度来对待孩子的理想之苗，那么，也许孩子永远也不可能树立稳固理想。正确的做法是鼓励孩子树立理想，并为理想而努力。

理想教育，让孩子梦想开花结果

父母教子心经

培养孩子的坚持性需要耐心教导的过程。父母对孩子提要求的语气要坚定，让孩子知道这是一件重要的事情，不可以随随便便对待。

对孩子而言，要实现梦想，离不开坚持。世界上的许多东西都是新奇的，随着孩子年龄的逐渐增长，认识能力的提高，自我控制能力的加强，孩子的坚持性也会得到发展，即坚持性有一个随着年龄的增长而自然发展的过程。但我们在日常生活中也常常看到，不少成年人做事依然浮躁，缺乏持久性，往往半途而废。因此，坚持性也是需要培养的。

那么，作为父母，要如何培养孩子的坚持性呢？

最重要的是给孩子的任务难度要适当。任务太多太难，孩子望而生畏，就会产生对抗情绪或者干脆没做就放弃了。对于难度较大的任务，可以分解成一个个小目标。父母把做完的题目点评一下，给孩子一点儿鼓励，孩子可能就乐于接受了。另外，父母要以身作则，本身就要有坚持性。父母做事的态度很大程度上影响着孩子做事的态度，缺乏坚持性的父母很难培养出有恒心的孩子。父母的监督也是很重要的，如果父母要求孩子学习半小时，自己却忘了监督孩子，或者有什么事耽误了，而不管孩子当天有没有练习，这样做，培养孩子的坚持性就会变成一句空话。

  在生活中，父母还可以充分利用各种机会培养孩子的坚持性。比如孩子喜欢花草，父母可以买来花盆和一些花籽，教孩子种花草，让孩子在培育花草的过程中，观察植物生长的过程，体会生命的成长。在这个过程中，让孩子明白：无论你怎样着急，你今天撒下种子，它不会明天就长大。要想有收获，你必须耐心地等待。

  在通往理想的路途上，沿途的风霜雨雪自然是少不了，而孩子还无法认识到这一点，父母们可以为孩子讲一些和实现理想有关的故事，让孩子渐渐产生"噢，原来理想不是我想象的那么简单"之类的想法。榜样的力量是巨大的，孩子会开始严格要求自己，并在实践中不断地修正理想的形状，对理想有真正清晰的认识。

  父母不仅要激励孩子坚持梦想，还要设法引导孩子找到实现理想的途径。父母可以根据孩子嘴里说出的理想，多去问他一些"为什么"，作为最好的教育契机。比如孩子要做医生，可以先问他为什么要做医生，然后用浅显的道理告诉他做医生要具备哪些知识，还可以把一些著名医生的事迹讲给孩子听。告诉他要从小好好学习，多汲取知识，才能实现这个美好的理想。

  此外，父母在对孩子进行理想教育的时候，要注意结合孩子实际年龄来引导孩子。当孩子口中说出让你听来有些滑稽的理想时，要注意保护孩子的自尊心，随着孩子年龄的增长再让他多接触一些哲理性的故事，循序渐进。没有人脑子里冒出来的第一个想法就会决定他的一生，因此让孩子逐步修正自己的理想，才能放射出最耀眼的光辉。

第 3 章

呵护孩子内心,做孩子心灵的守护神

重学习轻心灵的教育不可取

父母教子心经
精神世界充实的孩子，才是最富有的孩子。

在一节五年级劳动课上，老师在教学生缝制椅子垫。正好赶上"三八"妇女节，老师就号召同学们回家给妈妈缝一个椅子垫。孩子们听了，积极性很高。有个孩子，回家顾不上做作业，翻箱倒柜地找出布啊、针啊、线啊，忙了半天，辛辛苦苦地给妈妈缝了个椅子垫。他想给妈妈一个惊喜，就把椅子垫先藏起来，不让妈妈看见。妈妈下班回家，劈口问道："作业写完没有？"孩子回答说："还没有呢。"妈妈一下来了气，"放学这么半天，你干什么了？"孩子说："妈妈，今天是'三八'妇女节，我给你做了个礼物。"说着拿出了藏在门后边的椅子垫。他满以为妈妈会高兴呢，没想到，妈妈不但没有什么惊喜，反而一手抓过椅子垫，说："你弄这玩意儿干吗？不写作业！"边说边把孩子忙了半天做的椅子垫拆了。

男孩当时气得直哭，他对妈妈的一片爱心被妈妈粗暴地伤害了。老师号召同学们给妈妈做一个礼物的时候说："妈妈平时关心你们，付出了很多心血，你们也应该关心自己的妈妈，送给妈妈一个自己亲手做的礼物，就是关心妈妈的实际行动。"孩子听懂了老师的话，他用一个下午的时间给妈妈缝椅子垫，也许长这么大，他还从来没有为妈妈付出过这么多的劳动，他多希望妈妈会因为他变得懂事了而喜出望外啊。他在一针一针缝椅子垫的时候，一定想象着妈妈回家看到这份特殊的礼物时的高兴劲儿。他万万没想到妈妈会这样。他大失所望，不明白妈妈怎么就不懂自己的心。

现在的父母确实有一种想法，就是只要孩子学习好、其他一切都无所谓。为此给孩子制订过高而又不切实际的目标，造成孩子厌学，甚至产生上学恐惧症。等孩子有一天精神被压垮了，后悔也来不及了。

在一次中国和澳大利亚父母进行测试和比较之后，发现中国父母与澳大利亚父母有一个非常明显的差别，那就是，我们中国父母最重视孩子是不是听话，是不是认真、刻苦地学习，是不是遵守纪律等等，相对来说不太重视孩子情感和情绪表现。但澳大利亚父母却把孩子的情绪、情感放在相当重要的位置，非常重视孩子平时的情绪状态，孩子是不是高兴、乐观。专家们把这种现象称作"文化差异"。意思是说，在我们中国这块土地上，人们一向不大管别人的情绪情感怎样，你高兴还是伤心，你心里感到压抑还是轻松愉快，都不大要紧，不会被别人注意，或者不被认为是什么大事情。

你到医院去，说"我病了"，医生会问："哪儿不舒服？感冒发烧，还是哪儿不合适？"如果你说："我心情不好，老是不高兴。"医生会说："你回家吧，我治不了。"他认为你没病。但是，如果在西方国家，医生听到你说这句话，他一定非常重视，他会认真地建议你去找一个精神医生看一看。因为在他们那里，如果一个人情绪、情感上出了问题，会被人们当作大问题。

这种文化差异给我们的启示之一，就是我们要不要适当地转变一些家庭教育观念？比如，你"望子成龙"，这并不错，只有一个孩子，谁不希望孩子将来有出息？但是，孩子整天坐在那里写啊、念啊，学习、学习、再学习，他就能"成龙"吗？如果他的情绪、情感发展不正常，如果他不善于和别人打交道，如果他的"努力"和"勤奋"都是被强迫的，如果他不诚实守信，如果他冷漠无情，不善于理解别人，他将来会怎样？

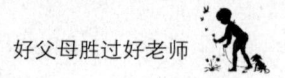

永葆童心，和孩子心连心

父母教子心经

和身体需要的营养一样，孩子心灵需要的营养也要全面、均衡。

一个孩子的成长，从大的方面来说，主要包含了两个方面：一是身体的成长；二是心理的成长。孩子心理成长同样需要营养，概括地讲，孩子心理成长需要五大营养，十个字：肯定、自由、情感、宽容、梦想。和身体需要的营养一样，心灵需要的营养也要全面、均衡。

教育家经常说，教育要"抓住时机"。上面例子中，孩子给自己亲手缝椅子垫，这是一个多么好的时机！它的意义远不止于孩子会劳动、会干活儿了，其意义主要体现在人的情感上，在孩子的一针一线中浸透着孩子对妈妈的爱和关心，浸透着孩子对妈妈的感情回报。这是一个多么好的母子双向情感交流的机会呀！

如果你依然拥有一颗童心，一种孩童的眼光，这实在是令人高兴的事情。如果你已经丢失了它，请努力把它找回来。童心的失而复得是一种人生的新境界。只有在这种境界里，你才可能走进孩子的心灵世界，成为孩子的心灵导师。物质上的给予比不上一颗真诚的心，用心去和孩子沟通吧。

那么，父母如何呵护孩子的心灵呢？

1. 最好自己也"长不大"

孩子喜欢活泼幽默的父母。在孩子面前，做父母的，也应该是"孩子"，也玩也闹，孩子就把你当成无话不说的朋友了。为什么不少孩子喜欢一些外教，就是因为他们从里到外都像"孩子"，孩子能不喜欢"孩子"吗？特别是充满幽默感的"大孩子"呢？！

2. 懂得情趣，懂得换花样跟孩子沟通

正面的谈话方式是可以的，但是，这样的沟通往往被家长演化为"说教"，结果只会让孩子觉得你啰唆、觉得你烦，所以，多给他们讲故事、谈看法、论时事、在潜移默化中影响他们的思想，这很重要。

沟通，还有一种方法，就是跟孩子共同读一本书，各拿一张纸，把看书的感觉和认识写下来，这种互相学习的感觉非常好，有心的父母最好把这些读书笔记订起来，使之成为一份最珍贵的沟通记录。

3. 尊重孩子的感受

在日常生活中，父母要多站在孩子的立场上，设身处地体验孩子的真实感受，多一份对孩子的理解，少一份对孩子的训斥，只有这样，才能加强亲子之间的沟通，创造孩子成长的宽松氛围。

4. 做孩子最好的朋友

一位母亲经常对孩子说："你和妈妈是好朋友，你的喜、怒、哀、乐都牵动着妈妈的心，你高兴，妈妈就快乐；你遇到不顺心的事情，妈妈会更比你难过的。无论你遇到什么难事或难以启齿的事情，妈妈都会给你出主意，一同和你商量解决的办法，绝不会因为你的所作所为，而痛骂你的。"这样，孩子就会对你产生信任，也愿意和你讲真话。

呵护孩子的心灵之花

父母教子心经

父母的责任首先在于发现并扶正孩子心灵土壤中的每一株幼苗，让它们不断壮大，最后清除掉已有缺点的杂草。

"再穷不能穷教育"，这种"穷"不仅仅是对物质投资的衡量，还包括精神领域的投入。作为家长，更应该主动去倾听孩子的心声，和孩子交流、谈心和玩耍。

我们需要一起关注孩子的心灵教育，孩子幼小的心灵在成长的过程中需要成人的关注和引导，正如苏霍姆林斯基说的："我们的教育对象的心灵绝不是一块不毛之地，而是一片已经萌生着美好思想道德的田地。"因此，父母的责任首先在于发现并扶正孩子心灵土壤中的每一株幼苗，让它们不断壮大，最后排挤掉已有缺点的杂草。让父母与孩子成为好朋友，走进孩子的心灵世界。

首先，孩子心灵的成长需要尊严。

一个人的心灵世界是靠尊严支撑的，人不怕没有钱，就怕没有尊严。一个孩子是不是有尊严，不取决于家庭物质条件的好坏，而在于他的成长和教育环境。父母的生活态度和看法直接影响到孩子，父母能给孩子这份人生财富。父母有颗平常的心，自尊自强，孩子一定会有健康美好的心灵和乐观的心态。尊严是人生的丰碑，尊严的丰碑一旦倒塌，心灵就会被践踏。所以，父母要把指责变成鼓励和支持，这样，每一个孩子都能发挥自己的聪明才智，以良好的心态面对人生。

其次，包容孩子，正确对待孩子成长过程中的错误。

其实我们每个人都会犯错误，孩子如此，我们大人何尝不是如此。我们现在之所以不再犯孩子一样的低级错误，正是我们从无数个错误当中吸取了宝贵的生活经验。要知道成人在禁止孩子出错的同时，也使孩子失去了通向正确、通向成功的机会，使孩子束缚自己，变得胆小、畏缩。孩子需要在错误中成长，错误是孩子成长中的形态，要理解包容孩子，即使孩子真的错了，也不要剥夺他"错"的机会，而让他亲身认识到自己的错误，这要比你直接告诉他不能这样做效果要好。当孩子有一些过失性行为，当孩子犯了错误，当孩子好心做了坏事，甚至当孩子出现了一些幼稚、不成熟的缺点与不足的时候，我们要宽容他们，用爱去包容孩子的一切。

生活中，我们会常听到父母抱怨说，哪个孩子总是坐不住，一天到晚不消停；哪个孩子总是不听话，喜欢招惹别人，惹出麻烦……其实，这都是孩子成长到特定阶段的特定表现，是再正常不过的事情。如果我们横加指责，处理不当的话，就会错失教育的良机，甚至会伤害孩子的心灵，也许还会影响孩子的一生，所以在孩子面前，父母一定要冷静地告诉自己：孩子的这些行为并不是问题的所在，关键在于找到问题产生的根源，对症下药，理解孩子、引导孩子，包容和帮助他们。

疏导压力，为孩子排忧解难

父母教子心经
疏散孩子的郁闷，使孩子每天都有个好心情。

许多父母和老师说，现在的孩子太娇气，心理承受能力太差。的确，一个人只要参与社会生活，就会遇到各种压力、困难和挫折。对此，有的人坚强、乐观，勇敢地去战胜它；有的人就显得懦弱、悲观，处处逃避它。

做多大的事需要多大的心理承受能力，父母要努力使孩子逐步形成遇忙不乱、遇惊不颤、宠辱不惊的心理品质，保持心理健康。家长要从关心孩子出发，有爱心、有耐心地与孩子多谈心，做孩子的知心朋友，只有这样，才能使孩子的郁闷得到疏散，使孩子每天都有个好心情。具体可采取以下做法：

1. 父母不要给孩子制定不切实际的奋斗目标

不要给孩子的行为太多的约束。如果不顾孩子自身实际，只知道让孩子这个拿第一，那个要优秀，就会给孩子造成巨大的压力。还有些父母只让孩子学习，这也不让干，那也不让干，这也会让孩子感到压抑。

2. 要让孩子有足够的休息和娱乐时间

如果孩子不能得到足够的睡眠，休息不好，就会感到身心疲劳，无法集中精力学习，最终让孩子感到紧张，给孩子带来压力。娱乐是化解孩子压力的较好途径，与孩子一起做游戏，使孩子沉浸在快乐的事情之中，压力就会被抛到九霄云外了。

3. 积极鼓励孩子

减轻孩子的心理压力，做父母的还可以采取积极鼓励的态度，这也能大大减轻孩子的学习压力，而父母对孩子的否定态度则往往会增加孩子的学习压力。如做父母的往往会这样说："你看某某又得了满分，你又只有80分，真笨，没出息！"而持积极鼓励态度的父母则可能说："虽然你比他考得差些，但只要你像他那样努力，你可能做得比他更好。"所以，要想减轻孩子的压力，应该理解孩子、多与孩子交流；应该尊重孩子，对孩子表示信任；要积极鼓励孩子，尤其是在孩子失败的时候。

4. 教孩子的思维不要绝对化

要让孩子多渠道思考问题，不要把人生的希望放在"必须"和"唯一"的赌注上，一旦失利，就无法承受，要从绝对化的思维方式中解放出来，像有的家长教育高考落榜的孩子"榜上无名，脚下有路"就避开了"必须""一定"等绝对信念的左右。

有些家长把进大学深造看作是孩子的唯一出路，自然孩子就会潜移默化地接受家长的思想，一心一意努力奋斗，为上大学而学。那么在竞争激烈强手如林的考生中，如果孩子一旦失利，没有迈进大学的校门，那你想他会有出路吗？他还会有希望吗？因为他把出路和希望都寄托在"一定"或"必须"上了，后果可想而知。

中考、高考失利自杀或出走的事例还少吗？这还不值得我们深思吗?

5. 孩子平时广交朋友

性格孤僻,没有朋友,遇事只能闷闷不乐、苦思冥想、没有交流、无处发泄。而多渠道交流、沟通是开心的钥匙,性格开朗的人心理承受力就强,通过别人看自己,了解别人更大的不幸是治疗自己不幸的良方。

有的孩子,在家与父母意见相悖,发生分歧,父母无休止的叨唠、训斥、指责,使他感到压抑、无助,在他的眼里,此刻的家已失去了往日的温暖。人,都有偏激、固执、失衡的一面。此时的他不理解父母在训斥、责备中的爱护和期待,而只是一味强调眼前的不解。这时,如果他把自己的苦恼、不解与朋友交谈发泄,就能分解他的忧愁,平静他的情绪。若有善解人意、开明豁达的朋友,帮助、开导他理解父母的爱护和关心,那本来属于不开心的苦恼以及对父母的责怪,也许就会化转为对父母的理解和感激。

教导孩子正确对待偶像崇拜

父母教子心经

父母要引导孩子适度追星,防止孩子崇拜偶像走火入魔。

偶像崇拜是青春期的特征之一,由于这个时期的孩子已渐渐脱离父母的庇护,触角向外伸展,父母、老师不再是"伟大"的化身,而渐渐地有了新的"伟大"的标准。也许是容貌姣好,也许是地位卓越,可能是歌艺超人,也可能是机智不凡,一旦某人的特质让青少年心仪、羡慕,他们便很容易献出全部的热情,将他当成学习、模仿或仰慕的对象。"人不轻狂枉少年",可以称得上是偶像崇拜的最佳诠释。从心理学的观点来看，适度的偶像崇拜对成长中的自我认知有相当大的帮助，孩子还可能透过对偶像的模仿学习到一些正向的行为模式。

客观地说，崇拜偶像能满足孩子的某些心理需要，对其成长有一定的好处。特别对于青少年而言，随着年龄增长，自我意识增强，父母和老师的权威减弱，但自身还未真正成熟，所以需要有新的参照和学习对象。由于娱乐明星外貌或才艺出众，而且总处于大众关注的焦点，显得很风光，所以很容易成为青少年追随和模仿的对象。崇拜偶像也有一定的情感寄托作用。青少年逐渐脱离对家人的感情依赖，但是青春期情绪波动不稳，仍需要有外在的情感依托和情感表达对象。对偶像适度的追随和模仿，有助于使青少年确立自我认同，宣泄和平衡情绪，并为进入成年角色做好准备，而且对他们来说，欣赏和喜爱影视、歌曲作品，本来就是一种精神享受。

但是，追星是一种非常情绪化的行为，容易理想化、浪漫化、绝对化，出现极端、冲动甚至疯狂的情绪和行为，不仅危害自己的身心健康，还可能拖累家人。所以在肯定崇拜偶像有一定积极作用的同时，应该防止孩子崇拜偶像走火入魔。

那么，做父母的应该怎样帮助孩子对待偶像崇拜呢？

1. 要让孩子明白偶像只是在某个方面很杰出，在其他方面也很普通

可以引导孩子主动说出自己偶像身上的不足，比如其偶像的发型、服饰、表情、习惯动作、口头禅等。同时要帮助孩子学会分析，用理智来面对明星。让孩子清楚认识到明星也是人，他们一定也有许多缺点，不是所说的每一句话都是真理，每一种行为都是美的。

2. 帮助孩子看到明星的艰难

有意引导孩子多向思维，不要一味批评，不要激化矛盾，应学会支持孩子对的一面，指出片面的地方。告诉孩子，明星的成长历程也有勤奋、有辛酸，要看到他们鲜花掌声后面踏实的努力。

3.要培养孩子多种兴趣爱好

帮助孩子把注意力从偶像身上转移到其他活动中,比如运动、书画、音乐等。日本著名心理学家森田正马指出,大多数心理疾病的原因都是"精神交互作用":对某些片面信息注意越多,越容易把它看得很重,如此形成恶性循环,最终导致心理障碍。当从许多活动中都能得到乐趣时,就不容易执着于某一种乐趣。而且当某种活动受到挫折的时候,还能从其他途径获得乐趣,从而保证心理状态不失去平衡。

做孩子体验美的开拓者

父母教子心经
教给孩子基本的美学知识,让孩子懂得什么是真正的美。

进入青春期的少男少女,如同蚕休眠、蝉蜕皮、蛹变蝶,是一个脱胎换骨、自我认知的过程。青春期的孩子追求美,是他们自我意识觉醒、追求独立自主和完善自我的必要成长过程,而并非学坏。青年男女进入青青发育期后开始出现关心自身的美、关注异性身上的美的心理,这是性审美心理的一种体现。

孩子从懂事起往往就有种种爱美的表现,但爱美心理的真正觉醒,并鲜明地表现在行为之中,是伴随着性的日益成熟而来的。追求自己更美一点儿,表现出对自己的美的欣赏与喜悦,表面看来好像只是为了自己,其实深埋在这种表象后面的本质却是为了他人,特别是为了给异性欣赏。

尽管有人打扮自己有引起别人注意的明显意图,有人则只是一种潜意识,其本质是一样的。对自身美的关注与追求所体现的爱美心理间接地反映了人们的性审美意识,对异性美的关注与追求所体现的爱美心理，则更为直接地反映了人们的这种意识。对自身美的关注与追求正是为了吸引异性从而达到对异性美的追求，这是一个事物的两个方面，它们都体现了爱美心理的性审美特征。

因此，随着性成熟而觉醒起来的爱美心理是符合人的生理心理规律的正常心理。

女孩子或者是男孩子在一段时间爱打扮是正常的，因为对异性好奇和感兴趣，希望吸引别人对他们的关注，有一种特别的表现欲，希望大家关注他们。其实，现在处于青春期的孩子都很爱美，可是，他们的审美观常常出现偏差。在他们眼里，时下流行的就是美。于是，在没有考虑是否符合自己身份、年龄的情况下，就盲目地去效仿、跟风。他们上身穿校服，下身穿着运动裤，腰间挂着几根金属链。原本好好的头发，非要弄得像乱草一样。如果孩子迷恋奇异的装扮，狂热地追求名牌，表明他们已经陷入了审美误区，一旦不能得到及时的纠正，就会形成一种畸形的性格，会对学习和个人成长造成严重的影响。这就要父母对孩子正确地加以引导，帮助他们树立正确的审美观。

父母是孩子的第一任老师，又是孩子体验美的开拓者。父母在引导孩子树立正确的审美观方面应该注意以下几点：

1. 父母引导孩子形成审美观念

要让孩子懂得一些简单的美学知识，知道美的各种表现形式，从而懂得什么是真正的美，让孩子明白，美有个体的差异性。不同的人有不同的审美观，你认为是美的，别人不一定就认为美，美重在自己的内心感受，而不在相互攀比或与他人的过度一致。

整洁的服装是一份可靠的介绍，孩子只要穿戴整洁，符合其身份，能表现活力就是美。美不仅包含了外在美，又包含了内在美，能达到两者和谐统一的美，毋庸置疑是最理想的"完美"。但是用健康的审美观塑造自我、创造美好的明天，才能被认为是最美的、最为精彩的。

2. 审美教育要注意联系孩子的生活、思想的实际

强调劳动创造美的观点。由于美感是极为复杂的、多种心理因素综合协调的心理过程，因此这就决定了审美教育的多层次、多角度，同时也使审美教育的难度增大。为此，对孩子的审美教育不要好高骛远，而要紧密联系孩子的生活实际和思想实际，因势利导，解决一些实际问题。

3. 给孩子的审美观正确评价

孩子需要的是父母的肯定，而不是我们站在成人的角度对"美"的任何评判。同时，父母也要注重对孩子的审美引导。在"审美敏感期"发展的过程中，父母千万不要用"不正常""怪异"等定性的词语来评价成长中的孩子。

4. 通过认识"丑"，提高孩子审美能力

艺术的美妙只能培养孩子对美的赞叹和向往。如果孩子缺乏对丑的憎恶，往往会显得对美的理解肤浅、淡薄。因而让孩子认识自然和社会生活中丑陋之处也是审美教育的手段之一。

5. 审美教育应注意时代性，随时代的发展而提高

孩子审美教育的重心应倾向现在，应随时代的发展不断创新；突出现时代所需要的审美观念、情趣、规范等。

孤独的孩子，需要父母的抚慰

父母教子心经

每个孩子都需要从父母那里得到足够的重视。

一天，一个中学校长气冲冲地对班主任说："我去上厕所，回到校长室，正好看到这个女孩在翻我的抽屉，手里有两枚一元硬币。"

班主任听后倒抽一口冷气，气急败坏地说："昨天你私进美术室拿走四罐橡皮泥的事，还没有解决呢，今天居然……"班主任像泄气的皮球坐在凳子上，打量面前这个胆大妄为的女生：乱糟糟的头发，脏兮兮的衣服，光从外表就是一个不惹人喜爱的孩子。

"你去校长室拿了多少钱？"

"就两元。"

"做什么用？"

"买铅笔。"

"为什么不问家长要？"

"他们不给，说我乱花钱，他们只喜欢弟弟。"最后那句话充满委屈。

放学后，班主任去了女孩家做家访。

女孩所谓的家只是村里的汽车库，闷热、潮湿，屋里乱七八糟堆满了生活必需品和劳动必需品。与父母的交谈中班主任得知：女孩从小在农村长大，祖辈也甚为娇宠，为了上学才来大城市与父母一起生活，家中还有一个弟弟，父母在车站靠帮人拉行李运东西谋生，每日起早贪黑、忙于生计，无暇顾及姐弟的生活，即使有空闲，也仅对家中的男孩关注多一些。于是经常看到女孩脏兮兮的衣着、乱糟糟的头发，同学的疏远也就难免了。

女孩小时候也是被祖辈宠爱着长大的，如今在家中在学校都备受冷落，幼小的心灵就这样迷路了。其实女孩是缺乏关注，得不到成人世界的肯定和鼓励，孤独的她需要用各种反常的行为来引起成人世界的关注，加之小时候在祖父母身边长大，难免任性，缺乏良好的行为习惯，父母又没有耐心和时间来关心教育她。

女孩很孤独，父母的忙碌、学习的普通，使她失去了家长和老师应有的关注，她用过激的行为来寻求关注，以此引起老师和家长的重视。

其实现在的独生子女都很孤独，家长把过多的精力放在了生活的忙碌和生存的压力上，好像这成了生活的本来意义和目的，老师忙于通过批改和加课来提高教学质量，好像这就是学生在学校的唯一目标，人们无暇或疏于通过口头或肢体的语言向自己的亲人表达关注的情感。孤独的孩子有的沉默，有的内向，有的借助于电视，有的借助于同学或朋友，不断寻找弥补的对象，他们的成长尽管不缺乏物质的满足，不缺乏知识的灌溉，却缺乏应有的爱的关注。

试想，人群中除却少数优秀和少数后进的以外，其余的却都是大多数，他们不会有骄人的成绩，也不会有反常过激的行为，每天不需要父母和老师费多少心思，他们"乖乖"地生活和学习，教室里老师甚至感觉不到他们的存在，家里父母也只关注学习成绩，也可能一学期老师都没有和他们谈过话，也可能在家里和父母的谈话仅限于"功课做好了吗""考试成绩怎样了"等简单的话语，谁来关注他们内心世界的波动和烦恼，他们的心理成长几乎是自生自灭的，或者可以说是在孤独中摸爬滚打的。

有人说，21世纪将是心理疾病高发的时代，我们的孩子何其不幸，要面临这样一个压力空前的生存环境，父母应该尽可能地做出努力，每天给孩子多一分关注，让孩子远离因缺乏关注而造成的孤独，别让他们在孤独中成长。

父母该如何给予孩子积极的关注，具体该怎么做呢？

（1）经常聆听孩子的倾诉，力争准确理解并表述出对他的感受，使孩子感到他在父母心中所占的重要位置。

（2）及时赞许孩子表现出的良好品行，使孩子有许多机会了解自己的优点、长处和进步，从而引起积极的进取愿望和信心。

（3）生活中，父母应尽可能多地抽出时间与孩子进行一些亲子阅读或亲子游戏之类的活动，活动中父母可以"助手"或"顾问"的身份，给予孩子好的建议，引导他们提高活动能力和水平。

（4）适当让孩子做一些简单的、力所能及的家务，让他在劳动中体验自己的价值，并增强为家庭成员服务的责任感。

脉脉温情，温暖孩子的一生

父母教子心经
多关心孩子的情感需要，让孩子感受父母的温情。

今天我们知道，孩子除了不可或缺的各种照顾之外，他还需要温暖、关爱、适当的刺激，例如安静稳定的成长环境，这样他才能够自信、活泼，有责任感。其中最重要的是要给孩子足够的身体接触，让他感受温情。

若是孩子初始的世界让他害怕不安、空洞、被侵扰，他就会畏缩、被吓退了。太早以及过于强大的不信任经验，使得他无法信心满满迎接世界。孩子经常长时间独处，世界空茫一片，刺激太强或印象过于繁杂，都可能形成分裂人格，他与世界的关系已蒙受损害，只好退回自己的壳中。

小时候缺乏爱的孩子，不被爱或者不受欢迎的孩子特别容易形成分裂人格。有的孩子长期生病住院，或者经历过母亲离去的创伤也都容易形成分裂人格。母亲不爱、不在乎小孩；母亲太年轻，个性未臻成熟；母亲没时间，把孩子交给冷漠的人照管；母亲生产后很快去上班，小孩长时间独处，无法给孩子关爱的例子都一样。

为了避免和改善这个问题，作为呵护孩子成长的父母，要给孩子安全感，当孩子感到孤独无助的时候，用温柔、鼓励的眼神关爱孩子。一个拥抱、一句话语，都能在默默之中告诉他们："宝贝，我爱你。"

此外，还要保证孩子人格的公平。父母不应该因子女年纪小，而漠视他在家中的地位。平等是营造良好的家庭氛围的前提，也是为孩子的成长提供了一个良好的平台，在家中不被漠视的孩子，才不会因自我漠视而封闭自己。

总之，谁也不想因自己的疏忽让孩子成为双重人格的人，当我们知道造成分裂人格的原因之后，尽自己所能为孩子开启一片蓝色的天空，让其茁壮成长吧！

那些沮丧的、经常责备自己不够称职的父母来说，多关心孩子的情感需要，孩子内心深处对于爱和亲密关系的渴望就会得到满足，还可以避免畸形心理的形成，而且还可以在这个过程中充分体验到身为父母的幸福感，何乐而不为呢？

驱散迷雾——破解青春期焦虑症

父母教子心经
这个时期最需要的是来自父母的理解、沟通与指导。

青春期是人生之旅上多彩的一段，也是多事的一段。处于青春期的少男少女，往往情绪多变、敏感猜忌、多愁善感，这大多与正常的性生理的发育有关。生理上的需求与变化使他们产生心理的躁动。继而又对这些变化与躁动恐惧不安。值得一提的是，这个时期最需要的是来自父母的理解、沟通与指导。

青春期是焦虑症的易发期，这个时期个体的发育加快，身心变化处于一个转折点。随着第二性征的出现，个体对自己在体态、生理和心理等方面的变化，会产生一种神秘感，甚至不知所措。诸如女孩由于乳房发育而不敢挺胸、月经初潮而紧张不安；男孩出现性冲动、遗精、手淫后的追悔自责等，这些都将对青少年的心理、情绪及行为带来很大影响。往往由于好奇和不理解会出现恐惧、紧张、羞涩、孤独、自卑和烦恼，还可能伴发头晕头痛、失眠多梦、眩晕乏力、口干厌食、心慌气促、神经过敏、情绪不稳、体重下降和焦虑不安等症状。患者常因此而长期辗转于内科、神经科求诊，而经反复检查并没有发现任何器质性病变，这类病症在精神科常被诊断为青春期焦虑症。

调查显示，青少年的心理和精神状况令人担忧。他们中许多人焦虑感增强，经常觉得"人生好像战场一样"，表现为情绪紧张，心理压力大。青少年焦虑感的增强，不只对青少年自身产生不良影响，也带来一定的社会问题。调查研究人员进一步深入分析发现，心理和精神健康越差的人，越容易发生网瘾、早恋、打架、有意伤害小动物、破坏公物、酗酒等行为。

青春期焦虑症会严重危害青少年的身心健康和学习，父母要积极寻求各种有效方法引导孩子缓解焦虑情绪，走出焦虑的泥淖，以乐观开朗的精神状态面对学习和竞争的挑战。

1. 不对过分苛求孩子

放低对孩子的要求，懂得欣赏孩子已有的成就，这样自然会让自己和孩子同时达到心情舒畅的目的。

2. 帮助孩子树立自信，相信自己能够战胜焦虑症

自信是治疗青春期焦虑症的必要前提。家长应通过鼓励、赞扬、暗示等方式帮助孩子正确认识自己，树立自信。每天多一点自信，焦虑程度就会降低一点，同时又反过来使自己变得更自信。通过这种良性的循环就可以摆脱焦虑症的纠缠。

3. 降低孩子的竞争意识

有些孩子心理不平衡，遇事爱着急、焦虑完全是因为他们太爱竞

争，使自己经常处于紧张状态。父母可引导孩子正确对待竞争，降低自己的竞争意识，以轻松的心态参与竞争，从而减轻焦虑心理。

4. 让孩子学会自我精神放松

比如，引导孩子去想象一下愉快的事情，这样可以缓解紧张的心情，从而使自己不再感到焦虑。

5. 教孩子做一些有益的事情来转移注意力

比如，当孩子感到坐立不安、痛苦不堪时，可让孩子从事自己喜爱的娱乐活动，或进行紧张的体力劳动和体育运动，以忘却焦虑和烦恼。

第 4 章

塑造健全人格，亲手把孩子雕琢成璞玉

别让自己的灰色性格毁了孩子

父母教子心经
父母要极力避免消极性格对孩子的影响。

在日常生活中我们看到，孩子往往会静悄悄地学习成年人的言行举止：母亲爱打扮，女儿也爱打扮；母亲多嘴多舌，女儿也唠叨个没完；母亲对邻居关心，女儿也会对小伙伴倍加爱护；父亲对工作、对他人、对自己的态度，对公物和劳动的态度，也都是子女最早的学习榜样，这对孩子性格的形成是有一定影响的。所以，每个父母要注意自己的性格对孩子的影响。

"魔术王子"刘谦儿时曾是一个怪人，他自称自己小时候有人格分裂症。尽管从小到大，在刘谦的生活中都有神奇的魔术陪伴着，但却不能为他排解孤单感。"小时候我是一个怪人，很怪，会自己躲在角落看书，自己和自己说话。因为我是独生子，在家里根本没有玩伴，因此，慢慢地就养成了比较孤僻的性格，会自己分裂出另一个自己，一个朋友或者兄弟姐妹，然后会扮演两个角色。旁边的人看了都会触目惊心，毛骨悚然。"刘谦笑道。

这个消息惊到了很多喜爱他的观众，也引起了众多父母的关注，如此光彩照人的一个人，童年却被蒙上了灰色的色彩。父母们谁也不想让自己的孩子成为一个人格分裂的人。

那么，人格分裂在日常生活中都有哪些表现呢？

一般来说，人格分裂的人喜欢独自相处。费尽心思独立生活，尽可能自给自足。他不依赖任何人，不需要任何人，尤其重要的是，不需要为任何人负责。因此，他远离人群，他需要这种距离，不让别人有亲近的机会，只开放一点点缝隙。一旦距离被跨越，他的感受如同生存空间遭到侵犯，独立自主遭受危害，他不再完好如初，于是很粗暴地反抗。害怕别人亲近，这是他典型的恐惧。但事实上，他不可能把所有人都排拒在外，于是他只好四下搜寻保护措施，以便自己能躲在其中，避开一切。对他而言，绝对要避免人与人之间的接触，绝不容许与人有亲密的关系。不论与人邂逅，还是认识未来的配偶，都会让他左右为难，于是，他只好把人际关系通通公事化。不得不与人相处时，处于团体或小组之中最让他感到自在，因为他可以隐姓埋名，基于共同利益的名义归属于某个社团。

其次，人格分裂的人喜欢猜疑。他们害怕与别人亲密接触和交往，也害怕交往中的磨合。于是只好靠着猜想臆测来调整人际关系的方针，总是处于惴惴不安中，不晓得自己给别人的印象和观感。以至于自己的举手投足是否与事实相符、是幻想或投影，或者属实与否，他都没有把握。

医学家舒兹·汉克形容分裂人格的一个图像，来说明他们所处的世界。"你我应该都有过这样的经验：坐在火车站的一列车厢里，旁边的铁轨上也停着一列火车，火车开动时很缓慢，几乎感觉不到震动或摇晃，一时之间肉眼很难判断，究竟哪列火车在缓缓开动？直到我们能够确定自己的火车还停留在原处，而旁边铁轨上的火车持续向前行驶时，或者两者相反，才明白过来。"

这幅画面很恰当地表达了人格分裂者的内心世界：他永远不能确切地明白，是否一般人面临同样情境时，不安全感也会如此一拳打过来；他的感觉、知觉、想法与想象，是否仅为一人所有，抑或大家皆然？由于他的人际往来可有可无。在人群中往往茫然不知所措，自己的经验与印象游移在怀疑的边界，不清楚自己的判断是出于事实，还是出于胡思乱想。

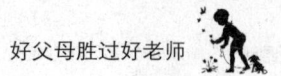

"别人看我的眼光究竟充满嘲讽呢,还是我又乱想了?"

"今天老师对我特别冷淡,他不满意我什么,他平常不会这样的,还是我多心了?"

"我是否引人侧目,哪里不对劲儿,难道我搞错了,要不然别人干吗这样瞅着我?"

这种不安全感会使孩子猜疑、病态地对号入座。风马牛不相及地臆想以及知觉混淆,以至于内心与外在都是非不分。这类人若即若离、矜持、遥不可及,别人很难和他们攀谈。他们似乎没有个人色彩,甚至有些冷漠。

具有人格分裂的孩子,在生活中是孤寂的,他们的世界是封闭的。好奇的父母们也许会问是什么样的原因造成了分裂的人格呢?医学上的解释有很多,但是最重要的是幼儿时缺乏关爱。

当孩子遭遇嫉妒时,你该怎么办

父母教子心经

让孩子不用去理会那些心胸狭窄、刁钻的嫉妒者,请相信,清者自清,时间是最好的缓和剂。

小瑞翻阅日记时发现,近来丝丝这个名字频繁地出现在她的日记本中。这个名字出现的次数竟然高达13次之多,远远多于小瑞在日记中提及的其他人。丝丝这个名字从她第一次到小瑞班级时就开始出现在小瑞的日记中。"她脚上居然穿着一双及膝的靴子。我第一个感觉就是强烈地渴望那双靴子是穿在自己脚上的。那一整天,我的眼睛始终没有离开过那双靴子。"小瑞在日记中如此描述。

更为糟糕的是,那双靴子只不过是一个开始。丝丝买的衣服全都是从市里最好的商场里买的,而小瑞,从来只是在那里打折的时候才能去淘衣服。丝丝居然还有耳洞,戴着耳环。更让人受不了的是,在丝丝生日的时候,她父母居然送给她一只装在古董鸟笼里的金丝雀。虽然以前小瑞从来没有过养金丝雀的念头,但那天以后,小瑞觉得世上最值得期待的莫过于拥有一只属于自己的金丝雀了。

在表面上,小瑞和丝丝是好朋友,但事实上她却是带给小瑞最多伤害的人。在小瑞的日记里,小瑞明明白白地流露出了这一点,尽管这些文字让小瑞觉得有些脸红,但小瑞的确认为丝丝不过是一个非常自傲的人,是一个让小瑞受不了的人。

是的,这就是嫉妒。这就是一种人在青春期都有过的情结。这种强烈的想得到别人所拥有的东西的欲望,折磨过大多数人,虽然承认起来需要一点儿勇气,但事实上,没有人能够否认,我们的确有过想得到别人所拥有的东西的念头,别人的头发,别人的成绩,甚至别人的父母。无数次地在心里默念,希望一觉醒来,这些梦寐以求的东西就属于自己。

青少年常常喜欢与他人作比较,但当发现自己在才能、体貌或家庭条件等方面不如别人时,就会产生一种羡慕、崇拜和奋力追赶的心情,这是上进心的表现。但有时也会产生羞愧、消沉、怨恨等不愉快的情绪,这后者就是人的嫉妒心理。这样一些青少年当开始顾虑到自己的专长,注意起同学的成绩以及别人对自己的评价时,嫉妒就会特别敏感地表现出来。这主要是因为青少年心理发展尚未成熟,对自己各方面能力还认识不足,遇上比自己能力强的人时就会感到不安所致。另外,青少年若是过于以自我为中心,常常更多关心着的是自己,待人中缺少纯朴的善意,处处想表现自己的优越,特别是当自己关注的人超过自己时就会强烈希望他在某一方面不如自己。

孩子的嫉妒是一种常见的心理活动,虽没有必要将它看得像洪水猛兽般严重，但也需要恰当地引导。普通来说，对孩子的妒忌只需很好地教育引导，便可以让孩子将嫉妒变为动力，激起孩子奋发上进，养成健康的性情和良好的品德。

对于好妒忌的孩子，父母应采取心理疏导并辅之以思想教育来消弭。

1. 杜绝孩子造谣生事、恶意攻击的言行

孩子有了嫉妒心理，往往就会说别人的坏话，攻击别人，以达到心理平衡。要让孩子明白，这类谣言、恶语最终都会真相大白，随之而来的是自己人格形象的"蹦极跳"。当孩子知道这种行为的严重后果时，恐怕他就不会继续其行动了。

2. 培养孩子惺惺相惜的情操

孩子有了欣赏别人优点的习惯，在和别的孩子相互交流中体验高峰的感觉，在美好的感觉中实现了自身的目标，因此惺惺相惜者之间多半不会心存嫉妒。

3. 帮助孩子找到自身的优势

每个人都有自己的优势，要帮助孩子找到自己的闪光点，比如在剪纸方面有天赋，比如身体的协调性很好等等。让孩子知道自己也有能让别的孩子羡慕的地方。

4. 引导孩子正确利用嫉妒

嫉妒其实是一把双刃剑，利用得当，完全可以变成激励孩子的动力。因为有嫉妒心的孩子，说明他也有很强的自尊心。父母应该鼓励孩子积极进取，与小朋友们良性竞争，要时刻对孩子说"你能行"，这样孩子的嫉妒情绪就能够转化为积极的动力。

抑制虚荣的种子，培养自律的孩子

父母教子心经

教导孩子与别人的比较要立足于健康的而不是病态的比较，如比成绩、比干劲、比投入，而不是贪图虚名、嫉妒他人、表现自己。

家境贫寒的小倩刚刚大学毕业步入社会，为了追求时髦，不惜借钱购买高档衣服，还借钱买了相当昂贵的项链、戒指来炫耀自己。周围人羡慕地夸奖她有钱，她只说是爸爸妈妈给她买的。直到有一天要债的人找上门，周围的人才明白过来是怎么回事儿。从此，大家都躲着她走，她也为此陷入了苦恼之中。

随着生理上的发育和社会接触面的扩大，青少年自尊心亦与日俱增，然而，这种自尊心容易被追求虚荣所扭曲。例如，他们穿华丽的服装，在同学中做出哗众取宠的举动，目的就是要显示自己，用片面的虚荣去满足自己某种好奇、好胜及自我表现的心理欲望。

我们平常所说的自尊心，就是尊重自己的人格、荣誉，不向别人卑躬屈膝，不容别人歧视侮辱，以维护自我尊严这样一种自我情感体验。自尊心是自我意识中最敏感的一个部分，一个人有了自尊心，就总是能争上游，不达目的誓不罢休。在平常生活中可以看到，有自尊心的人不甘落后，自觉主动地遵守纪律、努力学习，创造性地完成任务。自尊是一种可贵的情感，很好地利用它，能够丰富自己、提高自己、发展自己。

但是，有的孩子自尊心过于强烈，特别好面子，贪图并追求表面的光彩，这就走向了虚荣。比如不能正确地估价自己，将父母或他人的荣耀也当成自己的；因为害怕别人看不起，而不顾经济条件是否允许，在穿着打扮上互相攀比；在知识学问上，不懂装懂；总想表现出一贯正确，听不得别人对自己的批评等等。这些都是虚荣心的表现。

虚荣是人的缺点，有虚荣心的孩子喜欢夸夸其谈，爱面子，爱攀比，在社交上好出风头，在人格上很自负、嫉妒心重，在学习上不刻苦、不深入。孩子小时候就有虚荣心是非常不好的，会给孩子的未来人生埋下失败的种子，因此父母需要及早帮助孩子纠正虚荣心。

父母如何帮助孩子克服爱慕虚荣的缺点呢？

1. 让孩子重内在，轻物质

要让孩子明白，穿着和经济条件的优越都是外在的，可能随时会从身边消失，而内在的气质和实才，才能长久地保持。

2. 教育孩子将精力放在学习上

要通过教育，使孩子明白自己是一名学生，而学生的主要任务是学习，应把主要精力放在学习上。引导孩子在学习、劳动、品德等多方面与同学展开竞赛，而不是在穿着上盲目攀比。

3. 培养孩子树立正确的金钱观念和节约意识

可以教育孩子不是不可以攀比，而是要通过自己的努力去实现，才能获得别人的尊重。比如：父母就可以鼓励孩子积攒零花钱购买自己想要的东西，一方面孩子懂得了攒钱的不易从而形成节约意识，另一方面孩子通过自己努力得来的东西会倍感珍惜。

4. 让孩子多做一些有意义的事情

如果让孩子多做一些有意义的事情，比如让孩子做些家务，参加社会实践，多阅读一些名人贫而好学的故事，那么他就会渐渐体会到人生的意义，端正人生的态度，改变虚荣的心理。

5. 培养孩子的诚信品质

父母要想让孩子远离虚荣，就要注意对孩子诚信品质的培养。一个诚实的孩子，如果因为虚荣心想撒谎时，就会努力地进行克制。因为诚信要求在孩子的心目中，地位也是很高的，两者一对决，就能够更好地预防孩子出于虚荣而撒谎。

6. 为孩子树立良好的榜样

父母是孩子的第一任教师，父母的言行对孩子有潜移默化的影响。当家长抱怨孩子非名牌不穿、不断更换新手机时，反思自己：平时自己买衣服时，是不是经常买名牌，还经常把"名牌"之类的话语挂在嘴边在孩子面前说。家长要停止过去自己不当的言行，在孩子面前有良好的行为。

明辨是非，夯实孩子立身的根基

父母教子心经

孩子没有能力分辨是非曲直、善恶美丑，只有自幼对孩子灌输是非观念，孩子才会慢慢具备判断是非的能力。

从小给孩子正确的美丑观念，培养孩子明辨是非的能力，对孩子的一生是十分重要的。

第一，让孩子掌握好是非的界限。

也就是要丰富孩子的道德知识，使他们对是和非有所把握。父母应积极丰富孩子的道德知识，提高孩子的道德知识水平。多给孩子讲解中华民族的传统美德，讲述古今名人从小养成良好道德的故事，让孩子在潜移默化中树立美丑观念，掌握正确的是非标准。

第二，提高孩子的鉴别力。

孩子有没有鉴别力，关键在于她能不能不受他人的影响独自去判断一件事情，自主地做出决定。如果孩子总是觉得他人是对的，过于崇拜他人，这样显然是缺少主见的。

要培养孩子的鉴别力，父母不要引导孩子过于崇拜某个人。当孩子崇拜某人的时候，父母应该提醒孩子，崇拜不代表盲从，而是应该把对方作为学习的榜样，学习他身上的优点，努力提高自己的水平。只要孩子树立正确的崇拜观，就不会出现一叶障目、盲目附和的情况。

第三，不要对孩子太专制。

大部分父母在教导孩子的时候，总是喜欢让孩子听自己的，并不断地向孩子强调："你要做个听话的孩子。"事实上，孩子太听话并不是一件好事。

德国一位儿童心理学家追踪调查了100名2~5岁的儿童，发现具有反抗意识的孩子，在长大成人后，往往意志坚强，具有自己的判断力和鉴别力；而那些没有反抗意识的孩子，长大成人后大多成为缺乏自我意识，没有主见，只会依赖他人的人。

可见，过于专制的父母压制了孩子自我意识的萌发，孩子的自我意识得不到发展，其判断力和鉴别力自然无法发展。一定要做民主的父母，不要过于专制。

教育孩子应该讲道理，让孩子学会理性地思考问题，从而做出客观公正的判断。

如果以父母的权威压制孩子，孩子只会口服心不服，从而导致孩子的判断力失常。所以，父母在批评孩子时，应晓之以理，以理服人，不让孩子挨了批评后不知道为什么。

第四，让孩子经得起诱惑。

缺乏鉴别力的人，总是会被他人的思维所引诱，无法抵挡各种各样的诱惑。

现在的孩子面临越来越多的诱惑，父母要让孩子有清醒的头脑，认清什么事可以做，什么事不该做，要能全面稳定地把握自己。父母可以给孩子讲一些励志故事来熏陶孩子，让孩子对诱惑有一定的抵制力。

现在社会中诱惑孩子的因素很多。一些网站、报纸、杂志、电影、录像、图书等中都有不健康的内容，这些不健康的内容很具有诱惑性，会腐蚀青少年的心灵。如果孩子缺乏自制力，经不起诱惑，那么，她就会沉迷于花花世界中，丧失自我。

父母要经常跟孩子讨论什么内容是健康的，什么内容是有害的，以提高孩子的鉴别能力，让孩子自觉抵制不健康的东西。

父母为人谦逊，孩子学会了谦虚

父母教子心经

父母应该成为孩子高尚人格的榜样，要谦逊友善，不要在孩子面前表现出骄傲情绪。

侯雪是个聪明伶俐、讨人喜爱的女孩。她的爸爸是一家大公司的经理，妈妈在一家医院里当医生。侯雪从小就生活在这样一个条件优越的环境中。在家里，她要什么有什么，是爸爸妈妈的掌上明珠；在学校里，她成绩优秀，是老师心目中的"尖子生"；在同学当中，由于她长得漂亮，大家还给她起了个响亮的名号——"白雪公主"。

良好的家庭环境，父母的疼爱，老师和同学们的赞誉，再加上自己的天赋，使侯雪产生了一种飘飘然的感觉，而且这种感觉一天比一天强烈。"我就是比别人优秀"，侯雪总是这样想。侯雪的爸爸妈妈也经常在别人面前夸奖自己的女儿，为有这样一个聪明美丽的女儿而自豪。所有这些都助长了侯雪的自满和自傲的情绪。

渐渐地，侯雪变了。在家里，她只要稍稍不顺心就对爸爸妈妈发脾气；在学校里，侯雪更爱表现和炫耀自己，取得好成绩就自鸣得意、沾沾自喜，甚至不把老师的话放在心上；在生活中，她总是拿自己的长处同别人的短处相比，认为自己高人一等，看不起别人。

侯雪是骄傲自大的孩子的一个典型代表。在现代家庭中，由于受到特殊的家庭环境的影响，独生子女容易产生骄傲自大的情绪。

我们常说，谦虚是一种美德，是一种难能可贵的品德。可是，到底是什么原因导致孩子骄傲自大、目中无人呢？

第一，成人对孩子的影响。

有些父母由于自身条件比较优越，总是表现出一副扬扬得意、目中无人的神态，经常会流露出对他人的不屑。如他们经常议论同事的缺点，认为某某不如自己。孩子听到这些话，也会仿效父母，只看到自己的长处，而嘲笑别人的短处。

第二，家庭生活条件优越。

优越的家庭条件容易使孩子滋生虚荣自傲的心理，形成爱炫耀自己、嘲笑别人的毛病。如孩子经常穿漂亮的新衣服，就会看不起那些总是穿旧衣服的孩子。

第三，过多的夸奖。

孩子经常得到大人的夸奖，就会认为别人不如自己，导致看不起别人。如果爸爸妈妈经常在朋友面前炫耀自己的孩子，孩子就会认为别人都不如自己，从而产生自傲心理。

当孩子出现骄傲自大的心理时，父母应该怎么办呢？

1. 耐心教导，让孩子正确评价自己

孩子出现骄傲自大的坏习惯往往是由于过高地估计了自己，认为自己比谁都强，只看到自己的长处，而看不到自己的短处，拿自己的长处比他人的短处。因此，他们狂妄自大，以"自我为中心"，想干什么就干什么，不会设身处地替别人着想。作为父母应耐心地教导孩子，让孩子学会正确地评价自己，既认识到自己的优点，又看到自己的不足。

父母还需要规范孩子的行为，督促他们改正骄傲自大的坏毛病，告诉孩子在交友中应该怎样做和不应该怎样做，并加以训练和指导，使其养成良好的行为习惯。这样，他们才会受到大家的欢迎。

2. 表扬时感情流露要"浓淡"适度

父母应尽量少在外人面前夸奖孩子，因为小孩子的自我评价能力还很差，看到那么多人肯定自己，会产生错误的认识，认为自己真的多么优秀，从而产生骄傲的情绪。

3. 奖励以精神鼓励为主，物质奖励为辅

其实，一般情况下，孩子只要能得到口头表扬，心理上就会得到满足。过多的物质奖励，更容易使孩子沾沾自喜、高傲自大、忘乎所以，甚至不思进取。要防止他们被夸奖声和赞许的目光所包围，或获得过多的物质奖励而产生畸形的满足感，从而懒于进取和努力，削弱进取意识。

父母要注意不能给孩子过多的物质奖励，让他们明白好条件是父母创造的，他其实和其他孩子一样，没有什么高人一等的特别之处。父母要观察孩子的心态和行为表现，发现苗头及时教育，消除其骄傲自大的不良心态。

4. 以身作则，父母要为孩子树立榜样

榜样的力量是无穷的。父母是孩子的第一任教师，是孩子效仿的最直接的榜样，父母对孩子的示范作用是巨大的。父母应该成为孩子高尚人格的榜样，要谦逊友善，不要在孩子面前表现出骄傲情绪，以免孩子受到不良影响。

父母注重信誉，孩子学会了诚实

父母教子心经

"诚信做人"不是从天上掉下来的，而是在家庭中养成的。

小涛上小学四年级了，他很贪玩，加上爸爸妈妈工作忙，没有多少时间管教他，因此他每天晚上都不做家庭作业。

小涛的爸爸妈妈只是在每天吃晚饭的时候问一下孩子："作业都做完了吗？最近学习情况怎么样？"小涛总是痛快地回答："做好了，在学校也很好，老师经常夸奖我呢。"很长时间里，爸爸妈妈都以为小涛在学校里表现不错。

这天，小涛的期中考试结果出来了，妈妈看到小涛的成绩没有一科是及格的，这才慌了神，连忙抽时间去见小涛的班主任。

见了班主任，妈妈才知道小涛现在的学习情况很不好。班主任告诉妈妈，小涛很长一段时间里都不做家庭作业，上课还不认真听讲。

妈妈听了班主任老师的话，非常生气。等到小涛回家，妈妈就厉声问："今天有家庭作业吗？平时家庭作业做得怎么样？"小涛面不改色还是像平时一样回答了妈妈。

妈妈一听就来了火气，二话不说就给了小涛两个耳光，并气愤地说："我什么都知道了。我今天去了你们学校，老师说你最近表现很不好，天天不做家庭作业。你这个不长进的东西，还学会说谎了？你说，你为什么不做作业？"

小涛善于察言观色，也担心妈妈再打自己，只好向妈妈求饶，说自己以后一定不说谎了，好好做家庭作业。妈妈相信了小涛的话。

可是，小涛没坚持多久，就又开始不做家庭作业了，妈妈也放松了警惕。而且，小涛和妈妈之间的关系也越来越僵，他对于妈妈说的什么话都不当一回事，我行我素。

如果您的孩子有撒谎的现象，就要很好地考虑一下了，为什么孩子会这样？为什么孩子不敢说真话？这种现象最大的后果就是孩子与父母之间的代沟越来越深，互相都不信任对方，在这样的情况下，怎么指望父母可以教育好一个不和你说真话、不说心里话的孩子呢？

苏联教育家马卡连柯讲："'诚信做人'不是从天上掉下来的，而是在家庭中养成的。在家庭中也可能教养出不忠诚老实的人，这完全取决于父母的教育方法。"所以切记一点，只要撒谎的事件发生了，对父母就是一个很重要的警告：您在孩子心中的信任、尊严、形象已经像风化的岩石一样正在崩溃。

撒谎的孩子让父母头痛，但究其根本，问题还是出现在父母身上。所以面对孩子的谎言，该令您生气和震怒的不是这件事情本身，是您自己啊！

父母可以从以下几个方面对孩子进行诚实教育：

1. 父母要做诚实的榜样

为培养孩子诚实做人，父母要为孩子做出好榜样。如果要求孩子拾金不昧，父母就不能将捡到的物品据为己有；如果要求孩子不说假话，父母就不能哄骗孩子。不然，孩子是难以养成诚实品质的。

2. 和孩子建立真诚和相互信任的关系

"人之初，性本善。"年幼的孩子是非常纯真的，父母要利用这个良好的条件，和孩子建立并保持真诚与互相信任的关系。

有这样一个教子故事。一天老王的妻子去超市买东西，小女儿哭闹着要跟着去，老王的妻子被纠缠得无奈，便对孩子说："你要听话，留在家里，妈妈回来给你带洋娃娃。"孩子被哄住了。老王的妻子从集上回来时，却忘了买洋娃娃。老王立马要骑车去超市买。妻子就上前阻止说："不过是哄孩子玩的，改天再买吧！"老王说："孩子是不能欺骗的，今天你说话不算数欺骗孩子，就是教孩子说假话。"于是，老王很快买回了洋娃娃，兑现了妻子随口许下的诺言。父母对孩子必须言而有信，以诚相待，这样孩子才会信任父母，有什么事、有什么想法都愿意告诉父母。

3. 及时纠正孩子的不诚实行为

孩子的不诚实行为主要指说谎和私拿他人或集体的东西。对这些行

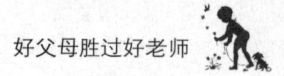

为要及时纠正。

孩子说谎,父母往往非常生气:"小小年纪,怎么学会了说谎?长大成人后岂不成了骗子?"父母为孩子的不诚实担心是有道理的,但仅此还不够,应该找出孩子说谎的原因,并帮助他们改正。如果不及时改正,孩子长大成人之后,很可能做出害人又害己的事来,后果不堪设想。

父母善于谅解,孩子学会了宽容

父母教子心经

父母应教育孩子,从小树立一个观念:决不能让自己的胸怀像针尖那样狭小,要开阔自己的胸怀,只有能宽容别人,才能与人和谐相处,才能品尝到人生的快乐。

孙静是一个优秀的女孩子,一直是爸爸妈妈的骄傲。从小时候起,孙静就会察言观色,还是在上幼儿园的时候,她就会看老师的眼色行事,深得老师的偏爱。上学以后,自学能力也非常强,学习成绩好,而且她不用纸笔的速算能力在全校也是数一数二的。同时,孙静又能歌善舞,学校的演出都少不了她的身影……诸多的长处使孙静产生了一种优越感,而且这种优越感表现为——"我行,别人不行!"

孙静虽然成绩突出,并有那么多值得骄傲的地方,但却存在一个致命的缺点——心胸狭窄,她容不得别人比她强,受不了老师的一点儿批评。因此,她和同学的关系很紧张,有时也会跟老师闹矛盾。在学校里,她经常为了一些小事和同学发生矛盾。

有一次,她和一个同学争吵起来,老师批评了他们。她觉得自己很委屈,回到家又哭又闹,逼着妈妈给她转学校。妈妈拗不过她,只好给她换了一所学校。上了学，孙静的班主任和任课老师都挺喜欢她，但她心胸狭窄的坏习惯还是没有改。班上如果某个同学在哪方面超过了她，她就会非常气愤，想方设法打击、报复或者诽谤人家，以发泄心中的不满，连老师的批评也不能接受，同学们知道孙静有这样的毛病，所以都疏远她。

有一次，老师表扬了别的班干部，而没有表扬她。老师说她学习好，工作能力强，就是工作方法上存在着一些问题，同学关系有时会出现一点儿紧张，希望她能稍微改变一下。老师说得很委婉，也很诚恳，但心高气傲的孙静哪里听得进去。为了这件事，孙静一连几天吃不下饭，也不说话，她觉得太不公平了，老师怎么能这样对待她呢？还常常因为一些琐碎的小事而生闷气。

妈妈看在眼里，急在心里，越来越为女儿担心，担心女儿这样的性格将来适应不了社会。

孩子是从大人的嘴里长起来的。孙静这种心胸狭窄的性格不是天生的，妈妈对她的影响很大。孙静的妈妈是一个能力极强的人，总给人一种高高在上的感觉。自身的优越使她容不下一点儿反对的意见。在家里，有时她做事不妥当，孙静的爸爸给她指出来，她不但不会接受，还大发脾气、耍性子、不吃饭。从小孙静就从妈妈那里学到，不管自己做什么都是对的，绝对不能接受别人的批评。

心胸狭窄的坏习惯在当今的独生子女中相当普遍。父母都希望自己的孩子能有一颗宽容的心，与他人友好相处。但他们不当的教育方式却经常使他们的愿望难以实现，在现代的家庭中，孩子就是一切，爷爷奶奶、爸爸妈妈整天围着一个孩子转，孩子就是"小太阳"，他们的要求从不会被拒绝。长此以往，孩子就形成了一种错误的观念："我"是最好的，谁都不如我。因此当孩子走出家门，面对更广阔的交际空间时，难以接受别人比自己强的现实。另外，有的父母本身就爱斤斤计较、不能吃一点亏，这也会给孩子造成消极影响。

心胸狭窄不但会影响孩子的人际关系，还会损害其身心健康，甚至会阻碍其将来事业的发展。我们必须帮助孩子纠正心胸狭窄的坏习惯，让孩子有一颗宽容的心，使他们快乐地成长，建议父母做到以下几点：

1. 父母为孩子树立胸怀博大的形象

培养孩子理解与宽容的品质，父母首先要从自身做起。父母应改正种种不良习惯，为孩子做出表率，在孩子心目中树立一个豁达大度、宽宏大量、胸怀博大的形象。

2. 要引导孩子学会忍让

孩子们没有成年人那种复杂沉重的心理障碍，他们的内心世界是纯洁无瑕的，即使出现了矛盾和隔阂，也非常容易自行解脱或缓和。作为父母，不能有意无意地把自己的不良心理行为强加于孩子，给他们纯洁的心灵投上阴影，而是要以实际行动来培养孩子的宽容之心，教育孩子要具有豁达的胸襟。

3. 要引导孩子学会助人

父母们应协助老师一起树立孩子的集体观念，注重培养孩子同情人、帮助人的意识，鼓励其多与朋友、同学进行真诚、平等的沟通交流，使孩子完全融入周围的群体中去，养成助人为乐的良好习惯。

4. 要引导孩子学会忘记

一位著名的心理学家曾经说过：善忘，是人生的一种佳境。作为父母，要注意引导孩子捐弃前嫌，尽快忘记他人的得罪、挑剔，忘却遭遇的苦闷、挫折，忘却心头的误解、怨恨……把不愉快的事情尽早抛之脑后，大踏步走入这种人生佳境。

父母们要通过自身实践和多方位的引导，让孩子们真正领会理解与宽容的深刻含义，让孩子们真正认识到：豁达的人心胸宽广，有如海洋，纳百川、竞千帆。豁达的人站在生活的制高点，一览众山小，又处在生活的最深处，风雨平常事。

父母一视同仁，孩子学会了尊重

父母教子心经

要求孩子尊重别人，父母自己首先要尊重别人，对所有人一视同仁。

这是一个多元化的时代，每个人都有自己的生活方式和价值。在这样的社会中我们要懂得去理解他人，尊重别人。每个人都有自己的优点和不足，不能因为别人一点儿的不足就贬低别人，也不能因为一个人某一方面做得好就恭维他人，而贬低自己。我们需要有一颗一视同仁的心。

作为父母更是如此，如果你不能一视同仁地对待别人，在孩子面前恃强凌弱、嫌贫爱富，这样的父母很难在孩子的心中留下好品格的印象。

一天，一位40多岁的中年女人领着一个小男孩，走进美国著名企业巨象集团总部大厦楼下的花园，并在一张长椅上坐下来。她不停地在跟男孩说着什么，似乎很生气的样子，不远处有一位头发花白的老人正在修剪灌木。

忽然，中年女人从随身挎包里揪出一团白花花的卫生纸，一甩手将它抛到老人刚剪过的灌木上。老人诧异地转过头朝中年女人看了一眼。中年女人满不在乎地看着他。老人什么话也没有说，走过去拿起那团纸扔进一旁装垃圾的筐子里。

过了一会儿，中年女人又揪出一团卫生纸扔了过来。

"妈妈，你要干什么？"男孩奇怪地问妇人，女人摆手示意让他不要说话。

老人再次走过去把那团纸拾起来扔到筐子里，然后回原处继续工作。可是，老人刚拿起剪刀，第三团卫生纸又落在了他眼前的灌木上……就这样，老人一连捡了那中年女人扔的六七个纸团，但他始终没有因此露出不满和厌烦的神色。

"你看见了吧!"中年女人指了指修剪灌木的老人对男孩说,"我希望你明白,如果你现在不好好上学,将来就跟他一样没出息,只能做这些卑微低贱的工作!"

原来男孩学习成绩不好,妈妈生气地在教训他,面前剪枝的老人成了她的"活教材"。

这时,老人放下剪刀走过来,对中年女人说:"夫人,这里是集团的私家花园,按规定只有集团员工才能进来。"

"那当然,我是巨象集团所属一家公司的部门经理,就在这座大厦里工作!"中年女人高傲地说着,同时掏出一张证件朝老人晃了晃。

"我能借你的手机用一下吗?"老人沉思了一下说。

中年女人极不情愿地把手机递给老人,同时又不失时机地开导儿子:"你看这些穷人,这么大年纪了连手机也买不起。你今后一定要努力啊!"

老人打完电话后把手机还给了妇人。很快一名男子匆匆走过来,恭恭敬敬地站在老人面前。

老人对那个男子说:"我现在提议免去这位女士在巨象集团的职务!"

"是,我立刻按您的指示去办!"那个男子连声应道。

老人吩咐完后径直朝小男孩走去,他用手抚了抚男孩的头,意味深长地说:"我希望你明白,在这世界上最重要的是要学会尊重每一个人……"说完,老人撇下三人缓缓而去。

中年女人被眼前骤然发生的事情惊呆了,她认识那个男子,他是巨象集团主管任免各级员工的一个高级职员。"你……你怎么会对这个老园工那么尊敬呢?"她大感不解地问。

"你说什么?老园工?他是集团总裁詹姆斯先生!"

"啊,他是总裁?"

可能很多人会想，这个妈妈真倒霉，刚好遇到了总裁，但其实对一个母亲来说，因为自己的言行失当丢了工作事小，在孩子面前丢了作为母亲的庄重和风度事大。无疑，这个故事中的妈妈是失败的，在她的耳濡目染下，那个男孩恐怕也难以学会在生活中尊重他人！

父母是孩子的第一任老师，也是孩子最亲近的人，父母的性格特质将影响孩子品性的养成。父母的所作所为容易被孩子认为是合理的，并且，孩子知识经验贫乏，辨别是非能力差，对父母的言行会不加选择地模仿。因此，父母要求孩子做到的，自己必须要以身作则。例如，要求孩子孝敬长辈，自己首先要敬老；要求孩子尊重别人，自己首先要尊重别人，对所有人一视同仁。

孩子的成长过程中，不仅需要学会基本的生存技能，更需要学会如何与他人相处、协作，只有懂得尊重别人的孩子才能赢得友谊。朋友关系的存续是以相互尊重为前提的，容不得半点强求、干涉和控制。彼此之间，情趣相投、脾气对味则合、则交；反之，则离、则绝。朋友之间再熟悉、再亲密，也不能随便过头、不恭不敬，这样，默契和平衡将被打破，友好关系将不复存在。

只有懂得尊重别人的孩子才会自尊。自尊是促使孩子不断向上发展的原动力。自尊是自信的源头，一个孩子不尊重自己，就不能激发出内心的勇气和自信，当然，也不会取得什么大的成就。屠格涅夫说过，自尊自爱，作为一种力求完善的动力，是一切伟大事业的渊源。孩子只有尊重自己，才会珍惜和看重自己，才能够实现自己人生最大的价值。

孟子说"威武不能屈，贫贱不能移，富贵不能淫"。这是作为君子应该有的气节，也是有品格的父母应该追求的境界。只有当父母做到一视同仁、尊重他人、尊重自己，孩子才能把这种美德深入到灵魂中，在人生的道路上赢得更多的尊重和友谊。

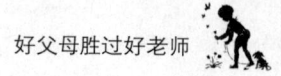
好父母胜过好老师

父母仁爱友善，孩子就有了爱心

父母教子心经
在培养孩子爱心的过程中，要帮助孩子体谅别人的感觉。

天下所有的父母都深深地爱着自己的孩子，可以说，世上任何一种爱都比不过母爱。当然，胡适的母亲也不例外，她给孩子的爱是温柔的，但却从不盲目。

每天，天刚蒙蒙亮，胡适还在睡梦中，母亲便起床了。她给儿子一边准备好东西，一边叫醒儿子，让他起床上学堂。对于孩子来说，早起是一件很痛苦的事，可是，小胡适很懂事，虽然他很想多睡一会儿，但是一想到母亲的操劳，就能立马从床上坐起来。当他赶到私塾老师家门口时，老师家人都还在睡觉。他轻轻地敲门，里面就会有人把私塾的钥匙从门缝里递出来。拿了钥匙，他跑到私塾把门打开。这时，同学们都还没有来，他一个人坐下，打开书本，开始读书。

他天天都这样早起苦读。母亲看着儿子这么辛苦，也很心疼他。但是，她明白，如果想让儿子成为像他父亲那样知识渊博、人品端正的人，就一定要吃苦。其实，儿子读书早，她为了准备早饭，要比儿子起得更早！胡适把母亲的这份爱藏在心底，用自己的刻苦来回报。平日里很听话，不想让母亲多为自己费心。

但是小时候的胡适很调皮，总有犯错误的时候。每逢这时，小胡适心里总会忐忑不安，善良仁爱的母亲从来不在人前责备他，因为仁爱的母亲懂得保护孩子的尊严。

一个秋天的晚上，天气转凉了。小胡适穿着单薄的衣裳，站在庭院里眺望星空。母亲关切地说："天凉了，快进屋穿件夹衣吧！"胡适此时看星星正起劲，竟与母亲顶起嘴来，这大大刺伤了母亲的心。

后来，胡适意识到自己闯了大祸，跪着直哭，他一边哭，一边不住地用手去擦自己的眼睛。也不知把什么细菌擦入了眼睛，竟害了一年多的眼病，找了很多郎中也治不好。最后，母亲听一些老人说用舌头去舔就可以治好，母亲使用舌头去舔儿子的眼，眼睛真的好了起来。

生活中母亲点点滴滴的关爱，成了胡适心中挥之不去的温暖。母亲的仁爱之心让每次的回忆都充满了感动。成名之后的胡适更懂得把这份仁爱和关怀写进自己的作品中。他在《我的母亲》一文中这样写道：我在我母亲的教训之下住了9年，受了她极大极深的影响。我14岁（其实只有12岁零两三个月）便离开她了，在这广漠的人海里独自混了20多年，没有一个人管束过我。如果我学得了一丝一毫的好脾气，如果我学得了一点点待人接物的和气，如果我能宽恕人、体谅人——我都得感谢我的慈母。

胡适就这样在母亲的言传身教下养成了善待他人的好脾气，也学会宽容和关爱。可见。母亲仁爱的性格，对孩子的爱心教育有很重要的影响。爱心教育是妈妈培养孩子的重点之一。但是总有许多母亲一提起孩子来就很伤心。他们总觉得自己很委屈，为什么自己对孩子那么无私无怨地奉献，而孩子却不领情？拿破仑·希尔说："当一种习惯由于反复地练习而变得容易的时候，你就会喜欢去做。你一旦喜欢去做，就愿意时常去做。"所以，母亲要积极培养孩子关爱他人的习惯，鼓励、尊重孩子去关爱他人。一个怀有善念的人，才能得到更多人的关爱，才能获得更多的机会，才能取得更大的成功。

美国著名教育家哈·斯宾森指出："爱心是美德的基础，也是美德最直接的表现。"培养孩子的爱心就是为孩子的美德打下了坚实的基础。爱心的培养不仅是中国传统教育的重点，也为现代教育学家所重视。现代孩子普遍缺乏爱心的现实，也显示出了爱心教育的重要性。爱心给人机会，使人伟大，而母亲想要培养一个伟大的孩子，就要首先从

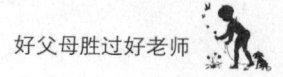

培养孩子的爱心做起。

在培养孩子爱心的过程中,让孩子理解奉献是很必要的。在生活的每一天里,要让孩子懂得奉献了自己,别人就会感到温暖。把节省的钱捐献给灾区,就能让很多人免于受苦;在同学生病的时候,要懂得去问候,帮助他们把落下的课补上……付出爱心,才能拥抱世界,积极地探索和进取。也只有愿意付出爱心的人,才能使生命放出耀眼的光彩。

英国大戏剧家莎士比亚曾经说过:"上天生下我们,是要把我们当作火炬,不是照亮自己,而是普照世界。"只有在无私奉献中才能让孩子超越自我,变得高尚,也只有在无私奉献中才能够找到幸福。

在培养孩子爱心的过程中,要帮助孩子体谅别人的感觉。帮助孩子体会别人的感觉,就是要求他能够想象别人在某种情况下产生的感觉。假如孩子收到长辈寄来的生日礼物后回复了一张感谢信时,父母可以引导孩子,让他想一下,当长辈收到这封感谢信时会有什么感想。

"冰冻三尺,非一日之寒",性格的养成不是一朝一夕就能够形成的,富有爱心性格的培育也是一个长期的过程,这就需要父母在日常的生活中潜移默化地引导孩子,培养他们的仁爱之心。

父母勇于负责,孩子就有了责任心

父母教子心经

负责是一个人成长的动力之一。父母要把责任意识植入到孩子的性格之中。

一个人要想跨进成功的大门,就必须持有一张门票——责任心。责任心是每个人都必须具备的一种性格,同时也是一个人走向成熟的重要标志。

卓雅是苏联的民族女英雄，是很多人崇敬的一位烈士。在她的纪念碑上写道："卓雅——苏联人民不朽的英雄"。卓雅生活在列宁、斯大林所领导的社会主义苏联的阳光下。从小受到了母亲高尚的爱国主义教育，爱国对一个社会而言是一种价值，而对于一个个体而言是一种情感。

当苏联人民的领袖列宁逝世的时候，卓雅的母亲一家和全体苏联人民一样，经受了巨大的悲痛。这时候，小卓雅刚生下来不久，儿子舒拉还没有出世。可是，做母亲的并没有忘记孩子。她把刊登着斯大林誓言的报纸收存起来，准备等女儿长大了，让她看看。

果然，14年之后，正当女儿卓雅准备入团的时候，小儿子舒拉从母亲的箱子里发现了这张发黄了的报纸。卓雅激动地读着这张特地为她保存的报纸上斯大林庄严的誓言：为资产阶级国家的汪洋大海所包围的我国，像巨岩一般地屹立着。它遭受着一阵阵波涛的击荡，有被淹没和冲溃的威胁。可是岩石却不动摇地坚持着……列宁同志，我们谨向你宣誓：你的这个遗嘱，我们也一定会光荣地实现。

第二天，卓雅就从图书馆借来了斯大林的其他演说。从此，这张发黄的报纸引出了一张很长的书目单，卓雅一本又一本认真地读下去。

在阅读的过程中激发了卓雅强烈的责任感，她知道一个人要敢于承担责任。当卫国战争爆发时，她就挺身而出，走上前线，化名"丹娘"，打击德国侵略者，不幸被俘，英勇牺牲，成为苏联英雄。

卓雅勇敢地走向前线，为了身上的那份责任，英勇作战，保卫家乡。培养如此大气而正义的女儿，难道她的母亲另外花费了专门的时间吗？没有。主要是做母亲的自己对祖国、对人民的领袖充满着热爱，而且又没有忘记教育子女的职责。而恰恰是这件事对卓雅的成长产生了深刻的影响。

卓雅受母亲高尚的爱国主义的熏陶，激发了她心中的责任心，促使她在保卫家乡的战争中英勇作战、抗击敌人。从中我们也可以看出母亲在培养孩子责任心上有着不可忽视的作用。

负责是性格养成的一部分。负责也是一个人成长的动力。那么，作为孩子的父母怎样才能把孩子的责任意识植入到他们的性格之中呢？

首先，在日常生活中改掉孩子依赖的习惯。孩子小的时候，对父母、长辈有所依赖是自然的，也是正常的表现。随着年龄的增长、自立能力的增强，做父母的就要锻炼他们的自理能力，渐渐帮助他们改掉依赖的习惯。

帮助孩子改掉依赖的习惯，做父母的就应该从自身做起严格要求自己，不要什么事情都代替孩子做。因为孩子本身就是一个独立的个体。孩子也有独立的人格、尊严和决定自己未来的权利和能力，只有相信孩子，才能让孩子在做的过程中成长起来。

每个孩子都有自身的特性和潜质。有的父母不顾孩子的天性和意愿，以过来人自居，越俎代庖地为孩子的一生画下明确的路线，让孩子按照自己制定的目标和路线去努力。而有些父母让孩子完全脱离集体这个大环境，在与世隔绝的状态下按自己的方式教育孩子，给孩子的心理造成难以消除的阴影，造成孩子性格扭曲，孩子成了满足自己心理愿望的工具。这样的做法看起来似乎是为了孩子的将来，实际上不利于孩子责任意识的养成和培养，也是父母极为自私和残酷的体现。

其次，要想让自己的孩子成为一个有责任心的人，就应该告诉孩子要勇于为自己的过错负责。犯了错误要勇于认错，承担犯错带来的一切后果，而不是推卸责任，责怪别人。这样，孩子才能承担大任，才能在激烈的竞争中独领风骚。

再次，父母不要为孩子找借口。找借口几乎是人的天性，孩子也不例外。生活中孩子常常会找出这样那样的理由和借口，来推托自己所做的事情。父母们应及时而理性地纠正孩子这种不良的行为习惯，清除滋生"不负责任"的土壤。

最后，大处着眼，从小处着手。让孩子在生活中感受责任的分量，哪怕只是倒一次垃圾、洗一块手帕、一次维护公共财物的举动、一件表示同情心的事情。孩子积极主动时应给予表扬鼓励，疏忽或漠视时应给予批评和修正。只有这样，才能让孩子超越"以自我为中心"，了解自己周围的世界，从而强化自己对他人负责、对周围环境负责的责任心。

第 5 章

少成若天性习惯为之常,习惯培养要趁早

少成若天性——别拿习惯当小事

父母教子心经
培养孩子好习惯越早越好!

冬天的一个早晨,一个迟到的孩子急匆匆地推门跑进教室,也许是过于着急吧,他忘了把门关上,大量的冷空气灌入教室,小朋友们都把小手放进了口袋,前排的一个小朋友嘟着小嘴跑去把门关上了。

不一会儿,又一个小朋友冲进来,随手"砰"的一声把门关上了,震得全班小朋友都看着他。

老师走到这两位小朋友面前说道:"小朋友,刚才你们把什么忘在门外了?走吧!去捡回来就好。"

走到门外,老师告诉两位小朋友:"以后进门要轻轻推门进去,然后再轻轻关上门,记住了吗?"

两位小朋友立刻不好意思地点点头。

可能有家长会认为像关门这样的事情是些微不足道的小事,这类家长就没有意识到,正是这些微不足道的小事体现着孩子的整体素质。做事不考虑他人感受,一旦养成了习惯,这样的孩子未来会如何呢?

习惯无小事。任何一种坏习惯,都会阻碍孩子在成长过程中的发展;任何一种好习惯,都会促使孩子在成长过程中得到更好的成功。

教育是什么?我国教育家陶行知说:"教育就是培养习惯。"然而习惯不是一蹴而就的,它需要从小培养,"培养"二字不容易,需要父母的长期奋战才行。

在培养孩子养成好习惯的过程中,父母的教育观念一定要正确:

第一，习惯的培养并非一日之功，有心理学家研究得出结果是，同一个习惯动作需要21天才能形成。要给孩子明确的规定和持之以恒才能达到目的。

第二，培养好习惯要趁早，教育学家研究发现一岁多的孩子是培养讲礼貌的最佳期，2~3岁的孩子是培养饭前便后洗手，自己会洗手帕袜子的最佳期，3~6岁是通过游戏培养逻辑思考能力、分类能力、推理能力的最佳期。

第三，要从"第一次"入手，多塑造少改造，一旦有了坏习惯，要改就不容易了，如果一个家长没办法让一个4岁的孩子自己收拾玩具，那么以后青春期的叛逆你是束手无策的。

总之，父母培养孩子好习惯必须具有侧重点，越早越好！最后祝福家长朋友们的孩子都拥有好习惯而健康成长！

培养孩子的习惯要从小抓起

父母教子心经

习惯一定要从小培养，因为孩子越小，可塑性越强，越容易塑造。

好习惯使人不由自主地去学习、去工作、去助人。为什么？回答：学惯了，不学难受；干惯了，不干难受；帮惯了，见到人有困难不帮便难受。

坏习惯使人不知不觉地、很省力地、很轻松地去拖拉、去懒惰、去干扰人。他为什么那么做？细想起来，不为什么，也不是故意的，就是拖惯了、懒惯了、干扰惯了，不这样难受。

一个勤奋惯了的学生，不用别人说，他也会自觉学习，如果外人强迫他停止学习，去打游戏机，他会觉得不习惯，甚至厌烦别人的打扰，拒绝去打游戏机。

一个懒惰惯了的学生，别人不说，他总是懒得动，被父母老师逼得没办法了，才学一点；但如果父母老师不说，外力一停，立即又不动了。

习惯的好坏可以影响人的一生。美国心理学家威廉·詹姆士说："播下一种行为，收获一种习惯；播下一种习惯，收获一种性格；播下一种性格，收获一种命运。"这就是说：习惯可以决定一个人一生的命运。所以说，我们有必要让我们的孩子从小养成许多好的习惯。

教育是什么？叶圣陶说：教育就是培养习惯。

那么，培养习惯的最佳时期在什么时候？答案是在幼儿阶段和小学阶段。在幼儿阶段父母要特别重视孩子生活习惯的培养。比如：按时起床，自己穿衣，自己洗脸、刷牙，吃饭不掉饭粒，做事不磨蹭、动作要快等等。在孩子小学阶段时，则要尽可能多地培养孩子养成好的学习习惯。比如：做完作业自己检查，不会的字自己查字典，按时学习，写完作业后自己整理好书包，在外面要留心观察等。

美国的家庭教育是主张开放式教育的，平时很尊重孩子的意见，但这并不意味着事事都依着孩子。其实美国孩子的父母要求是很严的，规矩也很多。在美国家庭里，孩子可以不同意父母的观点，但是必须在规定的时间上床睡觉，这是没有条件可讲的。公共场所不能大声喧哗，吃饭时不要大声咀嚼，父母都会有明确的要求。美国父母非常注重在孩子小的时候就培养他们养成良好的习惯，随着孩子的长大，父母管理反而越来越松，孩子到了高中以后就放手让他们自己去闯荡。

有一个美国孩子，妈妈想从小培养他做事的好习惯，就要求这个孩子负责洗碗，孩子不同意，就是不肯洗碗，妈妈说了很多次，孩子就是不配合。这个美国妈妈见跟孩子说理无效，当天就在家门上贴了一张纸条，上面写着四个字：罢工通知。理由如下：因为妈妈工作很辛苦，想让孩子给帮帮忙，洗洗碗，但因为孩子只知道享受权利，却不肯尽义务。所以，从今天起，妈妈不做饭了，各人自行解决吃饭问题。当天妈妈就一个人在外面吃，连着几天不肯做饭。这个孩子真急了，不可能天天啃面包呀，自然投降，主动跟妈妈承认错误，要求洗碗。妈妈说：不是洗一天，要洗就得洗一年。孩子说：行呀，只要你做饭，洗碗我包了，甭说洗一年，洗十年也成呀。

总的来说，抓习惯，小时要严，大了就可以放松一点。习惯一定要从小培养，因为孩子越小，可塑性越强，越容易塑造。父母还要尽量避免在青春期强迫孩子纠正不良习惯。

培育孩子习惯，多塑造少改造

父母教子心经

孩子一旦有了坏习惯，要改就不容易了，如果一个家长没办法让一个4岁的孩子自己收拾玩具，那么以后青春期的叛逆你是束手无策的。

做父母的，培养孩子习惯要把握一个原则：多做塑造工作，少做改造工作。这句话是什么意思呢？就是说要让孩子从小到大养成各种各样的习惯，在孩子还没形成习惯前，就要注意纠正和引导孩子多形成好习惯，这就是多"塑造"，因为这样容易。但有时一不留神孩子形成了许多不良习惯，等父母意识到时，要想改，这就难了许多，这就是"改造"。

从前，有一位富翁，年近五十才生了一个儿子。老来得子，岂有不爱之理？在富翁眼里，他的小儿子就像天赐的"无价之宝"，富翁是看在眼里、喜在心头，成天笑眯眯地看着，乐得合不拢嘴。对儿子，他总

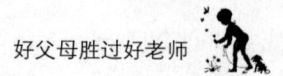

是迁就放任,什么都依着孩子,从来不管不教,任其自然发展。生怕严格管教会伤害孩子幼小的心灵。

过了几年,儿子有四五岁了。由于父亲的娇惯,孩子慢慢滋长了一些毛病,不许人管,只要一不高兴,不是张口骂人,就是动手打人,简直是横行霸道。而那富翁还觉得挺好,心里想:孩子长大了肯定吃不了亏。而且,他也总觉得儿子年纪还小,不懂事,从不认真管教,敷衍两句就拉倒,对儿子一直是采取宽容、放任甚至纵容的态度。

随着年龄的增大,儿子的恶习不断膨胀,胆子越来越大。到了十七八岁的时候,他竟常常私自偷拿他父亲的钱,到外面去吃喝嫖赌。他常常一掷千金,输得干干净净,可他毫不介意。他觉得,反正父亲有的是钱,输了再去偷啊!

后来,他父亲终于知道了,非常生气,觉得再不管就不行了。于是,有一天,他找到赌场,当着众人的面,把儿子破口大骂了一通。没想到,儿子不但不怕,反而恶狠狠地指着父亲的鼻子,张口大骂:"你这老东西,该死不死,还敢骂我?你当心点儿,我迟早要弄死你!"

父亲听了儿子的话,气得浑身发抖,差一点儿没背过气去。他心想:儿子这话虽说是在气头上说出来的话,也不能不防着。当天晚上,富翁便把一只小木桶放在铺好的被窝里,就像是有人在睡觉的样子。他自己呢,则静悄悄地躲在床的后边,屏息凝气,偷偷地看儿子的动静。

过了没多久,只见儿子轻手轻脚推开房门,蹑手蹑脚地走进屋来,手里提着一把锃亮的大斧头。一到床前,就怒气冲冲、咬牙切齿地举起手里的大斧头,狠狠地向床上的被子乱砍了一通。只听"啪"的一声,小木桶碎了,儿子以为是他父亲的脑袋被砍碎了,丢下斧头仓皇地逃走了。

光阴似箭,一晃过去了十多年,这位富翁已经80多岁了。暮年孤独,苦不堪言,睹物兴怀,百感交集。他虽恨儿子,但仍希望儿子能改邪归正、重新做人，回到自己的身边来。

有一天，老人家正在一个桑园里独自散步。忽然，有一位年逾三十的农夫径直朝他走过来，手指身旁的一个很粗的老桑枝，礼貌地对他说："老人家，请你把这株老桑枝弯过来。"

那老人家笑笑，摇着头对眼前的农夫说："老弟！老桑枝已经那么粗了，哪里还能弄得弯呀？"

那农夫说："不错，不错。桑枝要从小弯，儿子要从小教呀！"

老人家听了这句话，不由自主地想起了自己的儿子，很后悔自己小时没有好好塑造自己的儿子。禁不住老泪纵横。

这时，只听那农夫又对老人说："你仔细看看，我是谁？"

老人上下打量，这才发现站在自己面前的就是失散多年的不孝之子。

时过境迁，往事虽然不堪回首。但父亲宽宏大量，不计前嫌，还是原谅了自己的儿子。

从这个故事，进一步告诉我们，孩子的好习惯要尽早培养，不要等到孩子年龄大了，已经养成了许多不良习惯了，再想着去改，那就晚了。

手把手教孩子改掉不良习惯

父母教子心经

孩子年龄尚小，可塑性大，是培养良好习惯的好时机，也是纠正不良习惯的好时机。

孩子的许多不良习惯都是在不自觉中形成的。习惯一经形成，如不及时加以纠正，重复出现一次便是一次强化，慢慢便会成为极难改变的恶习。儿童时代形成的不良习惯，如不及时纠正，到了成年才想去改变就很难了。

不良习惯会给人一生带来许多不利，不仅妨碍工作和生活，还会损害人的形象。孩子年龄尚小、可塑性大，是培养良好习惯的好时机，也是纠正不良习惯的好时机。

娇生惯养是孩子形成不良生活习惯的直接原因，因此父母必须注意改进家庭教育的方法。

1. 帮助孩子深刻认识不良生活习惯的危害

一般来说，有不良生活习惯的孩子都没有正确的生活价值观，他们觉得生活就是享乐，怎样舒服、快活就怎样做，有的甚至自以为了不起，别人都是傻瓜，对于成年人的批评毫不在意。这种错误认识不改变，就不可能改正不良习惯。为此父母要注意用生动、具体的事例说明不良生活习惯的危害，真正打动孩子的心灵。

2. 采取针对性的措施制止孩子的错误行为

不良生活习惯一旦形成，就会反复地出现。为此，父母应当采取一些具体的措施来帮他们克服。如花钱无度的孩子要钱时，必须问清楚用途和数目，再决定给不给和给多少，过后还要追问孩子是怎样花钱的，收回孩子剩余的钱。让有严重不良生活习惯的孩子到较艰苦的地方去锻炼，更换其居住、生活的条件，也能促使他改掉坏习惯。

3. 通过制定家规来约束孩子的行为

儿童时期孩子的自我控制能力较弱，有的已经改正的坏习惯还可能再犯。为了巩固孩子纠正不良生活习惯所取得的成绩，促使其沿着正确的方向不断进步，可以制定一些家庭生活规范，使孩子的行为有所约束。

比如有的孩子喜欢吃饭剩碗底，不管饭多少，都是那样。经过父母的正确引导，指出粮食来之不易，并用一些具体事例引导，使其认识到粮食的宝贵，浪费粮食就是犯罪。在这个基础上再制定严厉的规定，如果剩饭，再吃饭时必须先把剩饭吃掉，否则不能吃新做的饭菜。这种坏习惯经过一段整治一般也能改变了。

还有诸如每天不能按时刷牙、走路爱踢石子、不按时洗澡、随便弄坏文具、乱撕作业本等坏习惯，也通过制定家庭规范给予限制，并坚决让其更改，做好了就及时表扬。家规的制定要发扬民主，由全家人讨论制定，对孩子既要有约束作用，又要符合实际情况，使孩子经过努力可以做到。家规制定出来后，一定要严格执行，定期总结；还要在执行家规的同时，改善家庭的软环境，家庭成员之间要互相尊重、互相关心。

教孩子养成严格要求自己的习惯

父母教子心经

在不影响发展孩子独立性和主动性的情况下，培养孩子的纪律性和对自己严格要求的习惯。

威特6岁时，父亲带他去附近村子的牧师家做客，并在那里住了几天。第二天吃早餐时，威特弄洒了牛奶。按威特家的规矩，洒了食物是要受罚的，只能吃面包和盐。威特很爱喝牛奶，加上牧师全家都非常喜欢他，给他的牛奶是经过特意调制的，此外还有上好的点心。威特的脸红了一下，迟疑了一会儿，但终于没有喝牛奶。

父亲假装没看见，牧师家的人看到这种情况，沉不住气了，再三要他喝牛奶，可威特就是不肯喝。牧师家的人不明白他为什么不喝，就一再劝说，威特终于说："我洒了牛奶，就不能喝了。"牧师家的人都说："没关系，喝吧，一点儿关系也没有。"父亲只顾吃自己的点心，仍然假装没看见。威特还是不喝，于是牧师全家猜测，威特一定因为怕父亲责备才不敢喝，就向威特的父亲发起了进攻。

这时，威特的父亲让威特出去一下，然后向牧师全家说明了原因。他们听了都说："一个才6岁的孩子，因为一点儿小过错就不能吃他喜欢吃的东西，你的教育也太苛刻了吧。"威特的父亲解释说："不，威特并不是因为怕我才不喝的，而是因为从心里认识到这是约束自己的纪律，所以才不喝。"可牧师一家还是不相信，威特的父亲只好说："既然这样，那么我离开餐厅，你们把威特叫来，再劝他喝，他肯定还是不会喝。"说完就离开了。

他们把威特叫进去，热情地劝他喝牛奶、吃点心，但毫无作用。接着他们又换了新牛奶、拿出新点心对威特说："吃吧，你爸爸不会知道的。"但威特还是不吃，并一再说："就算爸爸看不见，我也不能撒谎。"他们又说："过一会儿我们就要去散步，你不吃东西，半路上要挨饿的。"威特回答说："没关系。"牧师一家实在没有办法，只好把威特的父亲叫进去，儿子激动地流着泪如实地向父亲报告了情况。父亲听完后对他说："威特，你对自己良心的惩罚已经够了。我们马上要出去散步，你把牛奶和点心吃了，不要辜负了大家的心意，过一会儿我们好出发。"儿子听父亲这么说，才高兴地把牛奶喝了。

一个6岁的孩子就有这样强的自制力，牧师全家感到十分惊讶。

读了这个故事，不知你有何感想，大家可能和牧师家的人一样，也认为老威特的教育太严格了。是的，从某种意义上说他的教育确实很严格。通常，严格的教育会给孩子带来很多痛苦，但他的教育却没有，这是因为他的教育方法合理。对孩子的教育就是这样，只要从小抓起，孩子就不会感到有任何的痛苦。孩子之所以害怕严格的教育，是因为刚开始时的教育方法不当。教育孩子，就像砌砖头一样，一定要打好基础，老威特正是很好地做到了这一点。

那么，父母怎样才能在不挫伤孩子的自尊心，不影响发展孩子独立性和主动性的情况下，培养孩子的纪律性和对自己严格要求的习惯呢？

1. 提出严格的始终如一的坚持不懈的要求

不管孩子做出了什么不好的事，会教孩子的父母从不大声呵斥、指责甚至辱骂。也不管孩子的任性使他们感到如何气愤，他们总是善于克制自己，找到合理的办法说服孩子并坚持自己的要求，毫不妥协。

2. 周密地安排好家庭生活有助于进行纪律教育

在家中，父母要准确地规定好孩子起床、吃饭、睡觉、做作业、玩耍、劳动的时间，助其从小养成遵守作息制度的习惯，一年一年地下去，这种习惯就会逐步成为一种自然的行动准则。

3. 不仅是禁止做什么，而且要允许做什么，这对遵守纪律也是有意义的。

孩子们的自由是很多的。有时孩子们在家里玩老鹰抓小鸡、捉迷藏、猫捉老鼠，弄得凳子哗啦响，大喊大叫，哈哈大笑，整个屋子闹哄哄。如果这时家里没有人工作、学习或者休息，就没有必要制止，因为这是有益于孩子身心发育的运动，也是一种娱乐和消遣。

父母在家里可以规定三条不可更改的规则。第一条：凡是不该做的事，就是不能做，决无让步可言。第二条：应当使孩子们明白为什么有些事情不可以做的道理。第三条：不管是大人还是孩子都要同样遵守规定的制度。

教孩子养成做事有条理的习惯

父母教子心经

从小对孩子进行培养，让他们养成系统思维、计划落实、检查反思的良好习惯。

孩子做事没条理、没计划，说明孩子的逻辑思维能力不强，处理问题缺乏系统性。如果不加以培养和纠正，可能导致孩子做事鲁莽草率，成人后对自己的人生缺乏整体的规划，一生浑浑噩噩。

那么，父母怎样培养孩子形成做事有计划的习惯呢？

1. 系统思维习惯是计划做事的开始

茗茗一直是奶奶看大的，奶奶对她了如指掌。刚上小学，奶奶就发现茗茗有些不对头，常常是想起什么做什么，做不到三分钟，又想做别的事情。结果所有事情都是乱七八糟的，没有一件事情能做好，有时候还会把奶奶折腾得焦头烂额。

有一天，茗茗正在看电视，见电视里的小朋友玩电动娃娃，就跟奶奶嚷着要电动娃娃，非要奶奶去买不可。奶奶费力地买回电动娃娃，茗茗只玩了一会儿，又跟奶奶说要画画。奶奶翻箱倒柜找出画笔和纸，她胡乱涂了两下，又说要吃巧克力，逼得奶奶不得不再次下楼。那一天，奶奶楼上楼下跑了十多趟，腿都软了。奶奶想，茗茗这样"想一出是一出"可不行，一定要让她学会做事有计划，不然在学校里麻烦会更多。奶奶没退休的时候曾经在图书馆工作，对于查资料非常在行。奶奶觉得需要让孩子学会系统思维，把一天要做的事情理清楚，然后提前做好方案，并且按照方案去做事。

于是，每天晚上睡觉之前，奶奶都会来到茗茗房间，问她明天准备做些什么。开始茗茗摇头，"等明天再说吧。"她总是这样说。奶奶做茗茗的工作，说："明天再说可不行，如果你明天想吃冰淇淋，奶奶买不到怎么办？你把想做的事情都提前想好了，明天奶奶好替你安排。"奶奶这么一说，茗茗开始认真去想，但总是想起这个忘了那个，不够全面。奶奶说："这样吧，今天奶奶先帮你计划一下，明天晚上你再照着奶奶的计划想后天的。"茗茗也觉得这样比较好，答应了。接着，奶奶帮助茗茗制订了第二天的计划：早晨8点起床，10分钟穿衣服，收拾卧具,10分钟刷牙洗脸,20分钟吃早餐。吃完早餐正好可以看半小时《奥特曼》……奶奶说着,茗茗听着,小脑袋一个劲儿地点头。

第二天,在奶奶的监督下,茗茗有计划地做了一天事情。晚上睡觉的时候,奶奶问她:"茗茗,这样有计划地做事是不是很好?"茗茗由衷地点头。奶奶就说:"那好,现在你就把明天要做的事情想好,然后告诉奶奶。"茗茗想了一会儿,把第二天想要做的几件事罗列出来,然后把每天需要做的事情加在一起,就做成了一张计划表。

后来,茗茗渐渐养成晚上睡觉之前,把第二天要做的事情想一遍的习惯,第二天再做起事来,非常有条理。现在她已经不用奶奶提醒了。

开学以后,茗茗做事有计划的习惯依然保持,还竞选上了班里的生活委员。班里的很多活动都由她来安排,而且安排得井井有条。因为茗茗做事有计划,时间利用率很高,虽然与学习无关的工作很多,但是学习成绩依然很好。说起这个,奶奶从心底里高兴,这都是计划做事的结果,而要想让孩子学会计划做事,就得让孩子先有系统的思维。

2. 检查反思习惯是计划做事的保证

蕾蕾是个很听话、很懂事的孩子,知道为自己制订生活、学习计划,也能很好地落实计划。可是妈妈发现,尽管如此,蕾蕾的一些事情还是做不好,至少不能令她满意。这到底是为什么呢?妈妈通过认真观察,发现蕾蕾的一些计划本身就有问题,标准不高或是缺乏合理性。计划错了,怎能把事情做好呢?于是,妈妈开始规范蕾蕾计划做事。

每天晚上,妈妈都要找蕾蕾谈心,让她好好想一想,今天有哪些事情做得比较满意,满意在什么地方?哪些事情做得不满意,为什么不满意?哪些事没有做好,甚至很糟,为什么会这样?妈妈的做法让蕾蕾开始认真思考。然后妈妈又进一步引导,帮助蕾蕾找到了做事满意或者不满意的原因。蕾蕾开始只能勉强说出改进的方法,并不合理。但妈妈还是点了头,并且说:"蕾蕾,以后你就要这样,每天晚上睡觉之前,都要把一天的事情好好想一遍。如果有的事情做得不够好，找出原因，然后想出以后避免这些问题的方法。这样，你做事情就会越来越好，自己也会越来越满意。"

坚持做了几天，蕾蕾体会到了从未有过的成就感。原来，别人的表扬可以让人快乐，自己对自己满意更让人感到幸福，看到自己一步一步越来越完美，那感受真是妙不可言。

从那以后，蕾蕾坚持每天晚上睡觉之前都要对自己一天所做的事情进行检查反思，然后把问题记在日记本上，并写明以后遇到这些问题应该怎么处理。渐渐地，蕾蕾就养成了每日检查反思的习惯。后来，她做任何事，都一边做一边检查，发现问题，及时修正，事情做得越来越好。结果，蕾蕾的学习成绩迅速提高，同学关系也处理得很好，在家里做事也让妈妈非常满意。妈妈高兴极了："现在我的女儿才真正学会计划做事了，因为她已经懂得了随时检查修正自己的计划。计划正确了，再认真落实，事情自然会做到好上加好。"

父母的经验告诉我们，做事有计划，是一个人工作、学习、生活的良好习惯，也是一种积极的生活态度。父母应该从小对孩子进行培养，让他们养成系统思维、计划落实、检查反思的良好习惯，这也是计划做事的保证。

教孩子养成认真细致的习惯

父母教子心经

对于粗心马虎的孩子，要想办法帮助他慢慢改正，而不是以粗暴的手段强硬地加以纠正。

无论在生活中还是在学习中，人人都有过粗心的经历，大多数人在潜意识里认为，"粗心"只能算是大家普遍会犯的小毛病，不会把"粗心"看作"无知"。因为他们认为，粗心不是不会，既然不是不会，就不算是大毛病，也不算是大问题。谁都会粗心，谁都免不了出错，在这样自我原谅的意识中，很多人能原谅由于粗心造成的过错。

但是，由粗心造成的重要过错，可能会影响很大。比如在一些重要的时刻和地方：本应该能够考上很好的大学，就由于自己的马虎粗心，导致落榜。本应该很容易做的一道数学题，却因点错了一个小数点而导致结果谬以千里。这样的粗心马虎，带来的就不仅只是小麻烦了，这样的损失往往是不可计算的，也是无法弥补的。

所以，对于那些平时做事粗心马虎、大错误不犯、小错误不断的孩子，父母要给予特别关注。当然，父母不能因为孩子的粗心而对其打骂。对于粗心马虎的孩子，父母要想办法帮助他慢慢改正，而不是以粗暴的手段强硬地加以纠正。

导致孩子马虎粗心的原因是多方面的。有的孩子天生就小心谨慎，有的孩子天生就比较粗心。那么，父母怎么帮助粗心的孩子改掉粗心大意的毛病、养成严谨认真的习惯呢？有以下几个方法可以试一下：

1. 要培养孩子仔细认真的意识

有些孩子既聪明又能干，学习也不错，但却有粗心的毛病，自认为会了、没问题，结果考试时却没审好题，最后答错了。

对于这样的孩子，父母一方面要肯定他们聪明好学的优点，同时也要引导他们做事、做作业、考试都精益求精，一丝不苟。

另外，可以通过孩子过去粗心的实例和教训来分析其所造成的危害，讲明做事仔细认真的重要意义从而收到较好的教育效果。

2. 进行准确和快速的训练

对于考试总是马虎粗心的孩子，父母要根据孩子考试常犯的错误、常出的毛病、常粗心的地方，和孩子商量拟定一些题目让其来做，要求既准确又快速。测试的题都是孩子会的，很简单的，只要认真就会做出来的。

经过这样多次的训练之后，孩子就会提高做简单题的成功率，逐步可以达到百分之百的成功。这样的训练比口头教育的效果要好得多。只要孩子经过训练后改正粗心的毛病，有所进步，就要给予充分的肯定，以强化他的信心，并收到更好的效果。

3. 让孩子学会自我监督

帮助孩子分析错误出在哪里，让孩子多进行自我提醒，如"审好题目""避免写错别字""不要忘记复数"等。把这些提醒放在自己桌子的玻璃板下，贴在作业本第一页上或者其他醒目的地方，提醒自己注意改正粗心的毛病，这样有助于孩子克服粗心的毛病。

另外，在考试前经常就孩子各门课易出现的错误、易粗心的地方，和孩子一起讨论，针对各门课的不同情况写出一些自我提醒的语句，对克服孩子考试粗心的毛病很有帮助。

总之，孩子的马虎粗心不是大毛病，但是如果不加以改正的话，就会越来越粗心，长大后这个毛病就很难改掉了，到时候就可能造成很大的损失，所以，如果发现你的孩子有马虎粗心的毛病，就要认真帮助他改正。

教孩子养成掌控时间的习惯

父母教子心经

父母要指导孩子树立时间就是生命的惜时观念，教育和帮助孩子合理安排和利用时间。

年幼的孩子，缺少时间观念，还不懂得时间的意义，不善于将时间和生命联系起来，以致办事拖拉磨蹭。

时间是悄无声息地流逝的。在每一段时间里，孩子所做的事情并不都是有意义的。有些甚至是在浪费时间和生命。浪费时间，是孩子们的大敌。许多孩子不懂得珍惜时间，这与父母对孩子的娇惯有很大关系。有的孩子爱睡懒觉，每天早上父母一遍又一遍地叫，直耗到不起床上学就迟到的时候，才匆忙起来，而父母还得给他们穿衣服、收拾书包、叠被子……这样做不但不利于培养孩子的时间观念，反而会助长孩子依赖父母的坏习惯。

利用和分配时间是个大学问，孩子不会自发掌握的，也不能自主支配时间。

现代生活的快节奏要求人们善于合理地安排和利用时间，而这些时间观念与技巧必须从小培养，因此，父母应有意识地培养孩子养成从小珍惜时间的行为习惯。

父母们究竟如何才能教会孩子惜时如金呢？这里给父母们的建议是：

1.每天和孩子一起学习一条"惜时"名言

让孩子认识到："时间"是每个人最易拥有也是最易失去的个人资源，而把握时间最重要的就是要把握现在。俄国著名作家列夫·托尔斯泰说："记住：只有一个时间是最重要的，那就是现在！"

中国人说："一寸光阴一寸金，寸金难买寸光阴。"莎士比亚警示世人说："抛弃时间的人，时间也抛弃他。"所以，鲁迅先生才启迪我们："时间就像海绵里的水，只要愿挤，总还是有的。"一句话，让孩子逐渐认识到：盛年不重来，一日难再晨；及时当勉励，岁月不待人。

2.适时提醒孩子遵守作息时间表

可以结合孩子的实际情况，在孩子、老师和父母三方参与的前提下，在充分尊重和考虑孩子休息娱乐的基础上，为其制定出一份合理的时间表，适时提醒孩子遵守。时间一长，可以培养起孩子对时间的一种无声的遵从，使其树立起一种"守时"的意识，从而养成惜时的习惯。

"守时"是做事有成的重要环节。从小养成守时的习惯，不仅到时就能自然地安心学习，提高学习自觉性和学习效率，而且有利于将来适应社会生活。

3. 不要丢弃时间的"边角余料"

零零碎碎的时间具有极大的利用价值，大块时间的学习反倒容易导致疲劳的积累，使学习效率受到很大影响。零碎时间的学习能保持大脑的兴奋状态，效果极佳。而且，利用零碎时间学习一些必须熟记的生词、公式、规则等，有利于反复记忆，加深印象。

利用零碎时间的技巧很多。比方，父母可以为孩子准备一个可随身携带的小本子，记上要背的知识点，有空就读一遍；在起床、洗脸、刷牙、就餐等活动场所的墙上，钉上一个和视线等高的小夹子，夹上一张卡片，写上当天要背的单词、公式等；还可运用录音机，把要背的知识内容录下来，吃饭、洗脚的时候都可以听。

4. 以身作则，教育孩子把握今天

父母对孩子的"身教"非常重要。在孩子面前，只要有了目标，父母就应该立即行动起来。孩子耳濡目染，自会意识到：立即行动，才能真正把握"今天"和"现在"。这样可以让孩子对时间产生一种紧迫感，做事不拖沓延宕，意识到时间是一逝而过的，抓不住，时间就溜走了。

记得大画家柯罗曾对一位向自己请教，并表示"明天全部修改"的青年人激动地说："为什么要明天？你想明天才改吗？要是你今天晚上就死了呢？"所以父母应该告诉孩子，如果你决心珍惜时间并想对社会和人生有所贡献，那么现在就行动起来吧！

教孩子养成良好的生活卫生习惯

父母教子心经

孩童期是习惯养成的重要时期，抓紧这个时期进行培养，将收到事半功倍的效果，而且习惯养成后会比较牢固，影响终生。

楠楠有一个属于他自己的房间，但里边摆放乱七八糟，无法进去：床上到处堆着衣服，桌子上和地板上到处都堆满了书和玩具。妈妈刚刚帮他整理好了，很快他又给弄得一塌糊涂。妈妈要他自己整理，他却说："我自己的房间，乱点儿是我的自由，您要是看不惯，可以帮我整理。不愿意整理，可以不进我的房间，这也是您的自由。"妈妈觉得个人讲卫生，是一个人良好的习惯，对一生都会有好处的，楠楠的做法让妈妈很生气，气急眼了就会骂楠楠，即便如此，楠楠依然我行我素，任由自己的卧室"脏乱差"。

在日常生活中，有些孩子的个人卫生意识非常差。我们经常会看到一些孩子，人长得非常帅气，但穿得却不整洁，如果走进孩子集体宿舍，卫生状况更是惨不忍睹。桌子上杯盘狼藉，饭盒里的剩饭剩菜散发着种种异味。床上床下更是"杂货铺"，床单被罩皱皱巴巴，颜色发黄，散发着汗渍味，空瓶子、臭袜子、脏球鞋等横七竖八地堆在床下。

讲究卫生直接关系到人的健康，良好的生活卫生习惯是保证身体健康的必要条件。然而，在现实生活中，一些孩子由于不讲究卫生，染上急性或慢性疾病，影响了身体健康。

如果孩子不讲个人卫生的坏习惯已经养成，做父母的就要想办法纠正。主要有以下几方面：

1. 教给孩子学会整理房间

多数孩子都十分顽皮，常常父母刚刚收拾好屋子，转眼间又被翻得乱七八糟，父母一边无奈地叹气，一边不得不重新把房间再整理好。与其跟在孩子身后没完没了地收拾房间，不如教孩子自己学会整理房间。当然，太小的孩子还不会整理房间，对弄乱的屋子也会不以为然，他所关注的只是身边想玩的时候就有玩具。这时，许多父母总是一边呵斥孩子不要动这个、不要碰那个，一边收拾孩子制造的"战场"。其实，这样做是不对的。孩子不会认识到这是他做得不对，反而会误以为自己弄乱了房间，自然会有父母来收拾。所以，父母应该从小培养孩子对自己做的事情负责的意识，让他自己动手收拾房间，从小养成讲究个人卫生的好习惯。

2. 让孩子学会分门别类地收纳物品

让孩子学着自己把玩过的玩具收好，把看过的书放到书架上，把到处乱放的画笔、铅笔等文具都装进文具包里，等等；父母可以指导孩子将所有的物品放回原地，分门别类地做上标记。按顺序、大小或者轻重程度的不同等一一排序，这样不易互相挤压和损坏物品。总之，让孩子学会分门别类地收拾东西，一方面方便拿取，另一方面可以教孩子养成珍惜物品的好习惯。如果孩子太小，父母可以同他一起收拾，告诉他哪样东西该放在什么地方，千万不要独自就将他弄乱的房间收拾得整整齐齐。

3. 父母要起带头作用

父母是孩子的榜样，一定要起好带头作用，以身作则。做事有规律，讲秩序，讲究卫生的父母，一般孩子也有同样的良好习惯。如果平时孩子比较懒惰，不爱整理房间，不讲究卫生，也不能要求孩子立即就能改掉坏习惯，而应该循序渐进，花费一定的时间，千万不可操之过急，甚至打骂孩子。要先让孩子知道需要做到什么样子，怎样才算干净整洁。慢慢地，他就会理解父母的要求，做到父母所希望的样子。

教孩子养成良好的消费习惯

父母教子心经

消费学习既是知识方法的学习，也是观念和行为习惯的学习。通过消费学习可以让孩子学会合理安排个人开支，了解和学会计划家庭开支，养成良好的消费习惯。

培养孩子良好的消费习惯，使孩子从小就能在解决经济问题的过程中锻炼并拥有经济头脑，唤醒他们的经济潜能，开启他们的财商，是家庭教育必要的一课。父母是孩子的第一任老师，责任在此，不得推卸！不要把财富留给孩子，而要把孩子变成"财富"。

星期天，俊俊爸妈决定带俊俊到公园玩，出发前，俊俊听见妈妈对爸爸说："准备多些钱！爸爸说："就在市里，花不了多少钱。"俊俊急忙说："爸，只要1000元就可以，买门票，到酒店吃饭，吃完再去逛超市，买我喜欢的超人。"俊俊爸听了为难地说："爸爸一个月的收入才2000元，你一天就要花掉我半个月的工资，剩下的1000元怎么支撑家里的开销啊？"

现代社会商品信息多、变化快，处于生长发展中的青少年分辨力不够，自制力弱，容易养成不良习惯。而且青少年中的高消费现象，扭曲了孩子间的人际关系，加重了父母的经济负担，不利于孩子的健康成长，所以父母需要引导孩子进行正确的消费。

首先，应该让孩子了解家庭的收入和开支。

一部分父母，特别是独生子女的父母，常常在家庭经济紧张的情况下，千方百计地满足孩子的各种消费需求，造成家庭经济紧张。而让孩子了解家庭的收支情况，理解父母在开销上的节省和限制，树立良好的理财观念，让孩子了解家庭的收入和支出，有助于克服孩子攀比心理和乱花钱的毛病，树立"适度消费"的观念。要使孩子认识到自己还没有真正通过劳动为社会、为家庭创造财富，衣食住行和接受教育要靠父母负担，所以没有理由在生活消费上提出过高的要求。父母也要有正确的消费观念和消费行为，引导青少年不攀比、不追求名牌。对于孩子的不适当要求，父母要敢于说"不"。

　　一旦你的孩子长到十几岁，你可以举办一个家庭财务会议，并向全体家庭成员解释说，会上所讨论的是家庭机密，每个家庭成员都有保密的责任，如果谁擅自把家庭财务机密泄露出去，那么以后就没有参加这类会议的资格。把全家的钱都要花在哪些地方，给大家简要说明一下。这样做，不仅可以使孩子能够体谅父母的难处，不会整天嚷着让父母给自己买这买那；而且还可以使孩子在家庭经济上走入困境时，为父母分忧解难。

　　如果孩子不知道父母是如何靠辛勤工作给家里挣钱的话，那么他们就不会把金钱与工作紧密地联系起来。孩子们到了上小学的年龄，父母就可以把一个人如何靠努力工作来谋生的道理讲给孩子们听。

　　如果你热爱自己的工作，那么你可以和孩子分享你从工作中获得的乐趣；如果你对自己的工作感到失望，那么你可以告诉孩子，仍会有差强人意的方面——工资不算低，工作比较稳定，或者这只是你事业发展的一个不太顺利的阶段。

　　偶尔可以带着你的孩子去上班。当你的工作量不是太大时，带孩子去你的工作单位看看，能让他们有不小的收获。如果你的工作单位在正常办公时间不欢迎孩子们来访，那么你可以在周末抽空带他们前去。

　　其次，培养孩子节俭的美德。

　　让孩子明白"别人有的我也可以没有""人穷未必志短，有钱未必有志"。允许孩子在一定条件下自己计划花钱。单纯限制不是解决孩子乱花钱问题的好办法，对于初中以上的孩子，父母可以考虑在家庭经济允许的范围内，由孩子掌握自己的日常开支，这有助于帮助孩子学会计划花钱。

再次，不要让孩子受广告诱惑。

在生活中，经常会有虚假广告，如果你发现了，就要直接告诉孩子，广告的宣传不一定都是真实的，不必为广告的宣传所迷惑。即使广告本身没有问题，也要根据自己的实际需要来进行采购，否则会造成浪费。

那么，如何培养孩子良好的消费习惯呢？父母不妨试试以下做法：

1. 在钱的管理上——培养孩子的储蓄观念，教会孩子简单的储蓄方法

例如，孩子很想吃炸鸡，如果买份炸鸡需要20元的话，父母可以告诉他："今天只能给你10元，明天再给你10元，你凑足20元时再去买吧。"这样做可以激发孩子的储蓄观念，使孩子学会"把今天的钱存起来，等到明天再用"的简单储蓄方法。当然，教孩子分别用储钱罐和银行存折，把平时的零花钱及逢年过节得到的"红包"积存下来，也是让孩子独立储蓄的办法，但要注意根据孩子年龄、个性的不同，对钱的管理加强监控。

2. 在钱的开支上——培养孩子节约和计划用钱的习惯

日常中，父母可以跟孩子讲讲自己和其他行业的工作，让孩子明白赚钱要付出辛勤劳动的道理，自觉养成节约用钱的习惯。

除了供给孩子最基本的生活必需品外，有些消费可以让孩子用自己的储蓄去开支。例如，孩子要买玩具或出去游玩，父母可以指导他使用自己的积蓄。这样，不仅可让孩子认识到储蓄的意义，使他体会到用自己的存款来达到目的的快乐，同时还可培养孩子节约和计划用钱的能力。

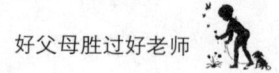
好父母胜过好老师

教孩子养成独立自理的习惯

父母教子心经

从小培养孩子独立自理的习惯，不仅是对孩子生活自理能力的锻炼，同时也有助于开启孩子的智力，让孩子的人格更加完善。

独立自理的生活习惯是培养孩子未来独立性的基础。独立性是一个人非常重要的心理品质，对人一生的发展和成才起着极为重要的作用。

在小洛克菲勒4岁时，有一次，当他远远看到父亲老洛克菲勒从外边走进来时，就张开双手兴冲冲地向父亲扑了过去。老洛克菲勒并没有去抱他，而是往旁边一闪，结果小洛克菲勒扑了个空，跌倒在路上，哇哇大哭起来。等孩子哭完之后，老洛克菲勒严肃地对儿子说："孩子，不要哭了，以后要记住，凡事要靠自己，不要指望别人，有时，连爸爸也是靠不住的。从现在开始学会自立吧。"

正是因为洛克菲勒家族教育子女特别认真，注重培养孩子的独立生活能力，使孩子养成自立、自强的习惯。所以洛克菲勒家族里没有出败家子，使其家族跨越了两个世纪而依然繁盛如初，没有像美国一些其他的跨国财团、亿万富翁家族仅仅经历几十年就衰落了。

什么是自立，顾名思义，自立就是自己的事情自己做，不会的事情学着做，而且一定要做好，不依赖别人。我们每个人来到这个世界都要学会自立，因为自立是人在社会上立足之本，所以只有学会自立才能在这个充满竞争的社会上生存下去。

对于许多中国父母来说，祖祖辈辈没有过今天这样的小康或者富裕生活，他们绝大多数又都只有一个孩子，所以有时把爱子之心推过了爱与害之间的小溪，推到了一个错误的极端。

据报载，福州市的李女士坐飞机给在青岛某大学读大一的儿子送了一碗馄饨，因为她接到儿子的电话，儿子在电话里哭着说想家，想吃妈妈亲手包的馄饨，李女士说："听到孩子的哭声我很揪心。"李女士家不是那种一掷千金的富裕家庭，因为她这么说："这碗馄饨的成本花了我一个月的收入，但只要孩子高兴就值了。"

这正如俗话所形容的：孩子要天上的星星也恨不得给他摘下来。可是，这对孩子的成长和成才有好处吗？这也说明了一部分青少年在父母过分的呵护下，心理素质太差，经不起一点点挫折和失败。我们不能说这些学生一定没有出息，但他们将来走向社会后的抗压能力、接受挑战的能力却值得怀疑。这无论对家庭还是对国家，都不是什么好事情。爱与害之间，只隔着一道小溪，过了这道小溪，爱就是害。

孩子长大后是需要独立生活的，绝对不能没有独立自理能力。但是，由于现在家庭只有一个孩子，都把他们视为最珍贵的宝贝、掌上明珠，总想着要怎么对他好，恨不得能充当他们的手脚，一切会"累到"的事情都代替他们做了，尽力满足他们的一切要求，似乎只有用这样的办法才能表达对孩子足够的爱。父母忽视了自己的责任——培养孩子的生活独立自理的习惯，让孩子没有依赖心理，自己的事情自己做。

父母们，不要再束缚在那样的思想中，放手让自己的孩子去做一些力所能及的事，把他们看成是一个独立的个体，培养他们的独立自理的习惯才是父母应当考虑的首要问题。下面是几种培养孩子自理习惯的方法，可供参考：

1. 教孩子树立正确的自理观念

孩子之所以独立自理能力差，往往都是出于父母对子女过分的宠爱。很多父母生怕把孩子累着，大小事物都帮孩子完成了，甚至孩子到了高中，到了大学还是要什么都替孩子做了。家长这样做，其实是在扼杀孩子活动的内驱力，削弱孩子研究外界事物的主动性，产生消极、懒惰心理，做事没有恒心等一些不良现象。

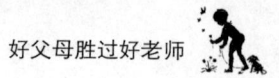

2. 锻炼孩子的独立自理能力

家长在训练孩子的独立自理能力的时候，要从小事上培养，要使孩子在自己力所能及的范围内做到自己的事情自己做。按常理来说，孩子对于新的事物总是会特别的感兴趣，很乐意去父母以及他人做一些事情。因此，就要注意从小事上来引导孩子对劳动感兴趣。例如收拾自己的玩具、用具、书包等。

3. 对孩子做的事情给予肯定、鼓励

由于孩子还处在学习的时候，认识水平不高、经验不足，考虑问题不全面，在做事时，难免会发生一些错误。这时，大人就不应该为此而指责孩子，更不能去打骂孩子，而应该以宽容的心态去看待孩子做错和做对的地方。对于孩子做对的地方家长应给予表扬，有失误的地方，要想办法帮助他们认识问题，分析和解决问题，以免下次再发生失误。通过这种方法教育孩子，不仅可以锻炼孩子在独立自理方面的能力，而且还可以增强孩子的自信心，对孩子的身心健康都会有很大的作用。

教孩子养成孝敬父母的习惯

父母教子心经

孩子对待父母的态度，直接受父母对待长辈态度的影响。

尊重长者、孝敬父母是中华民族的传统美德，但这种美德却很少能在一些独生子女的身上体现出来。常常可以看到这样的家庭生活镜头：吃过饭后孩子扭头看电视或出去玩耍了，父母却在那里忙碌地收拾碗筷；家里有好吃的东西，父母总是先让孩子品尝，孩子却很少请父母先吃；孩子一旦生病，父母便忙前忙后，百般关照，而父母身体不适，孩子却很少问候。凡此种种，值得忧虑。

有无孝敬父母的习惯，不单单体现子女与父母的关系，其实质是一个能否关心他人的大问题。在家里能养成孝敬父母的好习惯，到社会中才有可能做到关心同事，也才有可能做到对祖国的忠诚。因此，父母千万不能忽视培养孩子尊敬长者、孝敬父母的好习惯。

要培养孩子养成孝敬父母的好习惯须做到以下几点：

1. 要建立合理的长幼有别的家庭关系

"合理的长幼有别"与封建父母制、一言堂是不同的。所谓"合理"，是指全体家庭成员（包括子女）之间首先是民主平等的，父母要尊重孩子的独立人格。同时，家庭又是一个整体，不能各自为政，总要有人当父母，来"领导"家庭，管理指导家庭全体成员的生活。父母是家庭生活的供养者，而且他们有丰富的生活经验，自然应当成为家庭的核心和主事人。孩子（尤其是未成年人）应当在父母的指导帮助下生活、学习。

现在，不少的家庭中，孩子是"小太阳"，父母却变成围着孩子转的月亮、侍从，这就为孩子形成"以我为中心"的小霸王性格提供了土壤，更谈不上培养其孝敬父母的好习惯了。因此，父母要让孩子明白自己与父母的关系，知道父母是长者，是家庭生活的主事人，而不能颠倒主次，任孩子在家庭里胡闹。

2. 要让孩子了解父母为他和家庭所付出的辛苦

现在不少孩子不知道父母工作情况，不知道父母的钱是怎样得来的，只知道向父母要钱，认为父母给自己吃好、穿好、用好是天经地义的。这样的孩子怎么会从心底里孝敬父母呢？为此，父母应当有意识地经常把自己在外工作和收入的情况告诉孩子，说得越具体越好，从而让孩子明白父母的钱来之不易。这样，孩子自然就会逐渐珍惜自己的生活，也会从心底产生对父母的感激和敬重。

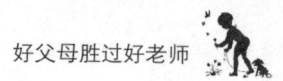

3. 要从小事入手训练培养孩子孝敬父母的行为习惯

教育子女孝敬父母的一般要求是：听从父母教导，关心父母健康，分担父母忧虑，参与家务劳动，不给父母添乱。要把这些要求变为孩子的实际行动，就应当从日常小事抓起。

如关心父母健康方面：要求孩子每天要问候下班回家的父母；当父母劳累时，孩子应主动帮助或请父母休息一下；当父母外出时，孩子应提醒父母是否遗忘东西或注意天气变化；当父母有病时，孩子应主动照顾、多说宽慰话、替他们接待客人等。父母应根据孩子的年龄、能力、学习情况等，安排其从事力所能及的家务劳动，并对其进行具体指导、耐心训练、热情鼓励。这样不但有利于孩子养成从事家务劳动的习惯，也有利于孩子不断增强孝敬父母的观念："父母养育了我，我应为他们多分担一些。"

4. 要以身作则，父母本人要做孝敬长辈的楷模

孩子对待父母的态度，直接受父母对待长辈态度的影响。有些中年夫妻不仅不照顾自己的父母，反而千方百计地"刮"老人们的财物，这给自己孩子的影响更不好了。因此，我们不仅要管好自己的小家庭，还要时刻不忘照顾年迈的父母，决不能"添了儿子就忘了老子"。如果说平时因居住地较远、工作较忙不能和老人朝夕相处，那么在休假日要尽量抽时间带上孩子去看望老人，帮老人做些家务，同老人共聚同乐，尽一份子女应尽的责任和义务。如此天长日久，孩子耳濡目染、潜移默化，也会逐渐养成尊敬长辈、孝敬父母的好习惯。

从点滴做起，培养文明礼貌的好孩子

父母教子心经

父母具备较好的礼貌行为时，孩子会表现得更优秀。

现代社会，许多父母由于过度重视孩子的学习成绩，而忽视了对孩子的个人修养教育，致使孩子不懂礼貌，举止粗俗，说脏话成了习惯。也许孩子口中飞出的污秽之语没有任何针对性，似乎也未给任何人造成心灵上的伤害，但脏话毕竟刺耳，会破坏一个人的形象，同时也会妨碍正常的人际交往。试想，谁会喜欢和一个不讲礼貌、满嘴脏话的孩子做好朋友？

世界上许多国家、许多民族都特别重视孩子的文明礼貌教育，对那些不讲文明礼貌的人甚至会给予严厉的惩罚。在第15届世界杯足球比赛期间，德国著名球星艾芬伯格因为对观众做了下流的手势，被该队主教练福格茨当即开除，遣送回国。而在美国东部新泽西州的小镇拉瑞顿，其市议会通过反复研究，最后一致通过了一项法规，规定当地居民不得使用"粗鲁、鄙俗、猥亵、下流"的不礼貌用语。如果谁违反了这条规定，便会收到传票，并可能被处以500美金的罚金和三个月的监禁。

文明礼貌是现代人必备的基本素质之一。父母要通过自己的言行潜移默化地影响孩子，把孩子培养成一个讲礼貌、懂文明、有教养的人。

培养孩子文明礼貌的习惯，要从一点一滴做起。父母可以从以下几个方面入手：

1. 父母要为孩子树立榜样

古语说："己正而后能正人。"作为父母，若要让孩子礼貌待人，首先自己要做出表率。父母对孩子的影响最直接、最深刻，父母的身教是对孩子最生动、最实际的教育。父母应充分利用家里来客的有利时机提醒孩子，给孩子示范，使孩子在亲身体验和实践中理解文明、礼貌、热情的含义。通过父母的行为潜移默化地影响孩子，使孩子在耳濡目染的环境中逐步形成礼貌待人的品德。

2. 讲清道理，少斥责

孩子的自律性比较差，即便是那些乖孩子也会有不乖、不讲文明礼貌的时候。当父母发现孩子说脏话，或者行为粗鲁无礼时，一定不要仅仅只是简单粗暴地加以制止，而是要耐心地给孩子讲道理，告诉孩子为什么不能那样说话、做事。比如，当你发现你的孩子在饭桌上打饱嗝的时候，你不要只是大声呵斥他"太没有教养了"，而是要告诉孩子"这种行为太没有礼貌了，应该有意识地控制，实在控制不了，应该向大家说对不起"。

3. 发现问题就立即解决

培养孩子讲文明、有礼貌是一个循序渐进的过程，父母不能要求孩子在一夜之间就变得彬彬有礼。当父母发现自己的孩子不习惯用敬语时，应立即加以矫正，直到孩子养成了说敬语的好习惯为止。父母切不要把孩子的许多问题都集中起来，试图突击解决。正确的做法应该是发现一个问题就立即解决。

4. 明确对孩子说出父母的期望和要求

父母应该和孩子多谈心，明确告诉孩子希望他能成为一个有教养的好孩子。告诉孩子哪些言行是文明礼貌的，哪些言行是粗鲁无礼的。让孩子明白文明礼貌的重要性。和孩子外出的时候，当看见有人在大街上打架或吵架时，父母应该立即告诉孩子，这种行为严重影响了社会公共秩序，是不文明的。当孩子在家里特别闹腾的时候，父母可能非常生气，但一定要控制住情绪，尽量避免对孩子大叫大嚷，而是要语气平和地告诫孩子，"希望你保持安静，爸爸妈妈需要休息"，或者说"你的动作应该轻一些，别影响楼下叔叔阿姨的休息"。

5. 要帮助孩子掌握必要的文明礼貌常识

文明礼貌常识包括两方面的内容：语言和行为。

文明礼貌语言要求不说粗俗的话，日常用语包括"您好""早上好""见到您非常高兴""欢迎光临""晚安""再见""欢迎再来""对不起""没关系""谢谢""请"等等。

文明礼貌行为包括交往行为和环境行为两种。交往行为包括见面或分手时打招呼、握手，与人交谈时眼神、体态和表情要体现出对对方的尊重。与别人说话的时候要用眼睛看着对方，这也是一种礼仪，如果与别人说话眼睛却看着旁边，这是一种不礼貌的行为。

文明礼貌的环境行为要求遵守公共秩序和社会公德，如爱护公共卫生，不随地吐痰，不乱扔纸屑果皮；穿着朴素大方整洁，头发干净整齐；不打架骂人；待人态度热情和蔼；遵守交通规则；乘车时主动购票，给老、幼、病、残、孕妇及师长让座，不争抢座位；购物时按顺序；爱护公共设施、文物古迹；观看演出和比赛时不起哄，做文明观众，等等。

第 6 章

把家变教室，交给孩子学习的金钥匙

别用孩子的成绩长自己的脸

父母教子心经

没有必要因为孩子偶尔的一次考砸而感觉脸上无光，孩子是需要鼓励的，鼓励与理解能使孩子保持学习的兴趣。

金女士参加了女儿期末考试后的家长会。父母们聚在一起，说说孩子的学习，相互取取经、发发牢骚，当然也总免不了比比孩子的成绩。因为金女士的女儿一向成绩优异，大家都对她羡慕不已，这个说"看人家的孩子多让人省心"，那个说"你有什么教育孩子的好办法也教教我们"，让金女士感到很得意。可是成绩一公布，金女士傻眼了：女儿这次只考了个二十几名！尽管老师对金女士说，孩子只是因为数学考试中的一道大题意外失手，才把成绩拉了下来，其他几门课都考得很好，可金女士却觉得这简直是晴天霹雳。回到家，金女士就把女儿叫到身边大声训斥起来："你这次考试怎么考的呀？怎么会这么马虎，把一道大题的分都丢了！平时你都能考个前三名，这回竟然考了二十几名！你知道我去开家长会时多没面子，别的家长还要向我取经，结果我女儿考得还不如人家呢！"

像金女士这样用孩子的分数来为自己挣面子的父母还真不少，其实这是很不应该的。父母错误地把孩子的学习成绩看成了自己的脸面，当孩子表现不尽如人意时，便觉得丢了面子，并以此批评孩子，那么孩子也只会越来越学不好。

"望子成龙，望女成凤"是天下父母的愿望，这是可以理解的。作为父母，谁都希望自己的孩子成绩优秀，谁都渴望孩子成为自己的骄傲。于是，从平民百姓到高官巨贾，从普通工人到知识分子，工作之余谈得最多的就是孩子的成绩。孩子成绩出色的，高声大嗓，眉飞色舞，得意之情溢于言表；孩子成绩不如人的，不是保持缄默，就是低声叹息，总觉得自己矮人三分。因而在家里，孩子听的最多的话就是："小子，好，这样的分数为你爸妈挣得了面子，我们总算没有白辛苦！"或者"你真没出息，这个分数叫我怎么去见人？"……称赞也好，斥责也罢，总之，在多数父母心目中，孩子的分数直接跟父母的面子挂钩。

孩子的学习出现了问题，理应得到父母更多的关爱。父母的训斥，从一个侧面反映出对孩子的放弃。这一切，都会使孩子在无形之中丧失信心。在目前的教育机制下，孩子的学习负担、心理负担已经十分沉重，作为父母，又怎能在孩子稚嫩的双肩上再强加一副"为父母挣面子"的沉重负荷呢？再说了，父母要靠孩子给自己挣面子，不正是显示本身无能吗？

为了保证孩子健康成长，父母一定要纠正虚荣心，摒弃进行攀比、急功近利的心态。那么，具体来说父母该如何做呢？

1. 尊重孩子的独立性

每个人都有自己的人生梦想，孩子也一样。孩子并不是父母生命的延续，也不是父母生命的简单重复，更不是父母人生道路的升级版本，而是另一个生命的开始。在现实生活中，很多父母都把孩子当成工具，为了实现自己未能实现的梦想，把孩子当成了弥补自己人生遗憾的工具，要求孩子为父母争面子。实际上，孩子是独立的个体，尊重孩子的独立性是十分必要的。

2. 不要以一次考试成败给孩子下定论

作为父母，没有必要在考分上给孩子太多的压力，并不是一次考试就能说明孩子的所有学习情况。我们也没有必要因为孩子偶尔的一次考砸而感觉脸上无光，孩子是需要鼓励的，鼓励与理解能使他们保持学习的兴趣。

3. 了解孩子，提出合理的要求

从素质发展的角度出发，配合学校教育，尊重孩子个体的差异性，从完善孩子个性的视角对孩子加以培养。多花些时间发现孩子的兴趣和特长，对孩子的各方面情况进行全面分析与正确估计，在全面了解孩子实际水平的基础上，提出合理要求。让孩子感受生活的乐趣与亲情的温暖，培养孩子良好的性格和品格，这样孩子才会有真正的成功。

别让孩子成为分数至上的牺牲品

父母教子心经

分数不是衡量孩子成绩好坏、能力高低的唯一标准。分数低，并不完全说明孩子愚笨，将来没有出息。

现在有的父母文化水平不高，便把希望完全寄托在孩子身上，指望孩子将来能够考上大学，最好能考上个名牌大学，希望孩子能有个好前途。在这种心态驱使下，父母对孩子的考试分数看得比什么都重要，有的孩子考试的分数因没达到父母的要求而常遭毒打。

一个不满10岁的孩子，尽管他聪明好学，学习成绩优秀，一直是学校的三好学生，是一个老师和同学都喜欢的好孩子。但是他的母亲仍因他考试的分数没有达到自己的要求而经常打骂他。一个聪明可爱的孩子，竟成了分数至上的牺牲品。

一般来说，分数能反映孩子的一些学习情况，父母关心孩子的分数也是应该的。但是，有的父母望子成龙用心良苦，把学习成绩看得太重，逼着孩子去争高分，殊不知会给孩子带来许多不良的后果。

首先，过分看重分数，造成孩子与父母的对立。小学生的认识很直观，没有完全具备透过现象看本质的本领。特别是低年级的孩子，他不知道父母注重分数是要他好好学习，出发点是好的，是爱他的。他只知道自己没有得到满分，被父母训斥、打骂了；而得了满分，受到父母的表扬、奖励，他也不会认为父母这是喜欢他，而是喜欢高分。父母与孩子间的纯真感情被这分数离间了。

其次，过分看重分数，损伤孩子的自尊心。小学里的孩子，都是天真纯洁的，都有积极向上的愿望。即使是学习差的孩子，他内心深处也有争第一的愿望。有时，孩子偶尔得低分，父母不问青红皂白，轻则辱骂一番，重则毒打一顿，会使孩子感到委屈，自尊心受到伤害。久而久之，很容易使孩子自暴自弃，造成孩子对学习的反感。一个即便是很聪明、学习也很用功的孩子，学习成绩也不可能都是100分。把分数看得至高无上的父母，对孩子的成绩总是要求好了还要更好，希望都是满分，事实上这又是不可能做到的。

最后，过分看重分数，导致孩子惧怕考试。有的孩子平时学习很好，但一临近考试就紧张，担心考不好。越害怕就越容易出错，也就越考不好。而父母并不注意这一点，一味地在考前给孩子施加压力，造成了孩子心理上的恶性循环，从而影响了孩子的健康成长。

因此，对待孩子的学习，过于注重分数有很大坏处。考试的分数不能代表孩子学习质量的全部，考卷也不能决定一个人的价值。父母应体谅一下那些因为分数不好而愁容满面的孩子，使孩子不要成为分数的奴隶。

那么该怎样看待孩子的分数呢？

（1）孤立的一个考试分数不能说明问题，关键是要看孩子的分数在班级内的位置。学校的类别不同，年级不同，科目不同，分数的标准也就不相同。小学一年级语文、数学得满分是常事，五六年级得满分就很

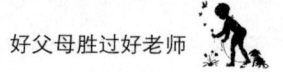

困难了。所以，只有在比较中才能发现孩子的真实情况。

（2）一般说来，分数的高低同考题的难易，孩子的基础、能力等多种因素有关。从考题的难易上讲，考题的难度较大，取得高分就不容易；考题的难度小，取得高分就容易些。如果不考虑考题内容，规定孩子都要考在95分以上显然是不切实际的。例如，有的学校片面追求升学率，为应付统考，平时出题往往超出教学大纲的范围，学生考及格就不错了。"水涨船高"，题简单，得高分；题难，得60分就了不起，50分就能属于中等。

（3）一次考试分数中所反映的不仅仅是孩子的基础知识，还包括基本技能等。做父母的要从孩子原有的基础出发，判定孩子进步与否，同时找出问题的症结所在，加以指导和帮助。孩子知识基础比较薄，想让他大幅度提高成绩也是不可能的，应该是一点一点地进步。有时，老师为了提高学生的学习兴趣，鼓励差生，考题出得比较容易，在这种情况下，孩子可能得高分或满分。尽管孩子考试分数显著提高，但还不是他的学习有明显进步，这应引起父母注意。

（4）既要重视分数，而又不把分数当作唯一标准。孩子的学习主要从学习成绩上反映出来，但并不是说分数决定一切，分数高不能说明孩子就聪明。思想品德、活动能力、表达能力等在分数中是无法体现的。

父母要善于激发孩子的学习动机

父母教子心经

要根据孩子学习情况的反馈来刺激他的学习动机，让孩子保持一定的学习强度。

孩子是否积极学习，为什么学习，乐意学什么，学得怎么样，都跟他的学习动机直接相关。有了动机，学习也就有了动力。学习动机强烈，在任何环境下都能够集中精力学习。动机和学习二者的关系密不可分，相辅相成，学习能产生动机，动机又能促进学习。如果孩子的学习动机不明确，他就容易产生厌学情绪，认为学习又苦又累；而如果怀着明确的动机去学习，学习就不是一件苦差事，而是一件快乐轻松的事。

心理学家认为，一个人的学习成绩主要受智力、动机和勤奋三方面因素的影响。用公式表示，即：学习成绩 = 智力 + 动机 + 勤奋。其中，动机对学习成绩起着决定性的影响。那么，动机是如何影响学习成绩的呢？

1. 学习动机引发学习行为

众所周知，求知欲望是学习活动的源泉和动力。但是当求知欲没有被激发时，孩子就不会有想学习的想法，只有当求知的欲望被激活，形成学习动机时，孩子才会主动学习。这就像一个饥饿的动物，虽有补充食物的需要，但是如果它本身没有觅食的动机，仍不会有觅食的行为。

2. 学习动机可以调节学习强度

动机对学习强度的调节表现在三个方面：第一，学习动机越强烈，学习强度越大，学习热情也就越高、积极性强，干劲十足。反之，学习强度就小，学习情绪低落，甚至厌学弃学。第二，学习目标一经确定，学习动机便成为学习行为的支配力量。只要目标坚持如一，学习动机始终都与学习行为保持同步顺利进行。第三，当孩子失去了学习目标，变得不想学习时，其学习动机也随着消失，这时也就不会表现出学习行为。

3. 学习动机指引学习活动朝着一定方向进行

学习动机不仅引发学习行为，还对学习行为的方向有着指引作用。比如，孩子从小就渴望当作家、当科学家，那他的学习活动就会围绕着这一方向进行。等他长大后，从小学上到中学，再到大学毕业，他的主要学习活动也基本上以阅读大量中外著作，研究写作方法与技巧为主；当别人看电影、电视时，他却在奋笔疾书，构思谋篇，埋头书案等。总之，他的一切学习活动都沿着作家之路进行，因为这是他的学习动机。

学习行为对学习动机也有反作用。美国心理学家奥苏伯尔说："动机与学习的关系是典型的相辅相成的关系，绝非一种单向性的关系。"就是说持续的学习可以强化动机，即学习效果的好坏与学习动机有关。比如，孩子上初中就立志当作家，如果在学习过程中，不断地发表文章作品，而且深受读者的欢迎和好评，那么他对作家之路的信心和决心就会进一步增强，甚至笃定不移。反之，如果屡遭退稿，那么他可能就会动摇自己的目标，学习动机也会越来越弱。

4. 快乐学习到的东西记得比较牢固

有位心理学者做了一项"学习达成度"的测验，分两组进行：一组是学习的时候，安排一些游戏，让学习者快乐地学习；另一组是填鸭式的学习。学习完毕，测验的结果，两组并没有什么差别。但经过一个礼拜后再测验，快乐学习的那一组成绩要优秀很多。这是因为人的大脑有"尽早忘掉会联想到不愉快的事情"的防卫作用产生的结果。很多父母只是强迫孩子"坐在书桌前面就行"，却不去关心孩子是否在认真学习，虽然人坐在书桌前，心思却早已飞到其他地方了，这样仍旧学不好。

父母要善于给孩子制造一个轻松的学习气氛，让孩子把学习和快乐结合起来。比如每天早晨充满活力地起床，用手推开窗户，深深地呼吸一口新鲜空气，让身体沐浴在朝阳中，孩子的愉快情绪会从心里升起。俗话说"一日之计在于晨"，当孩子将学习看作是一件真正使自己愉快的事，带着这样的心情去学习的时候，他的一天就有了一个良好的开端。而良好的开端就是成功的一半，就是处在学习的一种最佳状态，学习使孩子感到轻松愉快，那么孩子的学习动机就会被激活，使他在这整天里都能保持积极的状态。

所以说，强烈的学习动机来自于对目标的指引和正确的自我认知，同时，父母可以根据孩子学习情况的反馈来刺激他的学习动机，让孩子保持一定的学习强度，激发上进心和自信心，这样孩子就会越来越爱上学习。

搭建学习天梯——教给孩子学习方法

父母教子心经

培养孩子学习的能力，教会孩子学习的方法，不仅对他的升学很有帮助，而且还会让他受益终身。

学习不是升学的手段，分数也不是学习的唯一目的。培养孩子学习的能力，教会孩子学习的方法，不仅对孩子的升学很有帮助，而且还会让孩子受益终身。

研究发现，95%以上的孩子在智力上并无多大差异，可智力水平相近的孩子却因为学习方法不同呈现了不同的学习效果，从而影响终身，形成了不同的人生命运。

你家孩子有正确的学习方法吗？请先回答下面的几个问题，看看你的孩子学习方法是否正确——

你家孩子制定有学习计划和学习目标吗？

你家孩子能按时完成作业并及时预习和复习吗？

你家孩子能集中精力学习，把被动学习变为主动吗？

你家孩子每次读书都认真做笔记吗？

除了学会运用公式定理，你家孩子知道它们是如何推导出来的吗？

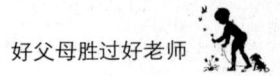

学完的知识，你家孩子能对它进行归纳总结并找出重点、难点吗？

你家孩子能够经常熟练使用各种工具书吗？

你家孩子和老师及同学有良好的沟通吗？

在课堂中，你家孩子能迅速抓住所讲重点并很快融会贯通吗？

在每次的大小考试中，你家孩子都能保持着良好的考试心态吗？

对于这些问题的答案，回答"是"则给10分，"否"则不给分。回答"不一定"的题目给5分。各题分数相加后，若总分在65分以下，则说明你家的孩子学习方法需要改进。

父母应该如何指导孩子拥有正确的学习方法呢？

1. 制订合理的学习计划

帮助孩子设定一个目标，并与他一起制订一个学习计划。督促孩子执行学习计划。在计划执行过程中，及时发现孩子的进步，给予表扬。在孩子遇到困难时，鼓励他战胜困难，必要时给予适当帮助。

2. 必要的课前预习

基本要求：认真阅读教材，了解教材内容，思考内容重点，发现学习难点，做好听讲的准备。在孩子认真阅读材料的过程中，有不认识的字或不懂的词语，必须查工具书争取自己学会。不明白的内容用铅笔画出来，准备课堂上听老师讲解。

3. 听好40分钟的课

要告诉孩子明确地记住重点和难点，基础知识、定义、定理要进行强制记忆，要掌握例题的解答步骤、方法。孩子不认真听讲，一般有根本听不懂、自制力差、缺乏学习兴趣三个原因，父母应针对其原因去解决。鼓励孩子上课积极参与互动，老师评价其他同学的回答时，自己评价自己做得如何，肯定自己的优点，找到不足，进行自我激励。

4. 提高作业质量

做作业的要求是看清题、抄准题，理清思路，一次做对，认真检查。父母在检查作业后，发现错误，不宜直接告诉孩子哪儿错了，而应让孩子自己复查。

5. 及时纠正错题

给孩子一个专用的本子，孩子每次作业或考试出现错误，就让孩子在专用的本子上将题目抄下，按正确的方法重做一遍后，分析错误原因。

6. 做好读书笔记和摘要

包括以下内容：记下书名、作者；采摘生字、新词及佳句；记录主要人物和主要内容；在书上批注；列提纲；写读后感。

7. 培养思维能力

重视求异思维、发散思维、辩证思维等思维方法的培养，使孩子的思维能够灵活运转。总之，建议父母应从培养孩子的学习兴趣、学习习惯，改进孩子的学习方法、提高孩子的学习能力等方面着手，来提高孩子的学习成绩。在孩子掌握并使用正确的学习方法时多加以表扬，不应该在孩子得好分数时过多地奖励，也不应在孩子考得不好时又过分指责打击。

关于学习方法，主要还是要靠孩子自己一步步去思考，然后找到适合自己的，父母在这方面主要起引导作用。

父母要启发孩子在学习过程中多总结，一边思考，一边试验学习方法，同时在实践过程中不断改进。也就是研究学习方法和实践学习方法必须结合：通过思考得到了学习的方法，就一定要试一试，通过尝试为自己积累许多宝贵的经验，通过反复的思考这些经验又能够想出新的学习方法。这样可以不断地有新的学习方法。这才是确定学习方法的方法。

总之，父母的正确引导，再加上孩子自己去慢慢摸索，一定能够很快找到适合孩子自己的方法的。

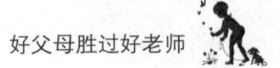
好父母胜过好老师

及时总结，汲取课堂精华

父母教子心经

引导孩子把总结当成一种习惯，孩子才能将学过的知识牢牢掌握。

总结是学习必不可少的重要环节，通过总结，孩子可以把所学的知识"读薄"，提炼出精华，这样对提高学习效率有很大作用。一个经常进行学习总结的孩子这样说：

"每天的学习结束之后，我都会及时对当天的内容进行总结。总结些什么呢？比如：今天学了哪些课程，每门课重点讲了什么，难点在哪，考点何在；需要记忆的有哪些，需要理解的又有哪些；老师讲课的过程中运用了什么样的解题思路和解题方法；老师今天讲的与之前的知识点之间有什么样的联系。

"这样一总结，在课后复习的时候，我就能有的放矢地进行复习了，花的时间不多，却很出效果。"

因此，作为父母，当你不知道怎么管孩子的学习时，你可以看看孩子是否把总结当回事了。如果她对此不屑一顾，那你可要教孩子学会总结。引导孩子把总结当成一种习惯，他们才能将学过的知识牢牢掌握。

一位父母是这样教孩子学习的：

李晓是个很懂事的孩子，小学时，她从来没让父母为她的学习操过心，每天放学回家就会主动写作业，学习成绩一直都是名列前茅。但上了初中之后，情况就有所不同了，她开始觉得老师所讲的内容有点难了，学习成绩也一直呈下降状态。

一次测验之后，李晓的成绩很差，她的情绪沮丧极了，这时爸爸对她说："爸爸刚考上初中的时候，在学习方面也感觉很吃力，但那个时候我遇到了一位高人，高人教了我一个有效的学习方法。从那以后，我的学习就进入了状态。"

"什么高人呀？也介绍给我认识吧！"李晓有点兴奋地说。

"只可惜那位高人现在不在了，不过我可以把那个有效的学习方法传授给你。"爸爸神秘地说。

"爸爸，你就别卖关子了，快点说吧！"李晓有点着急了。"这个学习方法叫作'过电影'，也就是每天在睡觉之前，躺在被窝里回忆、思考当天学过的内容，想想当天学了些什么，哪些懂了，哪些还没弄懂。然后起床翻书看一下不懂的部分，看完书后闭上眼睛回想一下，归纳一下要点，以加深记忆。这样，当天学过的知识，就在这种'过电影'中消化了、记住了。"

李晓觉得爸爸的这个方法很有道理，便迫不及待地去试用了。没想到试用了还不到一周，她便告诉爸爸这个方法很有效，因为她觉得学习不再像以前那样吃力了。

这个方法之所以有效，是因为它里面有很强的科学性。每天晚上睡觉前，躺在床上像放电影一样，把一天所学的知识在大脑里过一遍，就等于是把当天所学的知识做了个总结，并根据知识之间的联系，把所学的知识都串联起来。这其实是一个把知识系统化、条理化的过程。并且在这一过程中，孩子对知识的记忆也加深了，等于把所学的知识又复习了一遍，所以学习的效果会很好。

陪孩子学习不如让孩子自己学习

父母教子心经
父母要用心创造一种气氛，让孩子自己主动地去学习。

顶顶正在写作业,突然眉头一皱,侧着头大喊:"这道题怎么做啊?"接着,爷爷奶奶、爸爸妈妈立刻围了过来,运用"集体智慧"帮助顶顶解决了那个问题。过了一会儿,顶顶又大叫着说:"快来啊,你们看看我计算得对不对啊?"于是,全家人又蜂拥而上。渐渐地,顶顶不再担心作业有难度,反而养成了依赖性。在顶顶看来,学习不只是自己的事情,更是全家人的事情,无论作业有多难,总会有家人来帮助。

在生活中依赖性太强的孩子,在学习方面也必定缺乏自主性,学习成绩不理想。这些孩子常常对学习缺乏兴趣,反感学习,总是想方设法地逃避学习。在课堂上,她们不认真听讲,平时厌倦做作业,简直把学习当作累赘。

还有些学生是把学习当作应付任务。这类孩子一般是迫于老师和父母的压力,才进行学习。可是上课时,她们极易走神,小动作不断;做作业时,她们往往投机取巧,拖拖拉拉,能混则混,应付交差,能少做一题,决不多做,甚至上网查询、打电话问同学,或直接抄答案,有的甚至专门花钱雇人做作业。

也有些学生是学习不得法,畏难情绪严重。这类孩子还算听从父母和老师的要求,在课堂听讲和作业完成方面,态度比较认真,但她们的学习方法比较死板,做不到举一反三、触类旁通。对于学习中的难题,她们往往想法子绕开,不会主动去弄清缘由。

现在的孩子大都是家中的小皇帝、小公主,平日里,家人都围着她们转。在学习上,她们一遇到难题,父母便上阵解围。这无形中导致了孩子自己解决学习问题、考虑学习难题能力的逐渐消失。

如果孩子缺乏自主学习的能力,会直接影响成绩的提高和自信心的形成,严重的还可能引起厌学情绪,父母应该从自身查找原因,不可忽视问题的严重性。

那么,父母该如何培养孩子的自主学习能力呢?

第一，切忌说教，注重一点一滴。

有父母认为，要求孩子好好学习必须经常说很多道理，其实不是这样，家庭教育要注意养成，注重潜移默化，让孩子良好的学习习惯依靠一次次的重复以成自然。浓厚的学习兴趣依靠一点一滴培养起来，令人乏味的说教会破坏适宜学习的气氛，所以父母要学会说话，保持正常的家庭气氛，让孩子感到平和、宁静、有安全感。

第二，切忌"轰轰烈烈"，注重循序渐进。

由于对孩子寄予很大希望，父母容易制订许多教育计划，抓紧一切机会和空闲让孩子学这学那，把家庭教育弄得轰轰烈烈，气势很大，这是没有必要的。孩子的学习通常有十几年的时间，轰轰烈烈的气氛会破坏正常的学习进程，以轰轰烈烈开始的家庭教育，必定以有始无终而结束。

第三，切忌严厉，注重营造宽松氛围。

严厉的气氛并不适宜大脑思考，学习是脑力活动，大脑如果处于恐惧和惊惶之中，是不可能出现积极状态的，用脑需要宽松的环境。有的父母在孩子做作业时，守在一旁，孩子稍稍做错了一点，就厉声训斥，甚至一巴掌打过去。这种紧张的气氛使孩子恐惧，大脑的思考被严重抑制、扰乱，严重妨碍孩子的学习。

第四，切忌支配，注重让孩子主动学习。

父母要用心创造一种气氛，就是让孩子自己主动学习，而不是让她每天放学回到家就听从安排，什么时候做作业，什么时候玩，形成一种支配和被支配的气氛，这对孩子学习是不利的。比如孩子刚上学，回家肯定要问父母："妈妈，现在可以玩吗？"这时父母要指导孩子开始学会自己安排学习和玩耍，父母可以说："你能自己安排吗？不会的妈妈帮你。"这样可以发展孩子的主动性，让她学着自己安排学习。

第五，以身作则，用自己的实际行动来影响孩子。

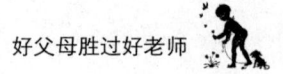

平时，父母给孩子做榜样。可以有效地利用闲暇时间看看书、读读报，不能把闲暇时间都用在看电视用电脑上，只有这样，孩子才会利用闲暇时间学习。父母是孩子的榜样，父母如果能积极地学习新知识新技能，也能很好地鼓励自己的孩子。相信父母做好了，孩子也能做好。

提问无须脸红，无知才应羞耻

父母教子心经

鼓励孩子在学习过程中持续不断地提出问题，就可以使他们的学习由被动接受知识的过程变为主动探求知识过程。

"学"和"问"是辩证统一的，既有区别，又有联系。"学问"二字的字面含义就包括学和问两个方面。问是学的开始，学是问的继续，学中有问，问中有学，学和问总是紧密地结合在一起的。

知识的获得是需要有一个认识过程的，而认识又总是开始于不认识的，也就是说，具有渊博学识的人，都是从无知识即有问题开始的。因此，提出问题是学习的起点。

提出问题不仅是求知的前提条件，也是科研、发明、革新、创造的开始，而这些问题的解决，便是工作取得较大成效的时候。例如，陈景润研究"歌德巴赫猜想"是因为有人提出了"猜想"问题；假如没有人提出这个问题，陈景润等科学家就不可能研究这个问题，这一问题当然就不能得到解决。英国的瓦特由于思考"开水为什么能掀起壶盖"这一问题，才终于利用其中的原理发明了蒸汽机。

法国著名文学家巴尔扎克认为：打开一切科学的钥匙都毫无疑义地是问号。美国著名心理学家布鲁纳提出一种学习方法称"发现法"，就是让学生自己发现问题。

任何思维都从发现问题开始，以解决问题告终。问题往往是思维的向导，具体的思维过程就是不断地发现问题和解决问题的过程。提出问题可有效地培养思维能力。

爱因斯坦得出的结论是："妨碍青年人用诧异的心情去观看世界的，那不是通向科学的阳光大道。"当绝大多数物理学家，完全无所怀疑地使用牛顿的空间和时间的公式时，爱因斯坦却尝试着对它不信任，提出了新问题，从而创立了相对论，在科学史上取得了巨大成就。

鼓励孩子在学习过程中持续不断地提出问题，就可以使他们的学习由被动接受知识的过程变为主动探求知识过程。这对增强求知欲，集中注意力，提高学习兴趣，培养观察、思维、记忆等能力都是有好处的。

"提问无须脸红，无知才应羞耻。"这是养成提问习惯所必须具备的正确认识。提出问题的习惯不是一朝一夕就可以养成的。它是一个由浅入深、逐渐提高、日臻完善的过程。初学者总是和无知联系在一起，一开始提出天真幼稚的问题，完全是正常现象，没有浅显、简单的问题就不会引出深奥、复杂的问题。真正有水平、有价值的问题一定产生在天真幼稚问题之后，而绝不是在它的前头。

美国的小学教育非常重视学生提问习惯的培养。学生在课堂上可以随时打断教师的讲课而发问，教师也绝不会因此而不满。相反，如果哪个学生能提出深刻的问题或提出教师讲课的错误，那么教师会高看一眼；如果提的问题教师一时回答不上来，他会很高兴，会邀请学生下课后一道去讨论。这种不怕露浅的精神，正是科学态度之所在。

所以，父母要鼓励孩子大胆提问，这是正确的学习态度，如果加以引导，会终身受用。

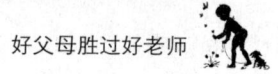

增强孩子注意力，提升孩子学习力

父母教子心经

关注和培养孩子的学习注意力是快速提高孩子学习效果的有效途径。

古今中外一些杰出人物的成功实例，证明了注意力在一个人的成功过程中的重要作用：王羲之写字入了迷，竟把墨汁当蒜泥，用馒头蘸着吃；牛顿做实验时，把手表当鸡蛋煮；居里夫人课间演算习题时，身旁被恶作剧的同学堆满了凳子，竟丝毫没有察觉；爱因斯坦在思考问题时，竟把和他一起乘车的小女儿忘记了；比尔·盖茨童年曾痴迷计算机；数学家陈景润童年痴迷看书、做题；昆虫学家法布尔在童年观察昆虫习性，从早到晚伏在大石头旁看蚂蚁搬家。

注意力是一个人获得成功的关键因素之一。同样地，注意力对孩子的学习成绩也起着不可忽视的作用。学习成绩好与成绩差的孩子之间最明显的区别之一就是注意力能否集中，可以说，注意力是保证孩子顺利学习的前提条件。虽然说注意力是智力的组成部分，但它又是受后天因素影响而形成的，经过系统地培养和矫正是可以改善的，所以在教育学上，关注和培养孩子的学习注意力是快速提高孩子学习效果的有效途径。

很多孩子，上了中学后，依然存在注意力不集中的问题，不仅上课不能专心听讲、下课无法有效完成作业，而且还产生了厌学情绪甚至逃学行为。其实，这些孩子在小学就在注意力和自觉性方面存在问题，只不过当时学习成绩还过得去就未特别表现出来，但到了中学阶段，问题日渐严重，尤其是初二，学习成绩急剧下降。

作为父母，需要了解到，注意力是人的心理现象，分为无意注意和有意注意。一个人从无意注意到有意注意的形成需要有一个发展过程：

人在出生后的最初一段时期，只有无意注意；在教育培养下，随着生活经验的增长和语言的发展，有意注意才逐渐形成和发展起来。学龄前和学龄初期孩子的无意注意占优势，注意力容易随外界事物的变化而转移。有些父母不了解孩子无意注意占优势的心理特点，要求孩子"老老实实"地坐着，让其做些枯燥的计算题或提笔练字等等，孩子总是很难做到。应该说绝大部分孩子的注意力发展是正常的，父母大可不必过于担心，但是要遵循孩子心理发展规律，关心并培养孩子的有意注意，为今后健康地成长和有效地学习打好基础。

增强孩子的主意力，父母要做好以下几点：

1. 合理安排孩子的学习和活动时间

安排孩子学习和活动的时间不要超过20分钟，以免他产生疲劳而把注意力转向其他事物。

2. 给孩子发出清晰的指令

父母指导孩子学习或从事其他活动时，应该给孩子清晰的语气指令，以激发其集中注意力。而父母的过分唠叨，往往会适得其反，助长了孩子注意力分散。

3. 认真倾听孩子的讲述

父母倾听孩子讲述事情，以及和孩子共同活动时，要聚精会神地听、参与，避免敷衍和漫不经心。

4. 孩子有进步就要表扬

只要孩子有一点进步，立即给予赞美鼓励，不要对他心灰意冷或怒加斥责，孩子在轻松的学习气氛下易集中注意力，学习效果会更好。

5. 给孩子营造好的学习环境

注意孩子的学习环境是否有让他分心的事物。例如：客厅的电视机声太大，窗外有孩子在玩，桌上有漫画等。

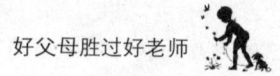

该不该为孩子请家庭教师

父母教子心经

找出孩子学习不好的原因,这样在请家庭教师时,就能做到心中有数。

在宁夏银川市,曾有一个父母在当地媒体上刊登了一则招聘启事,以30万元的巨额酬金寻找家教,希望能找到使孩子学习成绩突然提高的"高人"。

这则招聘启事的内容为:"现有一名高三学生成绩较差,急需有真才实学的老师辅导,辅导期5个月,辅导费每天500元。高考上线,额外奖励人民币5万元;上重点线,奖励10万元;如考上名校,奖励30万元。才学平庸者勿扰……"

教育界专家表示,任何一个老师只有引导和启发学生学习的作用,如果学生自己不努力,再"天才"的老师也不可能立竿见影地让孩子的成绩突然提高。

如今,给孩子请家教已不是什么新鲜事。然而,有没有必要给孩子请家教,请家教应该注意哪些问题,很多父母把握不准。不少父母对于请家教有一种盲目的从众心理。许多父母说:"人家都请,自己不请怕耽误了孩子,不能让自己的孩子落在别人后面。"那么,什么样的孩子适于请家教呢?

(1)误课较多,跟不上进度,或有偏科现象,某一学科特差,等等。这时,应当考虑为孩子请个家庭教师。

(2)学习成绩差的孩子。因为这些学生在课堂上总是羞于向老师提问,即使鼓足勇气提问,有些老师不注意方式方法,当面指责学生,会打击学生的积极性。为其请一个好的家教,不仅可以讲解其没有学会的知识，还能够帮助其树立起学习的信心。

（3）有的学生在某一学科上成绩较好，为了进一步提高，可以为孩子请家教。一位叫张扬的同学，平时喜欢英语，学习成绩也相当不错。她的妈妈为其请了一位女研究生做家教，每周一次与她进行口语对话。她对学习英语的兴趣更加浓厚，英语成绩又有了新的提高。

请家教切忌盲目，父母应注意以下几个方面的问题：

（1）请家教前多征求孩子在校老师的意见，请家教以后也应让家教及时与老师进行沟通，使老师和家教都能真正了解到孩子的具体状况，从而达到学校与家庭教育的统一。

（2）对所请家教不仅要了解其知识是否丰富，更要了解其是否拥有爱心和良好的品质。家教在教孩子时，不但是在教知识，同时也是在通过自己的言行影响孩子思想性格的形成。

（3）评价家教的教学质量不能单纯看孩子的成绩，更要看孩子有没有形成良好的思考习惯和学习方法。授人以鱼，不如授人以渔。

（4）大学生或研究生做家教，因为与孩子年龄接近，比较容易和孩子沟通。但有的大学生家教不了解教学规律，教学不够系统。所以，在请大学生家教时，一定要认真考查，不然会适得其反。

（5）有条件的话，家教最好请正规院校毕业、学科知识渊博、教学经验丰富的年轻在职教师。他们在年龄上与孩子差距小，在思想上比较活跃。在性别选择上，小学生请男性教师为好。在威严的男教师面前，孩子的顽皮、任性就会收敛，从而专心致志地接受辅导。

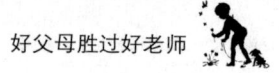
好父母胜过好老师

学习化家庭——两代人共学共长

父母教子心经

家庭成员间的关系不仅仅是亲子关系，还应是师生关系、同学关系。

活到老就学到老，理所当然地成为新世纪的学习方式。我们的人生应当是学习化的人生，不断地在实际生活中学习，终身做到事事在学习、时时在学习、处处在学习。

学习是一种特殊的脑力活动，需要适宜的气氛和环境。这种良好的气氛是保证孩子形成主动学习状态的重要条件。

在古代，孟母把有利于子女学习作为选择社区的主要准则；在近代，宋氏三姐妹之父宋耀如，大力开发家庭的学习和教育功能，立志把子女培养成林肯、华盛顿式的伟大人物。

家庭成员间的关系不仅仅是亲子关系，还应是师生关系、同学关系。父母，同时应当是教师，向孩子提供学习的最好范式和榜样。苏联的教育家苏霍姆林斯基说："在一个家庭里，只有父亲自己能教育自己时，在那时才能产生孩子的自我教育。"因此，只有父母能够主动学习、热爱学习时，孩子才能同样主动学习、热爱学习。父母，同时又是孩子的同学，要共同学习，要相互学习，要学会向孩子学习，学习孩子的童真、好奇，对周围一切敏感，与时代同步等有益品质。

学习化家庭还要形成一个共同学习、共同成长的两代人共学共长的新型关系。

在美国政府职位最高的华裔、美国劳动部部长赵小兰的成功，从某种意义上可归因于她的家庭。赵小兰的家庭就是一个学习化家庭。这个家庭有6个女儿，4个从名校研究所毕业。美国前总统布什曾对赵小兰的家庭赞美有加，对他太太说要向赵小兰的母亲学学怎么管孩子。在这样的家中，父母不是充当学监的角色，而是学习的参与者。赵小兰家，晚上极少开电视，父母以身作则，不过分地花时间在电视中，母亲跟着孩子一起读书，父亲处理未完的公务。母亲虽然年过半百，却与二三十位青年朋友一块学习和讨论，攻取硕士学位。孩子回家后，由姐姐带头，主动读书，而且分担家里的琐事也成为一种学习和训练。

学习化的家庭使学习融入家庭的方方面面，使学习成为整个家庭生活的主导，使家庭的全部成员都共同学习，共同成长。这样的家庭肯定会给孩子们带来巨大的动力，因此会长兴不衰而完美。

身教重于言传。父母要以身作则，若父母督促孩子要努力学习，而自己却常常通宵达旦地打麻将，那么孩子感兴趣的恐怕不是如何搞好学习，而是如何玩好牌。

第 7 章

发掘天赋潜能,训练出最聪明的孩子

世上没有不聪明的孩子

父母教子心经
每个孩子都是有天赋的，只是缺少发现孩子天赋的眼睛。

多少年来，专家学者经常用IQ（智商）测试来辨识人们的天赋高低。人们在测试中要解答数学问题、详细说明某些字词、做设计、根据记忆重复一些数字并完成其他一些任务。

很多人认为IQ测试是度量孩子天赋的最好方法。然而，IQ测试绝非完美，有许多东西它们无法给出。它们不能预测孩子长大之后会干什么，或孩子一生能取得何等成就。测试的问题也常常反映了出题人的偏爱或个人观点。此外，没有哪种测试能测试每件事情。提的问题并不总能给孩子最佳机会来表现自己的各项天赋。IQ测试通常把注意力集中于语言文字或数学天赋，而忽略了其他重要事项，例如音乐、艺术、自然界和处理社会问题的能力。

所以，发现孩子的天赋潜能，就要综合多方面因素，要看孩子的具体表现。

有天赋不仅是学习优良、考试得高分和能记忆许多具体事项，事实上，还有很多显示孩子的天赋的方式——通过艺术、音乐、体育、认识自然、感情以及怎样与人相处等。

有的孩子具有惊人的绘画才能，就可能会创作出精美绝伦的艺术作品；有的孩子具有较强的运动天赋，就能够轻松而优雅地完成复杂的身体动作；有的孩子具备音乐天赋，他弹奏的曲子以至于扣人心弦；有的孩子酷爱数学，他有可能因为计算出某个精确的结果而欣喜若狂；有的孩子痴迷大自然,他只对花花草草情有独钟;有的孩子热爱写作,当他看到自己的故事或诗歌出版时会兴奋不已;有的孩子是天生的领导者,具备非凡的领导才能,不但成为同学们学习的榜样,也是赢得大家拥护的管理者;还有的孩子有着较强的洞察事物的能力,他会在追求人生目标时,对于自己所追求的目标具有敏锐的洞察力。

在以上所提到的孩子中,谁更具潜力?这个问题很难回答,因为上述这些范例代表了具有不同潜力的孩子。

世上没有不聪明的孩子,每个孩子都是有天赋的,只是缺少发现孩子天赋的眼睛,抑或者是阻碍天赋发展的障碍。每一个孩子都具备独特的潜能,只要方法得当、教育及时,孩子都可以具备适应这个社会的多种天赋。

好玩乃孩子的天性,让其纵情发展

父母教子心经

孩子一生下来,就开始通过玩来了解世界。父母千万不要以学习为名泯灭孩子好玩的天性。

生物学家认为:如果强迫动物去不断地改变行为方式,在它应变不过来的时候,就会坚决拒绝,甚至以自戕来抗拒。无独有偶,一位教育学家说得好:"只有纵情发展孩子们的天性,才能培养出大胆创新、勇敢质疑的头脑。如果一心一意要培养顺从听话的'乖'宝宝,就不要梦想培育出智慧如天马行空的优秀人才。"

很多家庭都有这样的情形:父母看到孩子在学习,就满心欢喜,仿佛读书的不是孩子而是他自己;如果看到孩子在玩,心里就不舒服,总要给孩子加点学习任务,孩子半小时后做完了作业,想出去玩,父母说不行,你再做十道数学题。不一会儿,孩子又做完了,父母说再加一篇文章,结果孩子一整天都在做作业。久而久之,孩子就会觉得,父母说话不算话,即使早做完了也仍然不能玩,还会被多加作业量,不如慢慢做,于是就会养成拖拉磨蹭的学习习惯。

其实,玩是孩子的特点和天性,天天关在屋子里学习会让他们感觉憋闷、压抑,旺盛的精力得不到宣泄。在低年级的时候,孩子对父母依赖性强,还不敢反抗父母,他们就只能通过边做作业边玩来表达自己的不满。随着年龄的增加,父母的威信逐渐降低,孩子为了躲避作业,就会偷偷溜出去玩,而且玩起来特别疯,仿佛要把前面耽搁下来的玩耍时间在这次全部补偿回来一样。

孩子一生下来,就开始通过玩来了解世界。作为父母,千万不要以学习为名泯灭了孩子好玩的天性。文学家老舍先生特别珍视儿童的天真,认为这是天下最可贵的,万万不可扼杀之。他有一句名言:"哲人的智慧,加上孩子的天真,或者就能成个好作家了。"可见,孩子的天真,在他眼里是何等重要,何等神圣!

怎样指导和帮助孩子去玩,让孩子好好玩呢?

1. 给孩子玩耍的时间

孩子只要完成了自己的学习任务,父母就应该支持孩子去玩。老舍先生有四条与众不同的教子"章程",其中有一条:"应多玩,不失儿童的天真烂漫。"一张一弛是文武之道,只有玩得好了、休息好了,孩子学习起来才有充沛的精力。

2. 陪孩子一起玩

玩是孩子的权利,但孩子在小的时候常常不知道怎么玩,父母就要陪孩子一起玩。在玩中不要教训孩子,不要总想给孩子增加点智力内容,玩就是玩,您也不要总说孩子笨,连玩都不会这些话。玩是为了放松精神的,如果孩子玩耍时还要不停地接受训话,那还有什么乐趣可言呢?

3. 在玩中帮助孩子

孩子毕竟还是需要指导的，当父母和孩子一起游戏时，可以帮助孩子，如在对待输赢的心态上，在自信、细心、耐心等方面，都可以趁机对孩子加以培养。

4. 鼓励孩子和朋友一起玩

父母不可能有那么多的时间，而且孩子也需要外出接触更多的同伴和更宽广的世界，所以，父母要经常鼓励孩子到外面和大家一起玩。在玩中，孩子不仅会放松身心、增长智力，还能学会与他人交往的技巧和处理突发事件的方法等。

5. 给孩子一些玩的规则

让孩子拥有玩的权利，并不等于放纵孩子玩的内容或方法。父母应该和孩子谈一谈，告诉孩子自己内心的担忧，告诉孩子有些东西可以玩，有些东西最好不玩，有些东西根本就不能玩，并告诉孩子规则是必须遵守的。

对于孩子来说，游戏并非是成人眼里的随意玩耍，而是一种"严肃的工作"。

父母不要拒绝别的孩子与自己的孩子一起玩。孩子是在与同伴的游戏中学会与人相处的。如果孩子长期与大人玩，大人会不自觉地迁就保护孩子，容易使孩子滋生霸道自负的行为，不利于孩子的成长。所以成人要鼓励孩子与伙伴一起游戏，让孩子从游戏中得到锻炼，在与同伴的游戏中发展孩子的合作意识和分享意识。

将孩子的兴趣火苗燃成熊熊烈火

父母教子心经

父母要经常问一问孩子的兴趣是什么，要引导孩子不断地发展兴趣。

孩子兴趣的产生往往是在小时候。不同的年龄段，由于各自不同的素质，孩子的兴趣往往有自己的独特性。孩子兴趣的发展和表现，往往是其天赋和素质的先兆。父母要经常问一问孩子的兴趣是什么，要引导孩子不断地发展兴趣。有位学者曾把孩子学习的兴趣和向上的积极性比作父母撒在孩子心田里的一粒小小的火种。当父母将这粒火种在孩子们心中点燃的时候，就像面对需要点燃的一堆柴草：小小的火种落在上面，风大了就会被吹灭，风小了燃不起来；柴草太紧了不透风，太松了又聚不起火；柴草潮湿了还不行。这时候，你要小心呵护这小小的火苗，要"哄"着它一点点燃起来、旺起来，最后成为熊熊烈火。

6~12岁这一时期是培养孩子兴趣的好时期。因为这一时期孩子的神经系统发育迅速，能适应和接受一些技巧、技能的训练；其性格也已初具雏形，兴趣相对稳定；并且具有一定的自控能力以及较为充裕的学习时间。所以，抓紧这个黄金时期让孩子参加兴趣班培养一些特长是完全可行的，但需要提醒父母们注意的是，过分勉强孩子学习会适得其反。因此，父母给孩子报兴趣班之前，一定要调查清楚孩子的兴趣点在哪儿，根据孩子的兴趣来选择。让孩子做自己最感兴趣的事情，是激发孩子自觉、主动学习的最佳方法。父母们切忌把自己的主观臆想当作孩子的实际兴趣，甚至将自己的兴趣强加给孩子。

孩子具有好奇、好问、好动的特点，成人应充分利用它来激发孩子的学习兴趣。有的孩子把闹钟拆开，有的孩子不停地问为什么，父母若不了解孩子的特点把这看成是淘气、捣乱，对孩子采取批评、冷淡、不理睬的态度，就会损害孩子智慧幼芽的生长，挫伤他们求知的积极性。对孩子的提问要回答，如果不会则可告诉他如何查询，或者弄明白后再告诉他。父母要尊重、保护和正确引导孩子的好奇心。此外在各种活动中培养孩子的好奇心也是很重要的。如让孩子参加各种兴趣班的活动小组或外出郊游、参加社会实践活动等，在活动中孩子通过发现问题而产生好奇心。有的父母认为自己的孩子学习劲头本来就不高，再参加兴趣小组会分散更多的精力，就不准孩子参加其他的活动，这种做法恰恰是放弃了引发孩子学习兴趣的好机会。

在孩子参加兴趣班时，父母们还要注意以下几点：

（1）明确孩子上兴趣班的目的是陶冶情操还是学一技之长。如果纯粹是功利目的，非要让孩子达到某种水平而不考虑其实际情况是不合适的。

（2）不要同时要求孩子上几种兴趣班，这会分散其注意力，结果很可能都是"一瓶不满，半瓶晃荡"，同时也会加重孩子的负担，使之产生厌学情绪。

（3）灵活的学习方式有助于培养学习兴趣，提高学习效率。每个孩子的最佳学习方式不同，有些孩子愿意在游戏中掌握知识，有的却愿意学别人做事。因此，父母要帮助孩子选择学习方式灵活的兴趣班。

（4）如果给孩子制订太高的目标，孩子会因太难而丧失信心，从而放弃努力。父母可以时常为其制订一个近期能够实现的目标，这样孩子就会满怀信心地去学习了。

（5）多给孩子买有益的适合孩子心理发展特点的书。一般而言，可以购置一些通俗的简化本的文学名著以及一些激发孩子想象力与创造力的书，如童话、寓言、科幻小说等，这些都有利于激发孩子的兴趣。

保护孩子好奇心，善待孩子"为什么"

父母教子心经

在孩子第一次产生好奇的时候，也是父母去引导孩子，帮助孩子大脑开发的好时机。

好奇，打开知识之门。因为好奇，孩子会去探索丰富多彩的外部世界，这种接触和探索，不仅丰富了孩子的生活，而且让他获得有关外界事物的状态和性质的知识。

孩子的个性尽管千差万别，但是有好奇心却是孩子的共性。好奇心是孩子求知欲的最直接反映，越是聪明的孩子好奇心越强。

陈景润不仅是数学奇才，在教育孩子方面也有独到的见解。像普通的父母一样，陈景润非常疼爱自己的儿子陈由伟。

陈景润对独生儿子的培养方法是：民主对待儿子。家庭民主、父子民主、母子民主，使孩子能自由成长，使他的思维方法更具有个性。陈景润认为，孩子有个性才能成才。事实上，文艺家、政治家、科学家都靠个性的发展才获得成功。

陈景润希望儿子将来也当科学家。他每当看书看累了时，就到客厅陪儿子玩一会儿。屋里的玩具不少，可是没有一件是完好无损的。陈由伟天生聪明，看到新玩具，便好奇地把它一一拆开看个明白。"汽车""飞机""坦克""青蛙""小鸡"等等，没有一个能幸免于难的。为此，母亲有时拉下脸来批评他，父亲总是乐呵呵地站在儿子一边替儿子求情说："孩子有好奇心是件好事，他能拆开玩具证明他有求知欲望，能研究问题。当父母的要支持他才对。"陈景润回忆自己童年时，边做饭边看书，常常把饭烧煳了，但是父母也并没有责骂他，对于孩子的求知欲，父母应该肯定和支持。妻子冷静想一想，觉得丈夫说得挺有道理，就不再去责怪孩子了。陈由伟4岁时就对数学产生了兴趣，还尤其喜欢玩电子玩具，陈景润称之为"朦胧的物理常识"。

儿子上小学后，常常向陈景润谈自己的事，学习、劳动或与同学的往来。陈景润认真听着，然后为孩子当参谋，或表扬或批评纠正。很快，他就获得了孩子的信任，和儿子成了朋友。陈景润认为，教育培养孩子，要因人而异，不同环境、不同性格，教育的方式方法也要不同。

但最基本的一条，就是尊重他们。

陈景润常说，应当尊重孩子的兴趣，培养他独立思考的能力。这正是这位举世闻名的数学家的过人之处。

小孩子总是喜欢问东问西，对自己未知的东西总是充满好奇心。其实这种好奇心是孩子求知的欲望，是非常好的，它能激发孩子对知识的兴趣，从而更愿学习。

有的孩子两三岁时，就爱问"这是什么？""那是什么？""为什么天会下雨？""为什么小鸟会飞？"等等。父母对于孩子提出的问题，能直接回答的就直接回答，不能直接解答的就查资料然后再解答，解答问题时力求通俗、明确。诺贝尔奖获得者利奥彼德·鲁齐卡的父母没有什么文化，可是幼小的鲁齐卡富有强烈的好奇心，他常瞪着大眼睛问父母："天为什么是蓝的？""水从哪里来？"……许许多多的"为什么"使他的父母解答不了，但他的父母并不为此感到难堪，也不因此阻止儿子发问，而是怀着喜悦的心情鼓励儿子："好好学习吧！相信你将来会弄懂的！"正是这样的鼓励，使鲁齐卡不断奋进，最终登上了科学的巅峰。

当孩子上一年级的时候，他提出的问题涉及天文、地理、历史等知识，父母解答不了，就可以和他一起查资料，或者去请教老师。建议父母给孩子购置《少儿爱问的为什么》《十万个为什么》《千万个为什么》《百科知识大词典》等书籍，有不明白的问题孩子就自己去查阅解决。对他提出的新见解，父母要充分给予肯定，千方百计地保护他的好奇心。有一个小学一年级的孩子，对小鸡特别喜欢，问："鸡蛋是怎样变成小鸡的？鸡妈妈是怎样养孩子的？"父母并没有直接告诉他们答案，而是专门孵了两窝小鸡，每天都和孩子一起观察鸡蛋的变化以及小鸡的生长，他从中学到不少知识。

好奇心强的孩子，也常常是好动的孩子。好奇心强的孩子常常把买来的玩具拆开，重新组装。外出旅游时，不让进去的地方他偏要去，有时难免给父母招来麻烦，有时甚至会"闯祸"。比如一个孩子刚上小学一年级时，他从书本上看到陶是用泥巴烧成的，竟把泥巴捏成一定形状用打火机烧。此时，孩子的母亲告诉他，精美的陶器是在高温条件下烧制而成的，一般的火焰温度达不到。为此，母亲还专门带他去制陶的作坊参观，让他了解制陶的有关原理。

保护孩子的好奇心不是一句空话，当父母的要理解孩子。如果孩子看到新鲜好奇的东西，做父母的表现出漠然的样子，就会冷了孩子的心。孩子的好奇心有时会冲破父母的知识范围，这是很正常的。父母对孩子的发问一时答不上来，可以通过翻书或向人请教，有了正确的答案，事后再告诉孩子，千万不能不耐烦地说："就你能！""就你话多！"或者饭桌上父母回答不了孩子的问题时，就用"吃饭吧"来加以搪塞敷衍。即使孩子因好奇而惹了麻烦或做错了事，父母也要正确引导，不可动手打孩子。

动手能力，让孩子心灵手巧

父母教子心经

通过手的活动，可以促进孩子的大脑发育，使孩子心灵手巧。

在孩子的生活中，由于父母常常"包打天下"，以致6岁的孩子鞋带散了不会系急得直哭；9岁的孩子不会穿衣服，闹出将内衣当外衣穿的笑话；10岁孩子要妈妈喂饭等。在这种"温室效应"下，孩子因娇宠而任性、脆弱，追求享受，缺乏独立性和克服困难的勇气与能力。这样的孩子是很难成才的。

孩子很小就有"自己来"的愿望，从蹒跚学步开始，尽管跌跌撞撞，也不肯让大人牵拽。到两岁时，孩子就常执拗地说"我自己……"而不愿别人干预。于是，通过动手动脑进行探究便成为孩子的一大心理需求。父母只要注意观察就能发现，孩子经常是不知疲倦地在动手操作和探索。

孩子经常动手动脑，做力所能及的事，独立地从事一些活动，就能促进他们身体、智力、能力，以及性格、情绪等方面的发展。如果父母过分"关心""保护"，一切包办代替，孩子就会由于缺少锻炼机会而影响自身各方面的发展，造成能力低下，性格怯懦，智力发展也会受到阻碍。

手是人重要的感觉器官，让孩子多动手是促进其智力发展的重要途径。通过手的活动，可以获取更多的外部信息，这些信息能促使大脑积极活动，促进孩子的大脑发育，使孩子心灵手巧。

父母如何培养孩子的动手能力呢？这里提出三条建议：

1. 大胆放手锻炼

孩子在动手制作东西或玩操作性游戏时，往往会把家里弄得很乱，若父母就因此限制孩子开展这类活动，是不利于培养孩子的动手能力的。父母不要对孩子百般呵护、束缚太多，而要放手让孩子主动活动、锻炼成长。

正确的做法是不要去限制孩子，而是要给他们提要求。如孩子玩剪纸时，要求他们玩完以后，把纸屑清扫干净；玩拼插玩具时，要求他们玩完将玩具材料装好，放回原处码放整齐。这样，不仅满足了孩子动手的需要，还能培养孩子的良好习惯。

2. 为孩子创造条件

孩子是在一定的环境中成长的，要培养孩子的动手能力，就要为孩子创设能促使他们动手的环境和条件。比如，让孩子穿带纽扣的衣服有助于培养孩子动手操作的能力，那么，父母给孩子买了衣服后就要先检查下，衣服扣子和扣眼的大小是否合适。如果不合适就应更换、加工，否则扣起来难度太大，孩子就不愿动手去扣了。为了培养孩子扣扣子的动手能力，父母还可以给玩具娃娃做两件衣服，钉上扣子，让孩子在游戏时给娃娃穿脱衣服，或者专为孩子制作一个扣扣子的操作板，供他们动手玩操作性游戏。

让孩子参加一些力所能及的家务劳动，对培养孩子的动手能力也很有好处。如帮妈妈剥豆、叠小件衣服、整理书报等。

3. 积极支持鼓励

父母要支持孩子做力所能及的事，鼓励他们做有一定难度的事。孩子常常要干那些他们不会干或干不了的事，比如看妈妈拖地板，他也要拖。其实，这也是孩子的一种心理特点。因为，不会干和干不了的事对他们说来，是很新奇并有较大吸引力的。遇到孩子执意要干他干不了的事时，父母不要训斥，而应帮助孩子，和他们一道去做，或父母做时让孩子来"帮忙"，干完事后最好称赞孩子"真能干"。

培养孩子的动手能力十分重要，也并不困难。广大父母要从孩子小时候抓起，这样，孩子长大之后，就会具有较高的智力、创造力，手巧心灵，也能避免高分低能的现象出现。

思维能力，让孩子大脑越来越聪明

父母教子心经

提高孩子的思维能力，父母经常想到创造动脑筋的氛围，鼓励孩子多想、多问、多实践。

学而不思则罔，思而不学则殆。如果孩子思维能力不高，不仅在学习中得不到收获，更不会有创造力的发展。提高孩子的思维能力特别是创造性思维能力是父母必须重视的。

思维，就是通常说的"思考""想""动脑筋"，是人的大脑对客观事物的认识过程。思维能力，就是一个人进行思维的能力。思维水平的高低，反映一个人的智力活动水平高低。它从不同方面表现出来。

独立性：思维能力强的人，必定是善于独立思考的人。在学习中遇到疑难问题，在生活中遇到困难时都能独立思考，寻找答案。即使他请教别人，查阅资料，也是以独立思考为前提。

灵活性与敏捷性：思维能力强的人，对问题反应迅速而且灵活，不墨守成规，能比较快地认识、解决问题。

大家都知道曹冲称象的故事，有人让少年曹冲称一头大象的重量，这对一个小孩子是大难题。可是曹冲经过迅速而灵活的思考，很快有了办法。先让大象站在船里，刻上水位记号，然后把大象拉下来，往船上装石块，达到原来水位记号停止。石块的重量就是大象的重量。曹冲的思维能力很强，上述几个特点都表现出来了。

逻辑性：思维能力强，想问题严密而且科学，不穿凿附会，不支离破碎，得出的结论有充足的理由、证据，前因后果思路清晰。

全面性：思维能力强，看问题不片面，能从不同角度整体地看待事物。

创造性：思维能力强，对问题能提出创造性见解，别人没想到的，他能够想到。

怎样培养孩子的思维能力？每位父母都应该有正确的认识，并且在教育培养孩子过程中自觉地采取措施，让孩子变得更聪明。

提高孩子的思维能力，父母可以从以下几方面入手：

1. 培养孩子独立思考的习惯

面对孩子的问题，父母要告诉孩子寻找答案的方法，也就是启发孩子，一个问题应该怎样去想、去分析，怎样运用自己学过的知识，怎样看书，怎样查阅参考资料等。当孩子自己得出答案时，他会充满成就感，思维能力得到提高而且产生新的动力。

2. 跟孩子一起收集动脑筋的故事和资料

动脑筋的故事和资料很多，有的是真人真事，有的是寓言故事，有的是科普性读物。父母、孩子共同收集，整理好放在书柜的一角。空闲时间，大家可以翻阅这些资料，互相讨论感兴趣的问题。

3. 让孩子经常处在问题情景之中

问题是思维的引子，经常面对问题，大脑就活动积极。当孩子爱提各种各样问题的时候，父母要跟孩子一起讨论、解释这些问题，父母的积极主动对孩子影响很大。特别是父母也弄不懂的问题，通过请教他人、查阅资料、反复思考获得圆满答案，这个过程最能提高孩子的思维能力。

4. 搞家庭智力竞赛

利用节假日进行，父母和孩子轮流做主持人，谁主持谁准备竞赛题目，设立小奖品或其他奖励措施。为了增强气氛，可以请亲友或其他小伙伴参加。准备过程和竞赛过程都是训练脑力的过程。

5. 讨论、设计解决实际问题的思路，参与解决问题的过程

在孩子的生活、学习中，在家庭生活中经常出现各种各样的问题需要解决。父母应引导孩子并与孩子一起共同讨论、设计解决问题的方案，并付诸实施。这个过程中，需要分析、归纳，需要推理，需要设想解决的方法与程序。这对于提高孩子的思维能力和解决实际问题的能力大有好处。

总之，为了提高孩子的思维能力，父母经常想到创造动脑筋的氛围，鼓励孩子多想、多问、多实践。为了孩子提高思维能力，既要重视学习过程，也要在功课以外想办法。

想象能力，让孩子插上成功的翅膀

父母教子心经
要保护孩子想象的欲望，鼓励孩子大胆想象。

晚上，一位妈妈正在厨房准备晚餐，听到后院里动静很大，跑出去一看，原来是自己的儿子在蹦蹦跳跳的玩。这位妈妈问："你在干什么呀？"

孩子兴奋地回答："我要跳到月亮上去呢！"

妈妈没有用"胡说八道"之类的话打击孩子，而是微笑着说："好呀，可是，别忘了回家吃晚饭哦。"

这个孩子就是第一位登上月球的人——阿姆斯特朗！

想象力是指对头脑中已有的表象进行加工改造，创造出新形象的过程。想象力是创造力最本质的内涵，没有想象力就意味着创造力的贫乏。少儿时期是想象力表现最活跃的时期，儿童的想象力是儿童探索活动和创新活动的基础，一切创新的活动都是从创新性的想象开始的。

想象力是孩子思维的翅膀，古今中外的事例证实，凡是创造想象能力发达的孩子，大都有强烈的责任感和好奇心，有学习研究的热情，也表现出顽强的意志力，而且勤奋乐观，还有较强的独立性和智力，所以，伟大的爱因斯坦说得好："想象力比知识更重要！"

爱因斯坦的话为我们开发孩子的智力指出了方向。善于对孩子进行教育的父母，在帮助孩子学好书本知识、打好基础的同时，要重视孩子想象力的培养，激活孩子的想象力，使孩子的想象力不断得到发展，尽早为孩子插上想象的翅膀。

心理学家的许多调查都表明，成功的人在儿童时期都具有超凡的想象力。孩子想象力越丰富，成功的潜能越大。因此，培养孩子的想象力非常重要。

那么，父母该如何保护孩子的天性，激活和培养孩子的想象力呢？

第一，丰富孩子的感性知识。

孩子生活内容越丰富，得到各类事物的表象越多，就越有助于想象力的发展。要有计划地经常带孩子进行参观、旅游等活动，启发她们认识自然事物和各种动植物。孩子在见多识广的情况下，很容易把各种事物的特点联系起来进行想象，而想象力就在这一过程中得到全面发展，这是创造想象的基础。

第二，鼓励孩子大胆想象。

孩子常把一根小棒当作调羹喂娃娃，常把一个小盒子"嘟嘟嘟"当作小推车，常梦想自己在月亮上荡秋千，常在树上画满雪糕……她们的想象充满了幻想，丰富而大胆。所以，无论孩子的想象有多离奇，成人一定要保护孩子想象的欲望，鼓励孩子大胆想象。如看到一个圆圈想到什么？还能变成什么？

第三，保护孩子的好奇心，培养想象的主动性。

孩子有强烈的好奇心，这是发展想象的起点。孩子发问时，妈妈一定要耐心地尽量完整地给出解释，然后还要反问：你为什么要这么问？你是怎么想的？进而培养孩子想象的主动性，特别是提出孩子感兴趣的问题，让他们去想象。

第四，充分利用文学艺术，激发孩子想象力。

讲故事、猜谜语是激发孩子想象力的主要途径。充满想象的童话和神话故事最能引起孩子的遐想，所以，要有目的地去选择能够激活孩子想象的文学作品。还可以采用续编故事、看图讲述等形式来激发、提高孩子的想象力。

音乐和美术活动也是发展孩子想象力的有效途径，让孩子根据音乐编动作，通过语言表现对音乐的理解，让孩子画意愿画、主题画、填充画、涂物画，鼓励孩子自己想，自己画，大胆想象，大胆去试，别出心裁。

第五，在游戏活动中激发孩子的想象。

父母要多为孩子提供各种不同的游戏材料和玩具，如一堆不同形状的积木。让孩子自由想象，她能组成自己喜爱的各种形状与物体。要为孩子提供半成品材料，让孩子在制作过程中加工、想象。例如，在孩子玩布娃娃时，妈妈可以摸着布娃娃的肚子，故作惊讶地说："呀！这孩子怎么肚子疼啦？"那么，玩布娃娃的孩子就会围绕"孩子为什么肚子疼"的问题展开无穷的想象。

幽默才能，让孩子与快乐一生相随

父母教子心经

幽默有助于优化孩子的个性品质，有利于培养孩子的高尚情趣。父母要善于发现和培养孩子的幽默感。

林宇轩胖乎乎的圆脑袋，一眨一眨的大眼睛，说话慢条斯理蛮有味，还有那两个酒窝，非常惹人喜爱。一次，妈妈带他搭公交车去商场。中途停的一站，上车的人很多，塞得满满的。最后上来的一个人被车门"咔嚓"一声夹住了，半截身子在车外，那人恼火地大喊："怎么搞的，我还没上来！"宇轩在这节骨眼上却大声说："别嚷，收你半价！"满车人都笑得前仰后合，有人说："这小家伙准是相声演员的儿子！"

还有一件事更印证了宇轩的幽默。一个双休日，夫妻二人带着儿子宇轩去一个同事家做客，同事的儿子跟宇轩是同班同学，两人玩得很亲热。吃饭的时候，同事的儿子当着许多客人的面突然嚷道："爸爸，我要拉屎！"同事夫妇二人都是很爱面子的人，认为他们的孩子说话太粗鲁，缺少教养，一时都把脸拉得老长，狠狠地训斥孩子，气氛一下子变得沉闷了。有人劝道，算了，童言无忌，但同事仍是不依不饶地责备自己的儿子："你就不能换一种文明说法？"他转过头对宇轩说："宇轩，要是换了你，该怎么说？"宇轩妈妈知道，宇轩历来是说"解手"或"上卫生间"，但万万没想到此时的他竟说："文明的说法应该是'爸爸，我的屁股想吐。'"话音刚落，引起满堂大笑，连那正在生气的同事夫妇也笑得直不起腰，气氛一下子变得轻松愉快起来。回家的路上，宇轩的妈妈佯装发怒地训儿子："就你邪门！"宇轩自然地答："我不那样说，我那同学会更遭殃。"

试问天下父母，你喜欢整天一本正经的小孩子吗？有幽默感的孩子怎能不招人喜欢？这样的孩子将来立足社会也会给人带来片片笑声。

幽默，是一种俏皮、含蓄、机智的方法，是一种健康的品质。幽默是智慧的流露、创造的结晶，是激活思维和创造的动力之一，它有助于优化孩子的个性品质，有利于培养孩子的高尚情趣。

幽默感是人与人之间的润滑剂，透过幽默的表达，可以舒缓紧张情绪，更能营造出快乐的气氛。幽默感是"情商"的重要组成部分。具有幽默感的孩子大多开朗活泼，因而往往更讨老师的喜欢，人际关系也要比不具幽默感的孩子好得多。

在实施素质教育的今天，父母要善于发现和培养孩子的幽默感。那么，教育中如何让孩子学会幽默呢？

1. 创设宽松氛围

乐观、积极向上的心态是培养孩子幽默感的心理前提。哲人卡莱尔有一个有趣的说法，他说真正的幽默不是发自头脑，而是发自内心。所以我们要培养孩子良好的情绪，引导孩子看到事物积极的一面，乐观面对现实，不怕失败；教导孩子善于体谅他人，学会雍容大度；让孩子信任自己，对自身的发展充满希望。孩子多一分乐观、豁达、自信，就多一分幽默。

2. 引导孩子多阅读、多观察、多思考

幽默是一种智慧、博学的表现。幽默感必须建立在丰富的知识和活泼的语言的基础上。一个人只有拥有广博的知识，才能做到谈资丰富，妙言成趣，从而做出恰当的比喻。一个人只有拥有鲜活的语言、丰富的词汇，才能表达幽默的想法，达到幽默的效果。

因此，要培养孩子的幽默感必须让孩子多阅读、多观察、多思考，广泛涉猎，充实自我，使孩子不断从各类书籍中收集幽默的浪花，从名人趣事中撷取幽默的宝石。父母可以多给孩子讲讲幽默故事、机智故事、脑筋急转弯等，训练孩子思维的敏捷性，提高孩子语言的丰富性。

3. 鉴赏幽默作品

幽默作品内容丰富、形式多样，有漫画、故事、诗歌、音乐等，父母可以选择一些来自孩子生活、为孩子所喜闻乐见的优秀幽默作品，供孩子欣赏。欣赏幽默作品是提高孩子幽默领悟力的重要手段，同时也是娱悦孩子情绪、启迪孩子心智的妙方。

4. 鼓励孩子大胆表现自己的幽默

讲述、表现是提高幼儿幽默能力的法宝。幽默的环境最能激发孩子的幽默感。当孩子有幽默的语言或有趣的动作时，父母可以给他一个赞许的眼神、一句鼓励的话语，助其树立自信心。当孩子遇到尴尬时，做个夸张的表情表示安抚，说句幽默的话表示安慰，有助于孩子感受幽默的魅力。

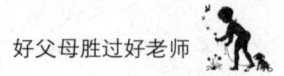

艺术才能，让孩子人生流光溢彩

父母教子心经

父母应当让自己成为生活的艺术家，通过言传身教培养孩子的艺术气质，将孩子带上艺术的道路。

赖斯作为美国历史上第一位女黑人国务卿，她身上有太多值得一说的地方。她兴趣广泛、头脑灵活、性格坚强。在政客当中，她属于从不大喊大叫的人，但只要她放慢语速、握紧拳头，所有的男人们也不得不变得安静。她就像是美国政坛的一朵黑玫瑰，散发着神秘的魅力。特别是她身上的艺术气质让很多人折服。

赖斯有一个幸福的家庭，她的父亲曾任丹佛大学副校长，母亲是小学音乐教师，因为母亲是一位钢琴教师，赖斯很早就跟着母亲学习音乐，她的名字"Condoleezza（康多莉扎）"就是音乐术语中"甜蜜的"意思。到4岁时，她已经掌握了一些曲子，开了第一个家庭独奏会。

赖斯一直梦想成为职业钢琴家，她非常刻苦地练习钢琴，在16岁那年，她进入父亲所在的丹佛大学拉蒙特音乐学院学习钢琴演奏。她梦想着将来有一天可以到卡内基音乐厅这样的音乐圣殿中独奏。然而，在大学学习的一个暑假，她的音乐梦想被现实打碎了。

那年夏天，她参加了一个著名的音乐节，也遇到了有生以来最残酷的竞争。"那些11岁的女孩们只看一眼，就能演奏我要练一年才能弹好的曲子。当时我想，我不可能有在卡内基大厅演奏的那一天了。"

尽管音乐梦想破碎了，但赖斯没有完全放弃钢琴，这也得益于她的母亲。当她想要放弃钢琴的时候，妈妈唯一一次干预了她的决定。母亲说："你还没有弹得好到能够自己做出这种决定的时候。等你长得够大了，弹得够好了，你可以放弃，可现在不行。"

直到现在，赖斯还非常感谢母亲的建议。因为现在她随便想弹什么曲子，都可以得心应手。在政坛上的赖斯在她熟悉的领域占有绝对的发言权，在生活中的她以她从小养成的艺术气质赢得了人们羡慕的眼光。她的母亲把她带向了一条光明的道路。

作为父母，让孩子和艺术结缘，将使他们受用无穷。但遗憾的是，在现实生活中，有的孩子因为父母的漠不关心，艺术的火花无声无息地被湮灭了；另外有一些父母则希望孩子成名成家，为自己捞来滚滚的财源，使孩子的艺术天赋扭曲了、变形了。

美的生活需要艺术，艺术不仅能激发心灵、调动情绪，它还能丰富人的灵魂，使人建立起一种对美的信仰和追求。有艺术修养的人，气宇轩昂、谈吐不凡，更容易赢得别人的敬重，在交际中更容易受到欢迎，这是艺术带给人生的一种财富。

父母应当让自己成为生活的艺术家，通过言传身教培养孩子的艺术气质，将孩子带上艺术的道路，让他们过上有质量、有品位的生活。

艺术潜能也是特殊才能，特殊才能不等于天才，后天的环境与后天的教育起着重要的决定作用。那么，父母应该为培养孩子的艺术才能做些什么呢？

1. 尽量为孩子创造艺术学习的机会

父母应该抓住机会，不失时机地给孩子进行科学的指导。比如，孩子1岁时就可以握笔涂鸦了，父母可以将笔和纸交给孩子，教给他认识颜色，教他正确握笔、画画的方法等。这样做不仅能使孩子增强画画的兴趣，也能促进孩子视觉的发育，锻炼手指的灵活能力。

2. 让孩子自发地对艺术产生兴趣

想培养孩子某个方面的艺术才能，不要过于性急，否则会适得其反。一旦孩子对某一项兴趣彻底失望和放弃，那么父母的一切努力将前功尽弃。父母急于求成的结果就是导致孩子逃避、放弃和厌学，超负荷

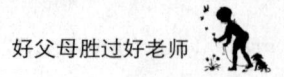

的训练，繁重的、强迫的学习任务，只会给孩子带来压力。

3. 切忌嘲笑孩子，让孩子多体会进步的快乐和成就感

在培养孩子的艺术天分，挖掘"艺术细胞"时，要注意不要让失败和不足之处降低孩子的积极性。父母要对孩子每一次完成的任务和获得的成功给予肯定和支持，即使是进步缓慢，也不忘表扬孩子。有时孩子提出的问题对大人来说也许不算难题，但如果父母能做到重视和关心，承认孩子付出的努力，孩子就会信心大增，进一步提高对才艺学习的热情。

在培养孩子艺术才能的过程中，父母的作用十分重要，关键在于理解与尊重孩子，站在孩子的立场上来发现、启发、引导、挖掘孩子的艺术潜能。父母要通过自己的言传身教来激发孩子对艺术的兴趣，和孩子一起迈入艺术的殿堂，享受那优雅的快乐！

领导能力，让孩子成为中流砥柱

父母教子心经

从小锻炼孩子的领导才能，让他们能够在群体中脱颖而出，对社会对个人都非常有帮助。

子琪心里一直有个愿望：就是自己能当上班干部。可是，从入学到小学毕业，老师从来没有任命过子琪担任任何职务。这让子琪心里一直很郁闷。

升入初中，新学期开学。班里面公开投票竞选班干部，子琪竟然被意外地推举为数学小组长。她欣喜万分，比当了班长的同学还要高兴。她觉得自己的努力终于得到了同学和老师的认可。

放学后，子琪迫不及待地把这一消息告诉了妈妈："妈妈，我太高兴了，告诉你一个天大的好消息！"

妈妈笑着问："你考了100分吗？这么高兴！"

子琪摇摇头，叹了一口气，对妈妈说："妈妈，你怎么整天只关心分数呢？我今天被同学们投票选举为班里的数学小组长了！"

妈妈并没有被子琪的喜悦感染，反而冷冷地说："我还以为是什么大喜事呢，不就是一个小组长吗？有什么好骄傲的！要把你的精力花在学习上，组长不组长的不重要。"

子琪顿时感觉仿佛被冷水当头一浇，兴奋一扫而光，心里十分难过。

很明显，子琪妈妈的做法是不可取的。孩子渴望当上班干部，这是一种很正常的心态。最后通过自己的努力被同学们选为小组长了，心里面有很多的兴奋和愉快想与妈妈分享。可是，孩子心中特别珍惜和备感骄傲的事情，在妈妈眼里却如此不值一提，甚至还遭到妈妈的刻意贬低，孩子如同被当头打了一棒，热情的火焰瞬间熄灭，信心也迅速坍塌。这无疑会对孩子的成长造成恶劣而深远的影响。

未来时代是一个竞争的时代、精英的时代，对于男孩来说，不仅需要具备学习能力、工作能力、交际能力、创新能力，还需要具备领导能力。

领导能力无论是在目前，还是在将来，都能让人受益匪浅。无论男孩子还是女孩子，如果能在班里及课外活动中表现出较强的领导能力，那么这要比他们表现出较高的智力或考出较高的分数，更准确地预示着他们成年后的成功。

从小锻炼孩子的领导才能，让他们能够在群体中脱颖而出，使他们能够带领一班人完成更大的事业，对社会对个人都非常有帮助。

没有天生的领导者，只有后天造就的领导者。那些掌管着某一组织、负责着某一居民区或者带领着某一运动队的男人与女人，都是尽心尽责的父母们培养出的结果：这些父母们无不遵循着用于培养领导者素质——智力与独立思考的能力——的简单准则。他们的孩子不会人云亦云、随波逐流；他们会坚持自己的信念，拿出自己的解决办法。

父母应该怎样培养孩子的领导能力呢？以下所讲述的八条秘诀供父母借鉴。

1. 让孩子积极探索下去，给予积极的肯定

有杰出领导能力的人都有一种积极探索的精神，所以，妈妈要注意保护孩子的探索精神，不能总是给孩子泼冷水。

2. 让孩子用心考虑如何取得成功

父母应劝导孩子多想想如何去取得成功，而不要为成功路上可能会遇到的坎坷过多地担忧。相信自己能够取得成功的人，才能够成为一位激励他人追随自己的领导者。

3. 给他们一个机会

领导才能需要在实践中不断磨炼。鼓励你的孩子出面组织一些集体活动，支持孩子在班上竞选班干部，在运动队中担任负责人，因为这些都可以给孩子提供展示自己领导能力的机会。如果孩子能够成为校学生会或团支部的成员，那么他同样拥有锻炼并展示自己领导才能的良好机会。

4. 认真对待孩子的梦想

人们所说的领导者，就是那种能够勾画出一个蓝图，把它给大家做一番解释，并激励大家沿着他设定的道路前进的人。领导者迈出的第一步，就是自己的梦想。父母要认真对待孩子的梦想，鼓励他们树立自己的理想，哪怕他们的理想你听起来非常稀奇古怪。最重要的是孩子善于想象，所以父母应着力培养孩子将梦想变为现实的能力。

5. 教孩子学会尊重他人、灵活应变，并具有责任感

领导的重任时常要落到那些为人随和、以礼相待（尊重他人），遭

受挫折时总能想出新的解决方法（灵活应变），并且敢于面对自己行为所带来的结果（责任感）的人们的肩头。父母要多把尊重他人、灵活应变及责任感视为培养孩子领导能力的基本品格。

总之，父母对孩子的关爱与引导，可以让孩子获得那种能够转化为领导才能的内在力量与信心。

第 8 章

孩子内心是否强大完全取决于父母

只有鲜花和掌声的教育是不完整的

父母教子心经
增强孩子的自信心，以培养孩子的耐挫力。

有位船长有着一流的驾船技术，他曾驾着一艘简陋的帆船在台风肆虐的大海中漂泊了一个月，最终死里逃生。后来，他有了一艘机轮船，他又多次驾驶着它行程几千海里，到过海洋的深处。渔民们都称他为"船王"。

船王有一个独生儿子，船王对他期望很高。他希望儿子能掌握驾船技术，开好他置下的这条船。船王的儿子对驾驶技术的学习也很用心，到了成年，他驾驶机轮船的知识已十分丰富。船王便很放心让他一个人驾船出海。

结果，他的儿子死于一次台风，一次对于渔民来说微不足道的台风。

渔民们纷纷安慰他。船王十分伤心："我的驾船技术这么好，我的儿子怎么会这么差劲？我从他懂事起就教他如何驾船，从最基本的教起，告诉他如何对付海中的暗流，如何识别台风前兆，又如何采取应急措施。凡是我经年积累下来的经验，我都毫不保留地传授给他了。可是，他却在一个很浅的海域内丧生了。"

这时候，有位老渔民问："你一直是手把手地教他的吗？"

"是的，为了让他掌握技术，我教得很仔细。"

"他一直跟着你吗？"老人又问。

"是的，我儿子从来都没有离开过我。"

老人说："这样说来，你也有过错啊。"

船王不解。老人说："你的过错已经很明显了。你只传授他技术，却没有传授他教训。对于知识来说，没有教训作为根基，知识只能是纸上谈兵。"

　　"你只传授他技术，却不能传授他教训。"老人的话一语中的。教训是父母给不了的，只能靠孩子自己在实践中体会。父母要给孩子实践的机会，给他们失败的机会，给他们得到教训的机会。

　　如今，父母们对赏识教育无疑贯彻得非常好，这对培养孩子的自信心确实很有帮助，但却促生了孩子任性和脆弱的性格。专家表示，在孩子的成长过程中，经历挫折非常重要，它能很好地训练孩子的心理承受能力，为以后的社会生活打下良好的基础。所以，只有鲜花和掌声的教育是不完整的教育。

　　如今的孩子大多在家为骄子，衣食无忧，家长只问学习，教师只管教书，处于成长期的孩子的思想教育成为薄弱地带。父母在平时生活学习中应关心孩子的思想成长，让孩子从小就识得艰苦、懂得磨难，知道困难、挫折既然是人生无法避免的，就应该积极面对，以微笑去迎接、以进取的心态去战胜，而不是缺乏自信，选择逃避。

一边受伤一边学坚强

父母教子心经

　　告诉孩子挫折并不可怕，关键的是自己如何对待挫折。

　　在心理学上，挫折是指当个体从事有目的的活动过程中遇到障碍而受到干扰致使个人的动机不能实现、需要不能满足时的紧张状态与情绪反应。它是一种主观感受，因人而异。因为人的目的和需要不同，同一种活动对于不同的孩子可能会造成不同的主观感受。比如，有的孩子对自己要求不高，考试只要能及格就可以了；但是有的孩子不达到高分就觉得没有考好，就会有失败感。

离子产生挫折感的原因是多种多样的，对于任何具体的心理挫折，应具体地分析其产生原因，但就一般而言，可以归纳为客观和主观两大方面。

客观原因方面。一般来说，来自自然因素的心理挫折不是主要的，由社会因素而造成的心理挫折往往对孩子的影响更大。社会因素主要指孩子在社会生活中所受到的人为因素的限制和阻力，例如同学之间的矛盾、父母和老师的不理解、对某些课程缺乏兴趣等都是心理挫折产生的社会因素。

青少年处于思想尚未成熟阶段，对于挫折缺乏心理准备，也不具备足够的经验和能力去应对，因此社会因素所致的各种挫折，对青少年个体行为所发生的影响很大。

例如有位学生，初中阶段一直是优等生，但上了高中后，尽管自己仍很努力，成绩总是不理想。父母亲望子成龙，整天没完没了地唠叨，给他增加了很大压力。临近高考时又因报志愿与父母发生了冲突，一气之下，他没有参加高考，放弃了升学的机会。

这充分说明，来自社会因素所致的各种挫折对于尚未成熟的青少年的心理和行为会产生很大影响。

主观原因方面。从主观方面看，由于个人的容貌、身材、体质、能力、知识等条件的限制，使自己所要追求的目标不能达到而产生挫折。

例如有的女学生梦想当空姐，飞向蓝天，但由于自身条件不够，所以，不能实现自己的愿望。这种心理挫折就主要是由主观原因引起的。另外，每个人心中都有自己的奋斗目标和动机要求，当个人欲望与国家或集体利益、与社会道德标准发生矛盾时，内心也有可能产生挫折，这种挫折主要也是由于主观原因引起的。

一般认为挫折给人带来的只有灾难、失意和无情的打击。事实上，挫折对个人来说，也具有"利"和"弊"两重性。"利"者，它能够引导人不断提高认识能力，增长才干，古人云"吃一堑，长一智"就是这个道理；"弊"者，它使人内心痛苦、情绪紊乱、行为偏差，甚至引起种种疾病或轻生的举动。对挫折的两重性的认识，有助于我们在挫折面前采取理智的、积极的态度。

如果将幸福、欢乐比作太阳，那不幸、失败、挫折就可以比作月亮。人不能只企求永远在阳光下生活，在生活中没有失败挫折是不现实的，也是不可能的。

父母要启发孩子认识到：挫折在人的一生中是不可避免的，不要哀叹自己为什么那么倒霉，总要遇到不如意或是失败，其实每个人都会遇到挫折，只是有大有小而已。做任何事情要想获得成功，必须得付出代价，而遇到挫折和失败是所付出的代价的一部分。遇到失败或是挫折并不可怕，关键的是你如何对待挫折，不能一遇到挫折就心灰意冷、一蹶不振。

挫折教育——为孩子的成长加"钙"

父母教子心经

帮助孩子分析失败的原因，然后重整旗鼓，为下一次挑战做准备。

有一个孩子从小学、中学一直学习成绩很好，是老师引以骄傲、同学羡慕的"人物"。他初中毕业升入市级重点中学，由于学习方法、学习态度等原因，他的成绩一直处于班上下游，未有起色，于是他心灰意冷，提不起学习劲头，继而萌生转学念头，甚至选择离家出走。

某大学一位女生因在一次联欢晚会上唱歌走了调，引起观众的哄笑，竟于当晚跳楼自杀！

北京市某重点中学一位15岁女生因为议论老师"长得肥"，受到批评，自杀未遂，导致终生残疾。

全国少工委、中国少年报和中国青少年研究中心少年儿童研究所联合调查组曾对全国中小学生进行了大规模的问卷调查，在"你的主要缺点"一项调查中，接受调查的16350名小学生中，有31.2%的人选择了"胆小"，是排名第一的缺点；5560名中学生中，有28.2%的人选择了"胆小"，是排名第三的缺点。

还有一些调查表明：我国儿童、青少年的自杀率呈上升趋势；在回答"遇到困难怎么办"时，97%的中小学生想到的是找父母或教师，而不是自己想办法解决等等。

上面这些真实的事例和数据表明，现在不少孩子身上存在害怕困难、承受挫折的心理能力差等特点。近年来，这一问题已经引起了全社会的广泛关注，对儿童进行挫折教育的呼声也日益强烈。心理学家、教育家、父母、教师等纷纷呼吁"今天的孩子需要挫折教育"。

教会孩子应对困难挫折，培养良好的学习、生活态度，这些都是孩子成长中必不可少的。

那么，在家庭教育中该怎样对孩子进行挫折教育呢？

1. 理清受挫的原因

既然挫折在所难免，那么当孩子遇到挫折的时候，重要的就是帮助他学会清理思路，也就是要分析失败的原因。找到了失败的原因之后就要考虑下一步怎么办，然后重整旗鼓，为下一次挑战做准备。

2. 不要否定孩子

孩子受挫折的时候，自身很痛苦，父母这时候更不要只是一味地否定孩子，特别是不要用"你真笨"这几个字来否定孩子，因为这三个字对孩子的自信心无疑是一个致命的打击。任何人都有不会的问题，即使再有学问的人，也会有不知道的东西。要记住：凡事尽力皆无悔！只要孩子尽力了，就可以了。

3. 培养孩子能正确地评价自我

每个孩子都有自己的长处与不足，父母应有客观的评价，并据此对儿童的成长提出合理的期望，激励孩子向恰当的发展目标努力。我们不仅要教育孩子能看到自己的优点，还要找出自身的缺点，让孩子能够正确地评价自我。

4. 增强孩子的心理耐受力

所谓心理耐受力是指当个体遇到挫折时，能积极自主地摆脱困境并使其心理和行为免于失常的能力。积极的心理耐受力来源于个体的心理韧性，而所谓的心理韧性是指个体认准一个目标并长期坚持向这一目标努力。

5. 增强孩子的能力，以增强自信

增强孩子的信心，孩子就会愿意去尝试更具挑战性的事情，在更为激烈的竞争中和更为困难的情况下，锻炼和提高自己的能力，于是就形成了一个良性循环。而成功的体验和较强的能力使孩子在面对挫折时就不至于不知所措、灰心丧气，失去希望和进行努力与尝试的信心。

对孩子进行抗挫折教育，实际上是孩子成长过程中不可缺少的"钙"——精神的钙。只有这样，我们的孩子才能得以茁壮成长。

怎样让自卑的孩子昂首阔步

父母教子心经

要相信孩子，让孩子坚信自己"我会""我行"。

自卑，是孩子对自己的不恰当的认识，是一种自己瞧不起自己的消极心理。在自卑心理的作用下，孩子遇到困难、挫折时往往会出现焦虑、泄气、失望、颓丧的情感反应，从而阻碍孩子的健康成长。

孩子自卑感的产生，有以下两个原因：一是父母期望值太高，使孩子尝不到成功的喜悦，心理负担太重，害怕失误；二是孩子与他人相比在某些方面存在劣势，以致造成不良的自我暗示等等。

自卑的孩子往往有如下表现：

总感觉自己的能力、才智不如别人，什么都比别人差，做什么事都缺乏信心，担心做不好，怕被人耻笑。

一旦学习成绩不好或下降，则处处贬低自己，孤立自己，不愿与人交往，总感觉别人看不起自己，过于压抑自己，悲观，失望，对什么都不感兴趣，封闭自己，在自己的小天地里自受煎熬。

情绪低落，抑郁，还伴有焦虑，失眠等。

一个人的自卑性格的形成往往源于儿童时代。无疑，自卑对儿童的心理健康将产生负面影响，更对一个人的身心两方面的正常成长起消极作用。美国儿童心理治疗专家霍夫曼指出：当父母的须关注自己的孩子有没有自卑心理，一旦发现，应尽早帮助克服和纠正，以避免随年龄的增长最终形成自卑性格。

青少年阶段，正是孩子学习功课、掌握知识的重要时期，如果此阶段孩子产生自卑感，那么对孩子的健康成长是十分不利的。因此，爸爸妈妈就要从小培养孩子的自信心，使孩子克服自卑感。

如何纠正孩子的自卑？这里给父母的建议是：

1. 改变形象法

心理自卑的孩子，通常具备说话吞吞吐吐、走路畏缩等特点。从说话的音量、走路的姿势入手，便可改变他们的心态。昂首阔步的举止以及整洁大方的打扮也能提高自己的信心。对有自卑心理的孩子应特别注意教育他们改变自己的形象：穿着整洁大方的服装，讲话爽快，走路昂首阔步等。

2. 语言暗示法

积极的语言能使人产生积极的情绪，改变消极的心态，因而父母可以有意识地用"你聪明""你一定行"之类的语言为孩子打气，或是在此基础上，让孩子根据自己的实际情况，每天上学之前都念上几遍，在语言暗示之后再满怀信心地去上学。

3. 预演胜利法

每当孩子遇到困难，不敢接受挑战时，就要求他们先在头脑中想象完成任务时的胜利情景。这种白日梦式的预演胜利法，对于帮助孩子战胜恐惧心理，愉快地接受富有挑战性的任务，具有立竿见影的效果。

4. 发挥长处法

消除孩子的自卑心理，要善于发现他们的长处和优势，并为他们提供发挥长处的机会和条件，这也是帮助孩子克服自卑心理的关键。

5. 降低追求法

一位哲人说过："追求越高，才能的发挥就越充分。"对于后进孩子来说，与其空谈立志，还不如让这些孩子适当降低追求，让大的目标分解成若干个小目标，做到一学期、一个月甚至一个星期都有目标可寻。目标变得小而具体，就易于实现，这样一来孩子会经常拥有成功感，可以更快地进步。

6. 信任鼓励法

自信心的培养，要从尊重孩子、维护孩子的自尊心开始。要相信孩子，让孩子坚信自己"我会""我行"。因为孩子就是这样，你越相信他，他的积极性就越高，自信心就越强，从而积极主动地去学习新事物，勇敢地面对挑战。

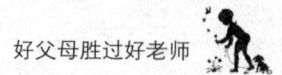

怎样让"胆小鬼"勇于挑战

父母教子心经

要改变孩子的懦弱性格,父母首先必须纠正自己对孩子的过分保护或过分严格。

梦梦很胆小,是班上年纪最小的女孩子,看起来柔弱娇小。同学们都把她当作小妹妹,平时有什么事情,大家都帮助她、迁就她。

这天梦梦和同学们去郊外野营。临走前,妈妈嘱咐:"这是锻炼你的时候,要和同学们相互照应,不要总是找同学们帮忙,自己的事自己完成……"梦梦高兴地拍拍胸脯,回答道:"放心吧,妈妈。我不会拖累同学们的!"

刚到郊外,梦梦就迫不及待地向同学们宣布:"大家不要像以前一样处处帮助我了,我能把自己的事情处理好的。"话虽然这样说,可是梦梦还是没少让同学们操心。她的行李都是由男同学拿着;在山林中走的时候,梦梦总是害怕地紧紧拽着同学的手。梦梦最怕的是夜晚,觉得郊外的夜晚尤其恐怖。她一个晚上都没有合眼,一直惊恐地睁着眼睛到天亮。

野营活动结束后,梦梦回到家。妈妈看到她因为一夜没睡而发黑的眼圈。问道:"怎么就出去一天,眼睛就凹了下去,觉睡得不好吗?"

梦梦忍不住抱怨道:"郊外的夜晚到处都是猫头鹰的叫声,很恐怖,我害怕得根本就不敢睡觉。"

妈妈问道:"那其他同学害怕吗?"

梦梦摇摇头:"他们很勇敢,睡得很香!"

妈妈忍不住骂她:"看看,就你一个人麻烦,你真是个胆小鬼,真麻烦,唉。"

妈妈的话让梦梦觉得很委屈，连妈妈都觉得自己是胆小鬼，那同学们一定都觉得她是胆小鬼了……

一般说来，孩子怯懦性格的形成主要与家庭教育相关，具体来说有以下几方面的原因。

一是孩子经常受到大人的恐吓。当孩子调皮捣蛋时，父母为了制止孩子胡闹，经常恐吓孩子说，"你再闹就让老虎把你吃了""你再不听话，晚上魔鬼会把你抓走的"等等。这样做虽然在一定程度上能让孩子安静下来，但这些话对于一个辨识能力不强的孩子来说，也会带来相当大的心灵创伤。

二是父母动不动就训斥孩子。许多父母都望子成龙，对孩子要求很苛刻。当孩子的表现没有达到父母的愿望时，父母就会严厉地训斥孩子，骂孩子没有本事，甚至体罚孩子，这样做会大大地挫伤孩子的自信心。许多父母为了让孩子多利用时间好好学习，把孩子管得过死，甚至剥夺了孩子除学习以外的一切自由。长期发展下去，孩子的活动范围就特别小，甚至不敢和人打交道，怯懦的性格就慢慢形成了。

三是父母对孩子的爱太多。现在的孩子大多是独生子女，许多父母疼孩子疼得太过分，对孩子的一切都大包大揽。有人这样描述一些溺爱孩子的父母的举动："饭不用他自己盛，生怕烫着；苹果不用他自己削，生怕伤着；路不让他多走，生怕累着；高处不让他去，生怕跌着；学骑自行车，父母双双跟着扶着，生怕摔着……"这样做实际上是在暗示孩子"你什么都不能做"，孩子自然就对父母产生了严重的依赖心理。

四是父母经常向孩子灌输"卑微"的思想意识。我们经常听见一些父母对自己的孩子说："我们家穷，没权没势，也没什么本事，你要少出头露面，少与人搭话，吃点亏就吃点亏。"在这种意识的诱导下，孩子就会产生强烈的自卑感，觉得自己各方面都比不上别人。

要矫正孩子过于胆怯的心理，父母应力求做到以下几点：

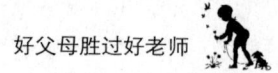

1. 鼓励孩子走向社会

要改变孩子的懦弱性格,首先必须纠正父母的过分保护或过分严格。父母要有意识地为孩子创造外出活动及与他人交往的机会,应经常带孩子到公园或其他公共场所去,让他们走向社会,接触外界,认识社会,适应社会。

2. 鼓励孩子不怕陌生,大胆说话

一些内向懦弱的孩子,不喜欢多说话,更不善于争辩,尤其在陌生人面前、大庭广众之中,更是如此。对于这种孩子,父母应多为孩子创造条件,为其提供大胆讲话的机会。比如孩子不敢在生人面前讲话,每当客人来时,父母应让孩子与客人接触,并求得客人的配合,让客人有目的地发问,一回生,二回熟,可逐渐改变孩子的懦弱性格。

3. 一点一滴地培养孩子的独立性

培养孩子坚强的毅力和良好的生活习惯,鼓励孩子去做力所能及的事情,让他们学会自己照顾自己。

4. 给孩子营造温馨的家庭环境

让孩子自由自在地生活,并让孩子有充分发挥的余地。带孩子到大自然中去,使孩子敞开胸怀,开阔眼界;还要教给孩子适当的技能,如唱歌、绘画、手工等,使孩子坚信自己并不笨,从而增加自信心,敢于参加小伙伴的活动。

提高孩子应对挫折的免疫力

父母教子心经

生活中要让孩子多承受点磨难,从解决困难的过程中吸取一些教训。

许多父母在对儿女的成长教育中，重视智力教育而轻视品德教育、重视分数而轻视能力、重视培养孩子的智力开发而轻视非智力的培养，过度保护孩子而轻视对孩子的锻炼，只重视孩子身体健康而无视孩子心理健康。这些做法对孩子的成长都是非常不利的。世界卫生组织曾对"健康"做出"健康是人的生理、心理和社会适应能力的一种全面状态，不仅仅是有没有病患的虚弱而已……"的明确规定。可见，生理、心理、社会的适应能力是现代的人们健康的准则。而心理健康是最值得家庭教育、学校教育重点注意的问题。

一般来说，经受过多次挫折的人，有坚强意志的人的心理承受能力比较强。而相反，从没受过一点儿挫折、意志薄弱、情绪稳定性较差的人的心理承受能力则比较差。

纪文卓是北京某中学高一年级的学生。在学校里，平时各方面的表现都不错，学习成绩在班上是中等偏上的水平，老师觉得他是个不错的学生，同学觉得他是一个不错的同学。

但是，他最近却因为学习上的小失误而灰心丧气，不再好好看书学习，自暴自弃，产生了消极的情绪，认为自己不是一个好学生，觉得大家都讨厌自己。

后来，纪文卓的爸爸带他去看心理医生。医生对他爸爸说："这是因为纪文卓的心理承受能力比较差的缘故。"

原来，纪文卓以前学习成绩在班里总是名列前茅，但因为中考时，他生了一场大病，结果考试失利，没能进入重点高中。

所以，他非常痛苦，希望上了普通高中，能够在学校里继续以前的辉煌，可是事情并没有那么简单，而且他越想学习好，就越不容易学得好。

在这种心理的驱使下，一点小错误、小失败都让他沮丧、痛苦了一两个星期。

当今社会，和纪文卓同样缺乏心理承受能力的人不在少数。因此，培养孩子的心理承受是我们不容忽视的问题。

一个人的心理品质的好坏决定心理承受能力的强弱，同时也反映了一个人在遇到困难时对待困难与挫折的理智程度、对自己不良情绪的控制能力。因此，对于孩子心理承受能力的补救，父母应该以良好的行为习惯做基础，以心理健康教育为重要的对象，慢慢地开展起来。

1. 让孩子多承受一些波折和磨难

生活中要让孩子多承受点磨难，从解决困难的过程中吸取一些教训，有了解决困难的经验，当孩子再遇到困难时就能从容地应对。

2. 培养、独立解决问题的能力

研究证明，心理承受能力差主要表现在：缺乏独立意识、缺乏自信心、勇气和能力。因此，作为父母，应放手让孩子去决定和处理自己的事。只要是好事，只要孩子有能力做到，就让他们独立去拿主意，独立去完成。

3. 对孩子进行心理辅导

孩子在成长的过程中。不可避免会遇到一些失意的事，如成绩不好、被他人打骂、父母离异等。这时，父母就要对孩子进行一些心理辅导，让孩子对挫折有一个新的认识，从而增强孩子的心理承受能力。

4. 对孩子进行心理训练

身体锻炼只要通过一定的劳动就能促进健康，而心理训练则不同。在进行心理训练时，"挫折教育"或"耐挫教育"非常重要。在孩子取得优秀的成绩时给他们出点难题，让他感到一点儿心理压力。在他们失意时，就多给予鼓励，教育他们无论是生活中还是在竞争中都要以平和的心态去面对，这样在以后的路上才会经得起挫折。

从小拥有健康的心理是非常重要的。有人曾把心理健康比喻成一座大厦，如果把大厦建立在沙滩上，起初没有什么危险，但要是越垒越高，大厦的倾斜度也就会越来越大。可见，从小没有培养孩子的健康心理，到了长大后，很多方面都定格了，将要去独立的生活时，孩子的不足也就显现出来了，父母如果到这时才意识到错误，那就会有很多方面无法再去矫正了。人生不会重新来过。

将勇敢的基因植入孩子的骨子里

父母教子心经
只有勇敢的父母才能培养出勇敢的孩子。

曾宪梓就是享誉世界的"领带大王"金利来的总裁，他和夫人靠着一把剪刀创立自己在世界的地位。他成功之后热衷于公益事业，为祖国和家乡捐款4.5亿元，被世人称赞。他的成功与他母亲的教育密不可分，母亲的坚强给了他吃苦耐劳的品质，并让其受益一生。

曾宪梓深有感触地说："从母亲带着我们的艰苦生活中，在我幼小的心灵里，我深深感受到穷苦人家不可言传的那种疾苦，我心里面便有一股强烈的志气，那就是长大后一定要好好做人，一定要改变这种贫穷的生活。母亲勇于改变命运的精神激励着他，母亲是改造命运的勇者。"

曾宪梓的父亲曾荣发，是一个极其典型的勤劳朴实的客家人。但是，过度的劳累使父亲过早地离家人而去。父亲去世之后，年仅32岁的母亲，带着9岁的宪概、4岁的宪梓，半饥半饱地度过他们含辛茹苦的岁月。

曾宪梓的母亲蓝优妹是贤良淑贞、勤俭刻苦的客家妇女的典型。面对艰难的生存环境，她必须精打细算，万事从长计议。孩子们是支撑她活下去、奋斗下去的唯一希望。但是生活的贫困并没有因为她的坚强而得到上天的眷顾。一家人总是在贫困中挣扎。

青黄不接的日子，一家大小只能靠旱地里的番薯充饥，生活完全没有经济来源。为了活下去，母亲不得不用柔弱的肩膀，大担大担地替人家挑石灰。那个时候的房子不是用水泥做的，而是用石灰做的。母亲像男人一样一担一担地挑，然后主家也像对待男人一样，按担子计数，给母亲工钱。母亲赚的工钱用来购买一家人的口粮和油盐。

但是挑石灰的工作不是每天都有，为了生活下去，母亲安顿好两个小兄弟之后，决定跟着盐商雇用的挑盐的队伍，从梅县挑盐到江西去卖，并且也像男人一样挑着满满一大担盐，遇山爬山、遇水涉水。

这是一件连男人都不轻易做的苦差事，因为只有等到挑一担盐到达江西后，盐担无亏无损，刻薄的盐商才会记工算钱。母亲通常一去就是十来天，在泥巴地里玩累了的小宪梓，常常用他泥乎乎的小手托着小脸蛋儿，坐在自家的门槛上，眼巴巴地盼着他的妈妈回来。

母亲这样坚韧的性格从小就刻在了曾宪梓的心中，母亲那种不怕困难、遇事沉着冷静又好钻研的性格也深入到了他的骨子里，使得他在日后的创业中能够勇敢面对一切困难，也为他的人生做好了良好的铺垫。

知心姐姐卢勤说过："吃苦是一种心理承受力。"人在艰苦的环境中，战胜的不是环境，而是自己。21世纪是充满竞争的世纪，要做到敢于竞争、善于合作、富于创造，就必须从小加强心理素质教育，着力培养品格健全、意志坚定的精神。

孩子不是温室里的花朵，他们也会遭遇成长过程中的寒风冷雨。当他们能够勇敢面对的时候，他们便会获得成功，当他们在困难面前一蹶不振的时候，就失去了继续向前的勇气。伟大的发明家爱迪生说过，厄运对乐观的人无可奈何，面对厄运和打击，乐观的人总会勇敢地迎接！因此，父母要告诉孩子，跌倒了不要怕，勇敢地站起来就能看到一片蓝天！在日常生活中，父母不但要像曾宪梓的母亲那样，用自己的言行让孩子养成坚强的品格，还要不断锻炼孩子的勇气！

在锻炼孩子勇气方面，英国人的做法是值得父母们学习的。英国西南部的瓦伊河畔，有一所由少年探险组织建立的河流探险训练中心，专门为孩子们提供探险机会，培养他们的勇气和坚强的意志。

在那里，孩子们每天一早就来到河边，由专门的人负责教他们游泳和划船。训练是艰苦而紧张的，每一次练习都有孩子落水或受伤。在激流中拼搏，需要有坚强的意志和勇气。孩子们在这里不仅仅学习了划船等技术，还锻炼了意志，培养出了勇敢的精神，同时也懂得了互敬互爱和团结合作。

在英国很多地方都有类似的活动，目的不是为了学习某种技巧，而是为了锻炼孩子的意志和培养其勇敢精神，为以后的工作和生活做好各方面的准备。

英国人的这种做法是值得提倡和推广的。培养孩子的勇敢精神，首先要求父母是勇敢的人。只有勇敢的父母才能培养出勇敢的孩子。如果父母自身对困难或对带有一点危险性的活动感到害怕，那么培养出来的孩子就不可能有勇敢的精神。有些母亲为孩子的安危担忧而牺牲了锻炼孩子的机会。想想看，懦弱的父母怎会培养出一个富有勇敢精神而有毅力的孩子呢？

意志力决定孩子的路能走多远

父母教子心经

在日常生活中，要有系统地帮助和鼓励他们克服外部和内部的困难。

成功的果实，只有坚持不懈地奋斗，只有不断地克服困难，不断地吸取教训，才能获得。

曾有一位父亲很为他的儿子苦恼，都已经十六七岁了，却一点儿男子汉的气概都没有。毫无办法之际，他去拜访一位拳师，请求这位武术大师帮助他训练自己的儿子，塑造其男子汉的气概。

拳师说："把你的孩子留在我这里半年，这半年里你不要见他。半年后，我一定把你的孩子训练成一个真正的男子汉！"半年后，男孩的父亲来接男孩，拳师安排了一场拳击比赛来向这位父亲展示这半年来的训练成果，被安排与男孩对打的是一名拳击教练。

教练一出手，这男孩便应声倒地。但是，男孩才刚刚倒地便立即站起来接受挑战。倒下去又站起来……如此来来回回总共20多次。

拳师问这个父亲："你觉得你孩子的表现够不够男子气概？"

"我简直无地自容了，想不到我送他来这里训练半年多，我所看到的结果还是这么不经打，被人一打就倒地。"父亲伤心地回答。拳师意味深长地说："我很遗憾，你没有看到你的孩子倒下去又立刻站起来的勇气和毅力，其实这本身就是真正的男子汉气概！"

成功者与失败者并没有多大的区别，只不过是失败者走了九十九步，而成功者走了一百步。失败者倒下去的次数比站起来的次数多一次，成功者站起来的次数比倒下去的次数多一次。当你走了一千步时，也有可能遭到失败，但成功却往往躲在拐弯的后面，除非你拐了弯，否则你永远都不可能成功。

意志力是坚强持久的毅力，是良好的心理品质，从小重视孩子意志力的锻炼与培养，具有十分重要的意义。意志力不是生来就有、自发形成的，而是在教育和实践过程中，经过锻炼与培养，逐渐养成的。培养良好的习惯，有利于意志力的养成。培养意志力的过程，也是形成良好习惯的过程。

总之，父母要在日常生活中，在孩子的学习、劳动、课外活动和文体活动中，有系统地帮助和鼓励他们克服外部和内部的困难。要使孩子善于自觉地、主动地、独立地调节自己的行为，使他们服从于一定的有益的目的、任务，而不是事事依靠外力的督促和管理；要使孩子养成贯彻始终、坚持到底的坚毅精神；要使他们善于按照一定的观点、原则，经过深思熟虑后，果断地处理一些充满矛盾斗争的问题；要使他们善于控制和支配自己的行动，善于迫使自己去完成应当完成的任务，并抑制自己去进行一些无关的或外界强烈吸引的活动。

这里的四个"要使"，就是要使孩子有目的性、坚持性（毅力）、果断性和自制力四个意志品质，成为一个意志坚强的人。

我们给父母们的建议是：

1. 要提高孩子完成某一任务的信心

要帮助孩子学会克服困难，提高完成某项任务的信心。交给孩子任务时，要把任务交代具体，并提醒他在完成任务中可能会遇到的困难，让孩子有充分的思想准备；再教给一些克服困难的方法，使孩子做到心中有数，以增强其完成任务的信心和勇气。

2. 用故事启迪孩子

经常选择报刊以及孩子书籍上的小故事，或自己编写一些克服困难的小故事讲给孩子听。通过这些生动有趣的小故事对孩子进行形象的潜移默化的教育。

3. 激励支持孩子的每一次进步

根据孩子的不同年龄，让孩子去完成具有一定难度，经过努力可以做到的事。所谓克服困难，不畏惧困难，这就是意志力的表现。孩子克服了某一困难，要给予鼓励和表扬；如再去做某一件有困难的事，要给予支持和指导；当遇到困难时，要用孩子以往克服困难的事例，激励他继续努力，勇往直前。

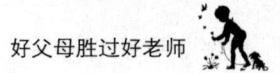

4. 不要对孩子的一切事情大包大揽

有的父母"心太软",进行"一条龙""全方位""系列化"的服务,饭来张口,衣来伸手,白天接送,晚上陪读,直至填写志愿,"设计"前程,使孩子们成了"抱大的一代",如同温室中的花朵,患了"软骨症",见不了世面,经不了风雨。父母要对孩子的事情适当放手,让孩子自己去做,切记不要大包大揽。

5. 让孩子做事善始善终

经常性的磨炼,可从小事做起,如作业要认真对待,对力所能及的家务活要认真完成等,督促孩子千万不可半途而废。

教孩子始终做个乐观向上的人

父母教子心经

乐观者总能在灾难中看到希望,而悲观者却在希望中看到灾难。父母要教育孩子做个乐观向上的人。

这天,上初二的艳艳回到家就一直哭一直哭。

妈妈问她什么事情,她也不说,晚饭也不吃。等她心情平静一会儿之后,妈妈拿了她平时最喜欢的樱桃去她房间,艳艳这才告诉妈妈,说没掌握好时间,数学最后两道题没做完,这下惨了,期末考试一定要不及格了,她没脸见人了。暑假的时候亲戚们要是问起,那该怎么办?她要被表妹比下去了,这个暑假她不去做客了,也不想见任何人了,只想一个人待在家里。后来成绩出来,78分,但艳艳还是闷闷不乐。

整个假期里她都躲在家里,只在傍晚的时候匆匆出去一下,借些漫画书，还尽量避免跟熟人打招呼。妈妈觉得很困惑，为什么女儿想问题总往坏的方面想，怎么就不会学着乐观地思考问题？

生活从来不是十全十美、万事如意的，乐观者从不怨天尤人，而总是让生活伴随着憧憬和追求。高尔基说过："追求进步，这才是生活的真正目的。让整个一生都在追求中度过吧，那么在这一生里必定会有许多美好的时刻。"

生活不论是遇到困难、挫折、失败、灾难还是取得成就，一个人只要拥有开朗、快乐而进取的性格，就能拥有永久的幸福。这样的人不论处于何种境况，都会开朗豁达，都会感受到快乐。

理想的人生应当是快乐的、向上的、有成就的、幸福美满的，没有比这样的人生更令人向往、更值得追求的了。孩子正处于人生的起步阶段，每一个父母都希望自己的孩子将来学有所成、人生幸福美满。为此，孩子很小时就必须培养他们快乐活泼、积极向上的性格。这种性格最具有生命活力。

中国孩子的思维方法往往是遇事先想困难，少想益处。在家教中，父母应鼓励孩子先考虑问题的有利方面。但最主要的是，要让孩子知道快乐的源泉在哪里。诗人亚历山大·蒲柏把快乐称作"我们生存的终极和目标"。这一点，必须在家教中得到最完整、最彻底的贯彻，把快乐既作为家教的手段，也作为家教的目的，应当教给孩子的是：真正的快乐是人生的意义之所在。

如果要使孩子获得快乐，做父母的首先必须要知道什么是孩子的快乐。孩子的快乐是孩子主观上能处于一种安乐的状态，即心理平衡而满足的内在感受。当孩子快乐的时候，他们会喜爱自己、热爱生活，能够从每一天当中得到乐趣。

父母可以通过家教帮助孩子获得快乐，采取的方法主要有以下几个：

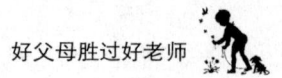

1. 教育孩子学会追求快乐

要告诉孩子,快乐就隐藏在生活的细微琐事当中,如果不仔细审视,它就会无影无踪,但只要留意,快乐就不会离你而去。

2. 教育孩子学会罗列值得感激不尽的事

要教育孩子学会列举所有大大小小的、能使生活充满意义的事情,包括他的天赋,所喜爱的每个人的优点,所居住城市或社区的令人喜闻乐见的风景,甚至大自然的恩赐,比如树木、花草、动物等表现出来的趣事。

3. 教育孩子发展兴趣爱好

英国作家奥尔德斯·赫胥黎曾说过:"快乐是一种副产品。"快乐其实是你在做其他事情的过程中所获取的东西。要告诉孩子,快乐的人未必是最忙碌的人,但是,他们通常忙于自己所热心的事情。当你专注地从事某项活动时,你就会找到快乐。

和孩子一起分享阳光,分担风雨

父母教子心经

父母要善于尝试走进孩子的内心世界,让孩子对你敞开心扉。

近年来,青少年自杀常见诸报端,引起了社会广泛的关注。15~34岁的青年自杀已占自杀死亡人数的40%,18~20岁是青年自杀的高峰年龄段。为何在如花一样的年龄选择死亡?仔细分析起来,内里原因千差万别,根据国内学者库少雄先生的研究成果,对青少年自杀的原因做一个简要的介绍。

影响自杀的危险因素虽然错综复杂,但归纳起来主要有四大类,分别是生理危险因素、心理危险因素、认知危险因素和环境危险因素。这些危险因素之间可能发生相互作用，一旦综合作用达到了个人承受能力与应对技能的极限，自杀意念就有可能产生。当自杀意念发展到一定程度的时候，它可能以预警信号的方式表现出来，也可能因触发事件而得到加强，最终导致自杀行为的实现。

生理危险因素包括遗传因素和个体的生理生化因素的差异。越来越多的研究表明，抑郁症患者大脑中的神经传递物质也许是抑郁症的重要原因，从而是自杀的间接原因。

心理危险因素主要包括抑郁的情绪、绝望和无助的感觉、不良的自我概念与低自尊、不良的自我防御机制与应对能力，以及对生命意义的怀疑。对于青少年来说，其中的绝望心理特别值得关注。已有研究表明，与抑郁、不良的自我概念和低自尊相比，绝望度能够更准确地预测自杀行为。

认知危险因素主要来自三个方面。第一个方面是青少年已经达到的认知水平。处在前运算思维阶段的儿童若想自杀特别危险，因为这一阶段的儿童不知道死亡是不可逆转的。因此准确地判断儿童与青少年处在哪一个认知发展阶段有助于诊断其自杀的危险性并制订适当的介入策略。

第二个方面来自于我们对自己的认识以及适应外部环境的方式，也可称为"自我谈话"。消极的"自我谈话"可以导致对环境的不良适应，而积极的"自我谈话"有助于对环境的适应。自杀者倾向于不断进行消极的"自我谈话"，这会加强已经存在的否定性的思维方式，从而加速自杀意念的产生。

第三个方面是消极刻板的认知，包括过度概括、糟糕透顶、消极归因等。过度概括即对事件的评价以偏概全，常片面地根据某件事情的一方面评估自己的价值，其结果常导致自暴自弃、自责自罪，认为自己一无是处而产生焦虑抑郁情绪，只认为事件的发生会导致非常可怕或灾难性的后果。这种非理性信念常使个体陷入羞愧、焦虑、抑郁、悲观、绝望、不安、极端痛苦的情绪体验中而不能自拔。这种糟糕透顶的想法常常是与个体对己、对人、对周围环境事物的要求绝对化相联系的。

环境危险因素主要有两类。一类是成长环境。例如，否定性的家庭经历有助于产生自杀的意念与行为。在自杀儿童的家庭中，虐待与忽视是经常遇到的，而自杀青少年的家庭中，父母的关系往往是不和与紧张的。因此，不良的家庭环境是生命各阶段自杀的重要危险因素。第二类环境危险因素是否定性的生活事件。既包括考试失败高考落榜，也包括亲人与朋友得重病或不幸去世。对那些已经有自杀念头的人来说，这样的损失——特别是当它们接踵而至的时候——就可能彻底摧毁其脆弱的生存勇气而成为自杀的触发事件。

触发事件不一定是青少年最严重、最糟糕的事件，但它犹如压倒骆驼的最后一根稻草，在最脆弱之时压在了他们柔弱的肩上。这个时候自杀的青少年可能表现出、也可能不表现出预警信号。常见的预警信号如他们也许会说一些不想活、想自杀之类的似乎是开玩笑抱怨的话，而最危险的预警信号是以前的自杀行为。许多以前尝试过自杀的青少年最终还是自杀了。其他常见的预警信号还有吃睡不宁、学习成绩下降、社交方面渐渐退缩、与父母或其他在生活中占有重要地位的人中断交往以及有似乎是不顾一切的、自我伤害的、非常独特的行为，如严重的吸毒、酗酒，不顾一切地乱开车等。

父母和孩子在生活中应该是一种亦亲亦友的关系，父母应该既能够在生活上起引导作用，又能够及时地了解他们的内心感受，多从他们的眼睛去"看"这个世界。父母要善于尝试走进孩子的内心世界，让孩子对你敞开心扉，同时你也要和他一起分享阳光，分担风雨。

1. 保持镇静

不要让孩子的悲伤影响你的判断。孩子需要他人尤其是做父母的你帮助他恢复理智和客观，而不需要一个本身就情绪不稳的人来帮助他。

2. 指出孩子自身的优点

谈论孩子的优点和长处是有益的。例如，孩子可能曾经是举止文雅、乐于助人、努力工作、待人诚恳、活泼开朗、富于吸引力的等等。想自杀的孩子很可能只看到他自身及其生活中不好的一面，而忘记了好的一面。

3. 不要与孩子发生争论

避免就生命与死亡的哲学问题与孩子争论。同时也应避免说一些陈词滥调，例如"还有很多美好的东西在等着你，你的生命才开始"等等。这种说话方式使孩子觉得你是在泛泛而谈，而非真正理解他们内心的感受。企图自杀的青少年最需要的是客观的、设身处地的、感情移入的理解和支持。

4. 帮助孩子获得客观的态度

一个被各种问题和压力压得喘不过气来的人很可能无法冷静、客观地评价自己和环境。在这种情况下，做父母的首先要保持客观的态度，并帮助孩子尽可能客观地看待自己的环境。

5. 帮助孩子获得资源

对孩子最有力、最具体的支持就是帮助他们得到想要的东西。因为想自杀的人一般说来比较孤独，因此，父母要帮助他们获得各种资源。这些资源包括家庭和朋友，也许还包括帮助孩子去见一位他想见的老师、电影明星或心理医生。最终，需要专业的心理咨询人员为那些需要帮助的人提供长期的关心和帮助。

第 9 章

会说话得天下,教给孩子金不换好口才

再忙,也别忘了与孩子说说话

父母教子心经

父母与子女的沟通是情感的需要也是成长的需要——两代人共同的成长。

如今,一句家教格言已经被越来越多的父母所推崇,那就是:"再忙,也别忘了与孩子说说话。"确实,父母与孩子之间的家庭对话,是亲子之间一种非常有益的情感交流形式,这种交流会让孩子的幼小心灵产生出一种积极、和谐的力量。一方面促使家庭形成一个良好的语言交流氛围,另一方面还有利于促进亲子关系,最重要的是还能在很大程度上锻炼孩子的语言表达能力。

然而,尽管许多父母都意识到了与孩子说话的重要性,但他们却往往在实施这一教育方法时"卡了壳",虽然这其中的原因有很多:

(1)现在社会竞争激烈,大多数父母的工作都很忙,而且压力也都很大,所以他们很少有时间和孩子坐下来好好说一会儿话,有时候即使空闲下来,也大多把时间花在休息、逛街、看电视等可以缓解压力的事情上了。这样一来,留给孩子的时间就越来越少了。

(2)当孩子还不会说话或者还听不懂大人的话的时候,许多父母会认为跟孩子说话有些多余,反正说了他们也听不懂,不如不说。

(3)当孩子到了上学的年龄,他们的语言表达能力基本都得到了父母的认可,也就是说,父母们认为他们已经长大了,会说话是理所应当的事情,所以这时候父母的注意力便都集中在孩子的阅读和写作能力上了,对语言发展的要求就开始不那么在意了。

（4）当孩子上学之后，父母会认为他们每天在学校和同学、老师的对话足以满足他们对语言方面的需求了，因此，回到家里少说几句也无所谓。

（5）当孩子已经学会说话，并拥有一定口才的时候，许多父母却开始教导孩子要安安静静少说话，做一个文静的女孩或是稳重的男孩。

正是这些原因，导致现在的许多父母开始有意无意地缩短了与孩子进行对话的时间。其实，他们不知道，正在减少的不仅是与孩子的对话时间，还有与孩子之间的了解和情感交流，长此以往，后果是很严重的。

生活无时不在沟通中行进，缺少沟通的生活是没有生气的枯萎的生活，父母与子女的沟通是情感的需要也是成长的需要——两代人共同的成长。

与孩子时常进行交流、沟通是父母的必修功课。多与孩子对话、沟通，不仅能够促进亲子之间的感情，还有助于孩子改进学习方法，而且对于提升孩子的沟通技能、未来社会适应能力大有裨益。如果一个孩子从小在家庭中能够同别的成员很好地沟通，当他步入社会时，也能很好地与人沟通。

因此，再忙的父母，每天也要抽出一点时间来陪孩子说说话，和孩子做些沟通。

培养孩子语言能力从小开始、从家开始

父母教子心经
培养孩子的语言能力要从小抓起，从家庭抓起。

现在很多父母将孩子送进学校后，就把孩子的学习任务寄托在学

校和老师身上,将孩子的阅读和写作能力、计算能力、思维能力的发展"抛"给学校。即使在家中,也只是一味地盯着孩子用功学习,而很少和孩子进行言语和心灵的交流。

孩子上学后,重视他们的阅读和写作能力固然没错,但是父母也要知道,对这个时期的孩子来说,家庭对话对其智商和情商的发展、对其语言表达能力的提升都是十分重要的。因为正是通过与父母的谈话,孩子才学会了更多的知识,学会了听故事、讲故事,学会了理解逻辑顺序和辩论原因,也学会了探索最终的选择和思考动机。另外,也正是通过与父母的谈话,孩子们才学会了同情、慷慨、谅解以及设身处地替他人着想。所以,对这一时期孩子语言能力的发展,父母更应该予以足够的重视。

把培养和发展孩子语言能力的责任完全"抛"给学校是十分错误的。因为,许多研究表明,学校根本没有办法有效地帮助孩子发展语言能力。某位语言教育专家做了一项调查,他收集了来自各种不同的社会经济背景的30个孩子在家里和学校的谈话,最后发现,即使来自"语言最贫乏"的家庭中的孩子,在家里得到的语言方面的培养也远远超过在学校所得到的。他说:在学校,孩子与老师的对话几乎都是"老师讲,学生听"这样一种形式,而这根本称不上是一种对话,而只是一种被动的"收听"。至于孩子与同学之间的对话,通常话题也很少,而且表达的意思范围也很窄,句子的语法结构也更简单。这样,孩子的语言能力发展变得更加被动。

所以,父母们不要再利用学校来"逃避"责任,一定要好好利用家庭对话来培养孩子的语言能力。

因为工作忙、压力大而没时间或者没心情与孩子交流的时候,父母应该思考一下这样一个问题,那就是整日辛苦工作到底是为了什么。

想必所有的父母都会说:当然是为了给孩子一个更舒适的成长环

境了。但是，不知道父母是否知道，对孩子的健康成长来说，舒适、优越的家庭环境只是其中的一个方面，孩子心理的健康和快乐才是最重要的。所以，如果只是为了给孩子创造优越的家庭环境而忽略了孩子心理的正常发育和日常的言语交流，那么便有些得不偿失了。所以，奉劝那些"工作狂"父母们，即使再忙也别忘了抽出一点儿时间和孩子说说话，哪怕只是几句简单的对话，对孩子的心灵都是一种最好的慰藉，对孩子的交流和表达能力都有一定的帮助。

那些认为孩子还小、还听不懂大人的话的父母也应该警醒了，因为许多科学研究结果表明，孩子早在婴儿期甚至是胎儿期就已经拥有语言的天赋了。而他们后天语言天赋发挥的好坏完全取决于父母的教育和引导。所以，培养孩子的语言能力一定要从小抓起，从家庭抓起。

让不爱说话的孩子变得爱上说话

父母教子心经

要多和孩子进行交流，了解孩子内心的想法，让孩子多开口说话。

孩子呱呱落地的第一个表达方式便是啼哭，这是最原始的一种"说话"。不同的哭声表达他们不同的需求。渐渐地，他们对大人的说话有了咿呀学语的应答，然后是模仿着称呼爸爸妈妈，接着发展到有意识地对不同的人的称呼，再就是出现了短句、长句……一般来说，孩子的说话基本上是按照这样的规律进行的。

然而如今的孩子都是在过分保护的条件下成长起来的，从幼儿时代开始，就很少与外人接触。所以大多数孩子都养成了内向、沉默寡言的习惯。

孩子不爱说话，很多是由于不喜欢表达，尤其是性格内向、容易害羞或者性格孤僻的孩子更是如此。当爸爸妈妈不爱说话时，孩子得不到语言环境的刺激，没有说话的模仿对象，也使得孩子变得不爱说话。如果爸爸妈妈对孩子要求过严，也会造成孩子不爱说话。或者爸爸妈妈理解太快，在孩子还未说话前已经将事情包办代替，久而久之，孩子虽然能表达，但也不太爱表达了。

一个不爱说话的孩子，是很难受到人们欢迎的。这样的孩子将来走上社会，不善于与人沟通，难以应对和处理复杂的人际关系，十分被动。一个不爱说话的人，即使很有才华，由于不善于表达，也难以得到他人的赏识，事业上难以有所作为。

自己的孩子不爱说话，显得太内向，长大后怎么办好？相信你一定很着急，那么就让我们一起探讨下解决方案吧！

1. 主动与孩子交流

每天跟孩子聊聊一天当中发生的有趣的事，如果孩子上学了，孩子放学回家，还可以引导孩子，让孩子讲讲幼儿园里的生活，并让孩子谈谈自己对一些事情的看法。多和孩子进行交流，了解孩子内心的想法，才能对症下药，让孩子多开口说话。

2. 鼓励孩子开口说话，及时表扬夸奖

爸爸妈妈们要善于鼓励孩子开口讲话，比如他想要某样东西，爸妈要延迟一下，鼓励他说出物品名称，说出来了，就及时表扬夸奖，渐渐地他就会愿意说。

3. 让孩子多参加集体活动

爸爸妈妈们在日常生活中就应该让宝宝多与外界接触，多和同龄小伙伴沟通，爸爸妈妈们也要及时向宝宝传递一些讯息，譬如这是花，这是草等，这样您的宝宝就会在潜移默化之中受到语言的刺激，在该表达的时候就能够恰如其分地进行表达了。

4. 随时给孩子语言刺激

多跟孩子说说话，随时随地和其交流：这是什么，那是什么、干什么用的，我为什么这样做……在带孩子四处走认物时，用具体的行动恰当地表达语言。尽可能让孩子多接触外界，结交更多的小伙伴，在集体中更容易培养说话愿望。

5. 不要替孩子说话

不要包办代替，替孩子做决定。在孩子说话时，不要打岔，让他自己把话说完。一个快嘴总是替孩子说话的父母，孩子可能就不善于表达了。

6. 父母做好示范作用

孩子善于模仿，所以父母的语言表达应成为孩子模仿的榜样。在孩子的活动中，父母说话要做到口齿清楚、语音准确、表达有条理，语句精练。同时，恰当运用眼神、表情、手势等体态语言，做到自然、大方，让孩子在潜移默化中提高说话的技巧。

总之，父母应该做到有耐心，多和孩子交流，正确地引导孩子，让孩子体会到开口说话的乐趣和与人交流的快乐。

孩子害怕在班上发言怎么办

父母教子心经

告诉孩子发言完全不必是一件让人害怕的事情，它可以成为一件有趣的事情。

林女士的女儿6岁多，现在上小学一年级。

孩子上课怕老师，不敢回答问题，老师也说她上课蔫蔫的，别的孩

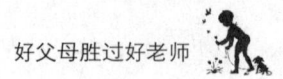

子都举手回答问题，她总是一声不吭地坐在那里。

不过，林女士说平时女儿和小伙伴玩耍时都很爱说话，遇到同学，每次也是她先和同学打招呼，不知道为什么一上学就变成这样了。

王先生的孩子8岁了，在读二年级。王先生的老师经常向他反映说他的孩子在课堂从不举手回答问题，每次老师提问题的时候都把头低下，不看老师。

孩子害怕在班上发言，不敢主动举手回答老师的问题，主要有以下几种原因：一是胆小，担心答错了被老师批评，还有怕答不好被同学笑话；二是性格不张扬，不喜欢表现自己；三是性格优柔寡断，老是拿不定主意，总是纠结在答还是不答之间，等其他同学一回答又丧失机会了；四是反应略微迟钝；五是表达能力欠佳等等。

如果孩子不喜欢公开讲话，那也没关系，想想还有其他很多人（包括成年人）也不喜欢公开讲话。那么，讲话有什么困难的地方？关键是有些人不喜欢吸引公众的注意，或者他们害怕在很多人面前开口说话。

如果孩子害怕在班上发言，老师提问从不主动举手怎么办？可以试试下面的方法：

（1）让孩子听听别人在班上说些什么。

（2）鼓励孩子开始更多地发言。尝试每天多说一点儿，教育孩子不必急于一下子改变一切。

（3）别在乎人家对孩子的发言怎么想。

（4）要细心地呵护孩子的自尊心。自尊心受挫是导致孩子不敢说话的原因之一。时时处处爱护孩子的生活热情，哪怕是父母认为是无聊至极的事，也要热情配合游戏，从中自然找机会和孩子交流。

（5）给孩子寻求小朋友做玩伴。一定要抽出工夫提供孩子需要的场所、玩具等。父母要默默相陪。

（6）父母要和老师积极交流，寻求老师的帮助。在学校里请老师给予必要的帮助，排除不利孩子说话的因素，特别是小同学之间的关系。

（7）告诉孩子发言完全不必是一件让人害怕的事情，它可以成为一件有趣的事情，简单得就像对朋友讲笑话或讲故事一样。为了让孩子在班级大胆发言，可先请几个与孩子关系较好的小朋友到家里来，练习讲小故事，一人讲一个。事先帮助孩子准备一个简短故事，讲了一次，下次就会勇敢一些。然后跟老师联系，请老师在课堂上提问他，事先让孩子准备好，回答之后，教师会表扬他，而且提出希望，下一次孩子就会跃跃欲试。

（8）如果孩子害怕做口头报告或介绍，那么还可以对他进行这样的训练：

①注意自己的呼吸。听起来是废话，但呼吸的确可以帮助孩子放松。

②大声说，清晰地、慢慢地说。也许孩子很想放低声音、喃喃自语或者匆匆说完——但是，如果孩子这样做，就让他从头再来一遍。

③在孩子的同学或父母面前做练习。让他慢慢习惯大声说话，并习惯于在一个听众面前讲话。这将使孩子在更多的听众面前发言时更从容。

④在孩子发言的重点上面做记号，这将让他的发言更容易一些。实践多次以后孩子可能会发现甚至没有这些记号也行了！

相信在父母细心、耐心的爱护下，孩子的胆量慢慢地会大起来，说话由少到多，声音由低到高，成为阳光孩子指日可待。

这样教，让口吃的孩子口齿流利

父母教子心经

口吃是一个人能力的一种缺陷，并不是先天的，只是在学习语言过程中发生的障碍。做父母的不必太紧张，应知道口吃的毛病能够改正，但是改正的好坏与父母的态度有很大关系。

引起口吃的最直接原因，医学上认为主要是由于精神过度紧张、着急，导致发音器官肌肉痉挛，使发出的音律受阻。不过，这个原因只是表面上的原因，更深一层的原因还需要根据孩子的具体情况来判断。一般地说，口吃产生的病因主要分为两方面：一是生理上的；二是心理上的。

生理上若因脑功能出现障碍、或是某些遗传基因在起作用，则很有可能使儿童产生语言障碍。

对于孩子的口吃情况，首先，父母要耐心指导孩子，让他讲话不要着急，要想清楚再讲，慢慢地讲。讲话时胆子要大一点儿，不要紧张、不要害怕。鼓励他树立信心，慢慢纠正。其次，父母对有口吃的孩子不要讥笑，更不要因口吃而打骂孩子。父母自己本人就不应该表现出焦急，以免给孩子再增加不必要的压力和焦虑。

除此之外，父母应该观察、分析孩子的生活，找出孩子在哪一些情况下容易出现口吃，在哪一些情景中能流利地讲话。在可能的情况下，尽量减少不利情景的出现，缓和对话的情景，以减轻孩子的焦虑。在必要时，选择一些简短的句子作为谈话内容，使孩子容易回答。

在态度上，应该对孩子表示友好一点儿，例如，用手轻轻抚摸一下孩子的头，或者亲热地抱抱孩子。然后用温和的语气，安慰孩子："讲话时不要着急，不要断断续续的，再慢慢来，想清楚再讲。即使讲错了，也不要紧，爸爸妈妈不会责怪你的，也不会打断你的话。"然后父母就耐心地等待孩子把话讲完，不要催促。

如果孩子平时与别人讲话太少，在生人面前讲话时，生怕自己讲不好，越紧张就越口吃。父母可选择使孩子感到轻松的环境，例如在家里，或者选择小孩自己比较熟悉的叔叔阿姨或小朋友，在轻松自然的情境中尽量交谈，鼓励孩子多讲话。谈话的内容可以是一些孩子熟悉的话题，例如孩子喜欢的游戏、体育活动、电视节目、兴趣爱好等，在轻松的气氛下进行交谈，帮助孩子掌握自己最流利的说话方式，并坚持下去成为习惯。

如果口吃病是心理性疾病。那么，矫治口吃病应从心理治疗入手，着重于消除孩子的心理障碍。然而，对于孩子一时性的口吃现象是不需要治疗的，随着孩子的年龄增长和智力发展，可以自愈。但是，父母千万不能让孩子产生心理压力，否则，口吃现象就会发展成口吃病。

不要批评指责或模仿、讥笑孩子。口吃的儿童本身就很自卑，有时甚至会出现睡眠不佳或食欲不振、羞怯、孤独等疾病或特征。成年人如果用不适当的态度来对待他们，就会加重口吃的程度。不要过分重视孩子的口吃行为，更不要因孩子口吃而处罚他，这样才会使孩子放松情绪，矫正口吃。

给孩子提供锻炼的机会。让孩子多与陌生人接触，多带孩子参加一些群体活动，会对他们内向、羞怯、懦弱的性格有所锻炼，减轻紧张情绪，久而久之，口吃行为会逐渐改过来。

尽量减少紧张的环境因素。所谓紧张的环境因素，就是指在陌生人面前指责孩子、批评孩子，让孩子在众人面前出丑，或是在孩子没有准备的情况下让他们经历考试、竞赛等令人心情紧张的活动。如果父母们能多给儿童提供锻炼的机会，并用平和的心情对待孩子的口吃行为，就会相对减少令儿童紧张的种种环境因素。

总之，口吃并不是无法矫正的，许多儿童的口吃行为，在长大以后就会自行减轻或消失，如果再配上父母的一些指导，相信您的孩子一定会变得口齿清晰、流利。

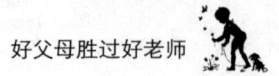

绕口令练就孩子一副伶俐口齿

父母教子心经

经常说绕口令，能够提高孩子的语言表达力，并使他们的思维更具敏捷性、灵活性和准确性。

绕口令作为一门特殊的语言艺术，对孩子的语言及思维发展具有极大的促进作用。一方面，它不仅能有效地锻炼孩子的口才，增强孩子的记忆力，还能培养孩子的反应能力。另一方面，绕口令一般字音相近，极易混淆，要想念得既快又好，没有快速的思维、良好的记忆、伶俐的口齿，是很难做到的。经常说绕口令，能够提高孩子的语言表达力，并使他们的思维更具敏捷性、灵活性和准确性。

绕口令的益处多多，但教孩子练习绕口令却不是一件简单的事情，特别需要父母们注意以下几个方面：

1. 准

吐字清晰、发音准确是练习绕口令的重要要求。绕口令作为一种有趣的语言游戏，同时也是一项复杂的语言活动。同音异调、字音相近、叠字重句是绕口令的鲜明特色，稍一失误，便会出现差错，因此在陪孩子练习绕口令时，首先要求父母的示范音准确。

说绕口令需要唇、舌、口等器官的整体协调性，舌头的部位、嘴唇的形状、口腔的开闭等都直接影响发音的准确性。孩子的唇、舌、口等功能尚未发育完全，很容易出现气息不匀、舌硬齿僵、喉咙发紧等一些问题。为此，父母可在口腔技巧训练的基础上，根据孩子的实际，对孩子的口、唇、舌、喉等部位进行分类练习，努力促进唇、舌、齿等部位的灵活性。

2. 慢

慢，就是要循序渐进。也就是指说的时候节奏适度，学的时候要一步步来，不能操之过急。对孩子来说，学说绕口令无外乎练唇舌、练语言、练记忆、练思维，只要孩子说得流利、清晰，能够让人听懂且语速渐快即可。单方面求快，不仅会使孩子只求语速快，而不讲究清楚，说出口的全是咿咿呀呀的模糊音，而且会增加孩子的心理压力，使得他们从心底畏惧绕口令，学得不开心，那样就背离练习的初衷了。

初教孩子学说绕口令时，一定要慢一些，让孩子把每一个字音都念得准确无误，把每一句话都说得清楚连贯，然后再逐渐加快。为了更好地做到这一点，父母不妨采取分解的办法教孩子读出节奏感。

3. 勤

勤，就是勤于练习，坚持不懈。教孩子学说绕口令可以在以下两个环节上多下功夫。

纠错对练，矫正发音。让孩子长时间独自说练，可能会使他们感到有些枯燥，父母与孩子一起练习，通过相互纠错的方式，使孩子的吐字发音更为准确清楚，也会激发孩子的兴趣。

公开演练，增强信心。孩子练到一定程度时，特别期望得到他人赞许。父母可鼓励孩子在众人面前大胆表演，这样容易激起孩子的好胜心，锻炼他们的胆量，也会使他们增强自信心，更会激励孩子精益求精。

7招让孩子多说话爱说话会说话

父母教子心经

积极鼓励孩子练习说话，并通过各种途径多与孩子进行语言上的交流，培养孩子说话的兴趣，增强孩子说话的自信，这些对于孩子语言表达能力的发展和提高都有着十分重要的意义。

语言能力和其他技能一样，都得益于坚持不懈的锻炼，所以，为孩子提供各种机会进行有效的语言锻炼是父母必须要做到的。缺少这种机会，孩子的语言能力很可能会因为没有"用武之地"而荒废甚至消失掉。

孩子的学龄前阶段是语言能力形成的关键时期。随着孩子一天天地长大，他们会从经常接触到的人或事物，尤其是父母的言传身教中不断学习和感知语言，他们这种学习和感知的速度是十分惊人的，往往会超出成人的想象。所以，父母一定要把握好这个机会，积极鼓励孩子练习说话，并通过各种途径多与孩子进行语言上的交流，培养孩子说话的兴趣，增强孩子说话的自信，这些对于孩子语言表达能力的发展和提高都有着十分重要的意义。

那么，父母和孩子进行语言交流的途径都有哪些呢？

1. 每天起床都要和孩子打招呼

即使孩子还是一个听不懂父母话的小婴儿，那也应该在每天早晨醒来的时候抱抱他，微笑地对他说一声："宝宝早晨好！"这些亲切的招呼，会让婴儿获得一种安全感。当孩子长大一些，能听懂你的话或者已经会说话的时候，如果听到你亲切的招呼声，他会冲你微笑或者回应你一句："妈妈早晨好！"这时候他已经能感觉到父母对他的爱，并让他产生了一种归属感。另外，父母间的清晨问好不仅可以增进亲子关系，而且也为孩子与人相处做出了榜样。

2. 通过称赞和鼓励让孩子多说话

做对事情得到称赞，面对挫折得到鼓励是每一个人的正常心理需求，孩子当然也不例外，而且他们的这种需求往往比成人更加强烈。要想把称赞和鼓励成功地应用到孩子的语言教育上，父母就要做到：孩子在语言能力上取得了一丁点儿的进步，哪怕只是学会了一个新的成语，也要给予积极的称赞，以便让他们更加努力、更加认真地学习语言；孩子在语言沟通上出现了一些不好解决的难题，一定给予鼓励，帮助他们"闯"过这道关口。如此一来，他们的语言能力一定会迈上一个新台阶。

3. 通过关心和同情让孩子多说话

来自父母的关心和爱护是对孩子最好的心灵慰藉。关心是指了解并理解孩子的所需所求与各种感受；同情是指认同孩子的处境、了解孩子的情况，并且站在孩子的立场上思考问题。这种关心与同情是父母之爱的另一种表现，它们会换来孩子的尊重和爱戴，也会让孩子更愿意向父母倾诉，从而为亲子间的语言互动创造条件。

4. 通过安慰和原谅让孩子多说话

面对做错事的孩子，许多父母的教育方法除了责备就是处罚，这种带有伤害性的教育方式难免会让孩子产生恐惧心理，不利于他们的身心健康。但是如果放任不管，无疑是对孩子错误行为的一种变相鼓励，很容易让孩子一错再错，不知悔改。所以，最好的办法就是原谅，然后再给予适当的安慰，让孩子知道错误并改正错误，如此一来，孩子的谎言就不会再出现，日后再犯错误也一定会据实相告。这样不仅锻炼了孩子的语言表达能力，而且对他们的责任感以及诚信品质的养成也大有益处。

5. 通过肯定和认同让孩子多说话

每个人都很在乎别人对自己的看法与评价，而且希望结果都是被肯定和被认同的，孩子当然也是如此，在他们语言能力发展的过程中，来自父母的肯定和认同尤为重要。这些肯定和认同会增强孩子的自信心，使他们相信自己可以获得更好的成绩，也会促使他们的语言潜能最大发挥，这对于他们语言能力的增强是十分有益的。

6. 通过游戏与孩子多说话

没有孩子不喜欢玩玩具、不喜欢玩游戏的，有时候父母对于孩子来说就是一个他们最喜欢的"玩具"。所以父母一定要多抽出一些时间与孩子玩游戏,充当孩子的"玩具",然后抓住这个绝佳的机会,和孩子多说话、多交流。

另外,一些孩子力所能及并感兴趣的家务对孩子来说也是另一种形式的"游戏"。做家务不仅能锻炼孩子的动手能力,让他们养成爱劳动的习惯,对语言教育来说,这也是一个难得的好机会。在家务劳动中,父母可以利用指导孩子劳动的机会多跟他们交流,鼓励他们表达自己的意见和感受,锻炼自己的表达能力。

7. 利用"餐桌时间"让孩子多说话

"食不言,寝不语"是我国的古训,但随着时代的发展和进步,许多教育专家建议父母改变这一传统的观念,他们认为"餐桌时间"是一个与孩子进行交流、让孩子积极表达的好机会。现代家庭,白天父母都忙着工作,孩子也要上学,只有到了晚饭时间全家人才能聚到一起,这时候父母要尽量选择一些积极的、有意义的话题让孩子参与进来一起谈论,这样做既有利于亲子间的沟通,也有利于孩子语言表达能力的提高。但要注意的是,尽量避免将工作上的一些烦心事拿到这个时间来讨论,尤其不要当着孩子的面发牢骚,以免对孩子产生负面影响。

为孩子创设言语智力的学习环境

父母教子心经

每个人都有语言文字才能。语言天赋是天生的,但也需要后天培养,父母要善于创造环境,根据孩子的特点对其语言能力进行培养。

正如学到的知识如果无法应用到现实生活中就会变得毫无用处一

样，如果掌握了语言却没有一个可以运用语言的环境，那么语言也将失去它存在的意义。所以，父母在培养孩子语言能力的同时，还要为他创造一个可以运用语言的环境，利用各种方法和途径让他们多说话、多表达，这样，孩子的语言经验才能在不断运用中得到巩固和发展，从而真正体现语言交流的价值。

语言能力深深地植根于孩子对自己能力的了解与自信之中。孩子越是能够在安全的环境中练习这项能力，他们就越容易发展出有效的语言技能。父母可以通过与孩子玩文字游戏、分享他们最喜欢的文字作品、热情地参与讨论、教授重要的阅读技能，以及讲故事等方法来为孩子提供强有力的示范。

讲故事是一种最古老而又最动人的语言艺术。讲故事远非仅仅可以用来激发孩子的学习兴趣或用来解释事件及其过程，也不是仅仅用来创设一种适宜的环境。寓言故事一直为世界各种宗教用来传递重要的节操和教义。讲述神话和传说，可用以解释科学现象、保存文化知识，以及教导大众，并给大众带来快乐。口述的传统自古即有，并被认为是一种有效的交流方式。

朗读使孩子感受到语言的声音、节奏及乐感。演员表演伟大剧作家、诗人和短篇小说家的作品，他们的表演使书面语言变得栩栩如生。父母热情而富有感情地阅读孩子最喜欢的书面作品，这同样能够激发孩子持续一生的兴趣。那些参与朗读的孩子，或者在向全班同学朗读之前彼此朗读给对方听的孩子往往能够发展出更强的自信心。

当父母为孩子创设了轻松积极的交流和讨论的氛围时，家庭就可以成为孩子们学习有效说话的支持性环境。在这样的环境中，父母的讲述不要占据大部分的时间。父母用以激发孩子进行讨论的问题应该是富有启发意义的，并且这些问题是不能用三言两语简单回答的。父母能够向孩子们提出开放性的有趣问题是十分重要的，而实际上，父母自己很可

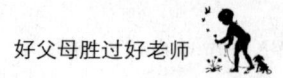

能也不知道这些问题的答案。这样一来的结果便是很可能出现具有启发性和激励作用的讨论，这些讨论可能会引发不同寻常的见解，并为孩子学习涉及的内容提供新的可能性。

听·说·读·写，全速训练孩子表达力

父母教子心经

练习听、说、读、写的技能，不仅可以提高孩子的语言表达能力，还可以促进孩子的更全面发展。

孩子要学会有效的说话技巧和表达方法，尽管父母在实际中很少教授这些技能，但以下建议的确可以用来提高孩子的语言表达能力。

父母要认真地倾听并向孩子提出富有思想的问题，以此来示范有效的倾听技能。当孩子意识到，他人正在认真地倾听自己讲话的时候，反过来，也会更认真地去倾听他人。

父母在讲授孩子不熟悉的内容时，可以通过给孩子提问题的方式帮助其了解内容。然后，父母应该回答孩子提出的问题，并建议孩子记下答案。最后，让孩子和同伴互相讨论他们的笔记。对于那些刻苦努力的孩子而言，讨论以及确定核心观点，然后将这些观点适当地添加到笔记当中，对提高他们有效倾听的技能是很有帮助的。

另一项有效的练习是，父母不让孩子们记笔记，也不做思维构图，而是让孩子在听后立刻列出他们记住的所有内容，并将这些知识按照主题进行分类。然后，父母让孩子对照他们所列的清单，并填补自己遗漏的重要观点。这项练习不仅能够培养孩子的听讲技能，也可以训练孩子的记忆技能。

父母可以向孩子提供留有空格的听讲指南表格，在呈现信息时，让孩子填入相关内容。对于一些孩子而言，在开始之前确认要讲的主要观点，有助于他们集中注意力。这一程序能够帮助孩子以有序的方式进行思考，并且促使他们学会将来如何组织他们自己的展示内容。

父母有必要为孩子示范强有力的说话技能，因为，好的榜样对于孩子良好的说话习惯的形成具有深远影响。父母们可以经常使用一些富有色彩的、复杂的词汇，讲双关语、说笑话、猜谜语，或者生动形象地描述个人经历。

文学作品可以作为发展孩子完整的语言能力的基本手段。故事、小说、传记、散文、戏剧及诗歌是发展孩子的讨论和倾听技能的起点，也是孩子制订演讲计划及进行创作工作和分析性写作的起点。文学作品提供了精神食粮，为孩子示范了对语言的有效使用，并能激发他们智力的发展。

为孩子提供更多的个别化的听、读、写、说的机会，将对他们提高公众表达能力、取得成功具有积极的引导作用，父母可以将这种机会拓展至各项娱乐活动当中。父母可以激发孩子的兴趣，引导他们成为热情的读者。当父母向孩子们推荐投其所好的材料时，会诱发孩子们的好奇心。同时，父母也必须引导孩子为更广泛的目的而阅读，如为获得各类信息而阅读非小说类书籍。显然，富有广泛的、不同阅读水平的阅读材料的环境更能引发孩子们的阅读兴趣，并进而提高他们的阅读技能。

通过完成富有挑战性的写作练习，孩子可以实现对著名故事、戏剧、诗歌及小说的学习。父母可以要求孩子模拟他人的写作风格，或将作品的内容与他们的现实生活相联系。孩子则可以预言、扩展或评论作品中的某一段情节，并就课外其他方面的内容进行写作练习。

为使孩子理解全面而完整的教育经验，父母可以引导孩子探寻各学科之间的联系。父母可以给自己提出要求，要求自己具有与语言学科父母同样高水平的听、说、读、写能力。父母可以通过把本学科与其他学科的学习内容相联系，进而创设更有意义的语境。

总之，练习听、说、读、写的技能，不仅可以提高孩子的语言表达能力，还可以促进孩子的更全面发展，并且对其掌握生活中所需要的技能很有帮助，这些都使孩子能够像那些优秀的社会成员一样，以一种对社会有贡献的方式进行思考、学习、解决问题、交流及创造。

第 10 章

好人缘好前程,当好孩子交际生涯引路人

为青春期孩子补上交友一课

父母教子心经

友谊是孩子心理"断乳期"的精神食粮，千万别加以剥夺或者进行阻碍。

孩子在小的时候都会非常依赖父母，父母在孩子的心里就是无所不能的超人。遇到不懂的问题，父母帮助解决；有不会做的事情，父母替自己做好；一切都听父母的话，听从父母的安排，等等，所以孩子从小听从父母的教育是顺理成章的事。

然而，到了青春期，孩子会突然发生巨大的变化，包括身体上和心理上的变化，让大多数父母无所适从。青春期的孩子变得渴望独立和成熟，他不愿意再像以往那样依赖于父母。不仅如此，他还常常通过反抗、叛逆的方式来摆脱父母的控制。

实际上，青春期的所谓独立和成熟并非真正的独立和成熟，当面对错综复杂的社会问题时，孩子的判断力和解决处理问题的能力是有限的，由于生活经验不足，很多事情都无法独立应付。所以，青春期孩子在心理上是矛盾的，一方面不愿依赖父母，想要独立和成熟；另一方面在面对问题时又会显得青涩稚嫩。于是，就像离开了母乳却不能离开蛋白质、维生素、脂肪等其他营养物质一样，孩子开始注重发展与同龄人的关系，所以交朋友成为他生活中的重要内容，朋友间的友谊在他心中甚至无可替代。

青春期的孩子之所以喜欢和朋友在一起，是因为在同龄人之间有着同样的发展和变化，经历着同样的感受，体验着同样的需求，和朋友们一起可以无话不谈，可以轻松自如。他会觉得，朋友之间心灵相通，都和自己一样渴望独立，喜欢自由，不喜欢被父母所约束，这些共同的感受和需求让同龄人之间成了知音，成了默契的知己。和朋友们一同感受成长的烦恼和快乐，是他最开心的事。所以，孩子和朋友们会非常看重彼此的友谊，会为了彼此同甘共苦，"两肋插刀"，互帮互助，他会认为没有什么能够阻挡和诋毁"兄弟间的情谊"。

于是，他视朋友比任何人都重要，对友谊无比忠诚。和朋友们在一起，似乎有说不完的话题；为了朋友，甚至敢和父母对抗。他还常常以朋友或同学做自己生活中的参谋和标准，比如会说"我们同学都是这样做的""某某买了一件这样的衣服，我也想买一件"，等等。尽管在父母们看来这些道理显得很幼稚甚至荒唐，实际上在青春期的孩子看来，朋友和同学们的行为准则就是自己的行为准则。

友谊是孩子心理"断乳期"的精神食粮，千万别加以剥夺或者进行阻碍，除非父母想让孩子一辈子停留在童年。可以说，没有密切的同龄人关系，没有在一定程度上的与父母的疏离，孩子的青春期就是有缺憾的，从童年到青年的过渡就是不完美的。如果孩子基本没有朋友，那绝对是一件值得重视的事情，父母应当帮助他找到原因，补上这青春期的重要一课。

当好男孩交际生涯的引路人

父母教子心经

父母通过正确的导向，让孩子在与他人的交往中寻求知己，建立真正的友谊。

身处社会，每个人都不可能离群索居地生活，再加上现代社会信息交流频繁，父母应鼓励孩子多了解社会，增长社会经验。如果父母限制孩子与社会的接触，在对待男女情感之间的问题上完全禁止，进行封闭式教育，那么孩子长大后也难以适应社会，在人际关系方面也显得不成熟。

所以，父母应该鼓励和正确引导孩子与他人交往，无论是同龄人、异性朋友还是忘年交，多交些有益的朋友对孩子的成长有着深远的影响，良好的友谊能够促进彼此进步。

孩子进入青春期之后，就会对父母渐渐地不再依赖，而渴望有属于自己的独立空间，形成独立的人格。这时的孩子喜欢结交朋友，喜欢和朋友们在一起。

他们在交友中，逐渐学会了欣赏别人的优点，接纳别人的不足，懂得了宽以待人；在交友过程中，孩子会选择和自己的个性特征合得来的朋友交往。为了减少人际矛盾，他们会疏远那些兴趣、爱好、性格等不相容的人。

父母在了解自家孩子的同时，应该多了解和关心一下孩子的朋友，与孩子的同学、朋友保持密切的联系，请孩子的朋友同学常到家里来玩，这样有利于孩子增进友谊和人格的塑造。

孩子与朋友之间利用节假日聚在一起，谈谈心里话，这没有什么可指责的。根据许多教育学家和心理学家的研究，孩子智力的开发，道德品质的形成，性格、兴趣等个性的发展，除了家庭环境的影响，学校老师的指导外，另一个重要方面就是社会熏陶，同辈群体的活动。人际交往是培养语言能力和处事能力的重要途径。

因此，父母只有通过正确的导向，让孩子在与他人的交往中寻求知己，才能建立真正的友谊，以在学习上互相激励，携手并进。

鼓励孩子走出家门，结识朋友

父母教子心经

交往技能只有在与人交往的实践中才能学会。父母要尽可能地为孩子开拓生活空间，鼓励孩子走出家门，结识新朋友。

社会心理学常识也告诉我们，每个人都是从他人的眼中认识自己的，因此，如果你希望孩子具有健康的自我意识，那么请鼓励他去结交朋友，他们在与同龄人的交往中会获得建立准确的自我概念所需要的各种信息，在团体活动中体验自我价值。

现在有些父母喜欢把孩子圈在家里，禁止他与外界接触，这样虽然少受外界信息的干扰，却也让孩子感觉越来越孤单。特别是居住在楼房里的家庭，楼层住得越高，孩子与外界沟通的机会就越少。父母为此还找到更多的理由，工作忙，家务多，没时间带孩子出门；让孩子自己出门，又担心孩子在外面会着凉中暑，会把衣服弄脏，担心被别人欺负，等等。总之，他们有充足的理由把孩子圈在家里，这也是很多孩子很少了解外面的世界，很少与同伴交流、游戏的原因之一。

也许有的父母会说，孩子还小，等长大了自然会走向社会，了解外界信息的。事实上，孩子年龄越小，智力发展越快，这时应该让孩子到大自然中去了解和探索，让孩子到户外去参加活动，主动结交小朋友，更有利于孩子的身心发展。而错过了这个时机，孩子从年幼到成熟的过程会变得缓慢甚至麻烦重重。举个例子来说，狼孩回到人间后，虽然经过精心的照料与教育，4年才学会6个单词，6年才学会直立行走，就是最好的证明。

让孩子尽量多接触、了解外界事物，接收外界信息，对他的发展，特别是智力的发展是十分必要的。现代社会提倡的素质教育也要求让孩子多接触自然，多了解社会。

人们认识事物的过程总是由感性发展到理性的，通过认识、了解才能引发思考。对于孩子来说更是如此，父母应该从小就培养孩子对事物的感知、认知能力。因为孩子年龄小，缺少生活经验，孩子的思维过程也只是形象思维，对事物的本质缺乏分析、比较的能力和判断力。所以，一些见多识广的孩子看上去显得比较聪明，而"什么都不懂"的孩子会被父母称为反应迟钝的笨孩子。

走出居室，让孩子更广泛、更深入了解周围世界，接受各种信息，丰富他们的视野，丰富感性认识，才是促进孩子发展的有效途径。

鼓励孩子到户外去，去积极与他人交往，有助于从小培养良好的人际关系。对于激烈的社会竞争，阅历丰富的孩子往往会脱颖而出。而营造良好的人际关系，首先就要培养孩子的交往能力。

交往技能只有在与人交往的实践中才能学会。所以，父母应该尽可能地为孩子开拓生活空间，鼓励孩子走出家门，结识新朋友。心理学家指出，同伴对指导或者训练孩子掌握社会交往技能、帮助孩子走出孤独，具有特殊作用。因为这种技能，以孩子当时的智商与阅历，是无法在成年人那里学到的。因此，父母应该鼓励孩子结交新同学、新伙伴，比如让孩子去找伙伴玩，带孩子参加一些同龄人的活动与组织。

此外，多让孩子接触陌生人并且学会主动和陌生人打招呼也非常重要。因为有时孩子可以在家人、朋友面前谈笑风生，却在陌生人面前唯唯诺诺。父母可以经常带孩子去人群聚集的地方，指导孩子与陌生人（可以先从父母熟识、孩子陌生的人练习起）打招呼、交流。当孩子接触的人多了，自然就能无师自通，培养出优异的交往技能。

培养和提高孩子的交往能力

父母教子心经
父母有必要通过各种途径，言传身教地培养孩子的交往能力。

人际交往在孩子的成长中占据重要因素，尤其是"关键期"——孩子的青少年时期，亲子关系、师生关系、同学关系的紧张与疏远，都会直接影响到孩子性格的发展和品质的形成。因此，父母不能不重视培养孩子驾驭生活、完善自我的人际交往能力。

班级活动时，大家都在抢着玩球，只有一个孩子在一边独自待着。他想去玩，但是却不敢和其他孩子说，也不敢和大家一起抢。就这样，他等待着球能自动"送"上门来。

结果，球总是在其他孩子的脚下跑来跑去，从没跑到他脚下来过。

这个孩子终于等不及了，大哭起来，闹着再也不玩了。整个活动中，他躲在角落里，一步都没移动过。无论老师怎样鼓励或者"威胁"都不管用。

这孩子之所以有如此表现，就是因为他缺乏交往的能力。

孩子如果缺乏交往能力，就显得不合群，喜欢独处，不喜欢与人合作；不喜欢向人家打招呼；胆子特别小，不敢与人争论、抢夺；事事不求人，意图靠自己解决（结果总是解决不了问题）；难以适应群体生活，不喜欢结交新朋友。

积极与他人交往，培养良好的人际关系，对于孩子在激烈的竞争中脱颖而出是十分重要的。而要营造良好的人际关系，首先就要培养和提高自己的交往能力。

可是面对一些孩子交往能力的不足，父母需要采取哪些补救措施呢？

1. 要加强孩子与人交往的欲望

有些孩子不擅长与人交往，是因为他们不想与人交往，认为没有与人交往的必要。所以，父母要想培养孩子的交往能力，就必须加强孩子与人交往的欲望。比如，孩子遇到难题，做父母的不再像以前那样主动询问他，或直接替他把问题解决了，而要把与人交往当作鼓励、夸奖孩子的一个手段。当孩子意识到与人交往的好处时，自然会萌发积极与人交往的欲望。因此，要想培养孩子的交往能力，帮助他们建立良好的人际关系，父母就必须加强孩子与人交往的欲望。

2. 培养孩子良好的性格特征

性格好的人，容易交到朋友，也能与朋友保持良好的关系；相反，如果性格不好，尤其是非常霸道、轻率任性的性格，就很让人厌恶，不愿与其交往。所以，父母应该有意识地培养孩子热情大方、谦虚有礼、互相帮助、开朗大度的性格，注意纠正孩子自私、蛮横、骄傲、自大等不良性格。

3. 父母的身教非常重要

在教育孩子时，父母的身教更有意义。因为语言是空的，语言所表达出来的内容，有时孩子很难感受到。所以在教育孩子时，父母除了要言传，更要注重身教。

试想，如果父母本身就很少与朋友来往，孩子怎么可能体会得到朋友的重要？如果父母本身就慷慨大方，孩子自然也会学着与人分享；如果父母经常打架吵闹，孩子可能就容易冲动粗暴。

所以父母要注意时刻检查自己的教养方式与态度，避免因自身行为方式的偏差影响到孩子的性格，从而进一步影响到他们的人际关系，甚至令他们缺乏交往能力。

通常，父母只能伴随孩子一时，朋友却能相伴一世。因此，父母和老师极有必要通过各种途径，言传身教地培养孩子的交往能力，帮助孩子积极投身于社会，结识新的朋友。

教给孩子基本的交往技能

父母教子心经

孩子的交往技能，如分享、轮流、协商、合作等，需要父母在潜移默化中传授给孩子。

社交是人们物质生活的需要，也是精神生活的重要内容。孩子与他人的交往是一种个性发展和生长发育的需要。通过与他人交往，孩子可以了解人与人之间、人与社会之间的关系，可以学习社会道德和怎样处理人际关系，帮助克服孩子自私的心理和一些不良的社交行为。父母要让孩子学会调节自己的行为能力和社会活动能力，让孩子充分发挥个性，形成一种适合社会的良好行为。

如果父母只关心孩子的学习，从不过问孩子的人际交往，孩子可能会因此走很多弯路而父母却一无所知。

孩子与人交往时，肯定会出现方方面面的问题，此时父母应该放下架子，主动与孩子沟通，甚至给孩子支招。经过这一事件，孩子以后就会举一反三地解决类似问题。

孩子的交往技能，如分享、轮流、协商、合作等，需要父母在潜移默化中传授给孩子。一个品学兼优的男孩说，小时候妈妈给他讲的一个故事会让他终生难忘。以下是一些基本的交往技能，父母很有必要了解一下：

1. 基本的交往技能——寒暄

寒暄就是见面打招呼，如朋友重逢、"相逢开口笑"、嘘寒问暖、问候致意等，都属于寒暄。父母应该教育男孩，出门见到熟人要懂得打招呼，要礼貌问好，学会向别人介绍自己，在公众场合要使用礼貌语言等。

2. 理解别人的交往技能——倾听

倾听是使我们了解别人、把握双方心理感受的最有效的手段。父母应该教育男孩，做一个认真的倾听者，如当别人说话时不要三心二意，要认真听别人谈话，目光专注，用点头或摇头来回应等。

3. 人际交往的综合能力和素养——交谈

交谈是使彼此建立联系最快、最直接的方式，良好的交谈、愉快的聊天都会加深彼此的印象，增进双方的信任与好感。父母在教育男孩时，可以先从锻炼他的交谈能力开始，教给他如何向别人提问题、怎样说服别人、怎样拒绝别人的不合理请求等技巧。

4. 人际交往深化与发展的技能——合作

与人合作的能力对男孩来说十分重要，大家齐心协力地合作完成一件事，会让男孩更加开心和更有成就感。同时在与人合作中，男孩会不知不觉养成一些优秀的品质，比如增强毅力、变得坚强、增强责任感、学会真诚待人等，从这个过程中，男孩也学会了认识自己、欣赏别人。这一切都会比父母空洞的言辞说教更有效。

此外，父母还可以利用各种场合，教给孩子一些交往礼节。比如做客前，告诉孩子拜访对象的一些基本情况，包括他的家庭成员、怎么称呼；提出一些做客应该遵守的基本行为规范，如拜访时主动与客人家里的成员打招呼，未经允许不能乱拿人家的东西等。

在当今日益竞争激烈的社会里，培养交往和适应能力非常重要。孩子的社会交往能力，不是一朝一夕就可以完成的，也不是只让孩子去学习书本知识就能够做好的，而是需要社会、学校、家庭相互配合，为孩子创造各种交往的环境，并进行耐心、细致的教育和培养。

自信大方——培养孩子良好交际性格

父母教子心经

让孩子从小就具备自信心,对孩子的身心发展、人际交往是十分有利的。

君君上小学五年级,学习成绩非常好,但是她却在与同学交往时特别没有自信。

有一次,班里要选班干部,同学们都选她当班长,她的票数全班最高,可是她却说什么也不愿意当,在老师和同学的一致鼓励下,她最后只选择当了班里的文艺委员。

"六一"儿童节快到了,老师让她组织同学一起为节日准备一些节目,在组织的过程中,由于有的同学没有积极配合,使得在组织节目时受到了阻力。于是,她便去向老师提出不当文艺委员了。这次,不管老师怎么劝她,她坚决不再做班干部了,老师无奈,只好同意了她的请求。

一个孩子如果没有自信,在与人交往时,就会表现出胆小、害怕困难、见人畏畏缩缩、想做的事害怕不敢去尝试,使得孩子的动手能力、社交能力等变得迟缓;反之,一个孩子有很强的自信心、胆大、不怕困难,什么事情都想去尝试,那么,孩子的各方面都会得到迅速的发展。

自信心,是一种积极的心理品质,是一种创新、奋进的动力,是一个人想获得成功必须要具备的心理素质。让孩子从小就具备自信心,对孩子的身心发展、人际交往是十分有利的。

在如今这个竞争激烈的社会,让孩子学会与人交往,让孩子在与人交往中有充分的自信尤为重要。对此,父母可以从下面几点来引导孩子在与人交往时信心十足。

1. 日常生活中，时时都要给孩子以鼓励、表扬

有时，孩子的想法可能很怪异，父母不要因此去否定他，不然，他会变得消极，应该对他的想法加以肯定，帮他树立自信心。

2. 让孩子有开朗活泼的性格

性格开朗活泼的孩子在交往中很少会缺乏自信，孩子有了开朗活泼的性格一般表现为爱说、爱笑、乐于交往、没有拘束、很幽默，这样性格的孩子被称为"乐天派"。同时，父母要做好榜样，做什么事都有自信，不消极，这样孩子就会被你的自信感染，促使他更有自信。

3. 让家里充满宽松的环境

父母要做孩子的朋友，让他敢于说话、爱说话。爱家里的大小事情，让他有一起参加讨论、特别是讨论孩子的问题，让孩子发表一些自己的意见，多听取他的意见。这样，对孩子自信心的形成、大胆与人交往是非常有利的。

4. 让孩子多参与集体活动

父母应该多鼓励孩子去参加一些集体活动。带孩子外出串门时，教孩子观察大人之间是怎么交往的；家里有客人来时，让孩子一起来招待，这样，孩子在交往中就不会有胆小、害怕的心理。

5. 让孩子学会处理问题

孩子在与同伴交往时难免会出现一些矛盾、纠纷，父母在处理孩子这类问题时不要以自己的想法来判断孩子之间的是非、对错，而是要正确引导孩子去认识在交往中遇到的种种矛盾，教会孩子用一些有利的交往方式，如交换、合作、分享等，让孩子有自己解决问题的能力。

让孩子多参加一些集体活动

父母教子心经

让孩子多参加集体活动，有助于孩子将来更快地融入群体和社会，懂得团队合作的意义和重要性。

有一个小孩子被选为班干部，这是老师、同学对他的信任，也是对他在班里学习、表现的肯定。孩子高高兴兴地回到家向父母诉说了这一好消息。父母听到这个消息不但没有笑容，而且很反感，认为当了班干部，班里会有很多事情落在孩子的肩上，会影响孩子学习，于是对孩子说："你傻啊，只要学习好什么都行。哪天我去找你们班主任，把你这个官辞了。"

其实，持这种认识的父母并不少见。这反映了父母缺少集体观念，而父母的这种认识又影响到了孩子，其结果使孩子的集体观念淡薄，增强了利己心理。

在现代社会，人们总是在不断享受着集体或他人所给予的利益，作为集体中的一员，应该懂得如何关心、爱护这个集体，并为它做贡献。对于孩子，父母要从小培养孩子的集体主义精神，这样做能够让孩子将来更快地融入社会，懂得团队合作的意义和重要性。

马特洛索夫说："人活着应该让别人因为你活着而得到益处。"应该帮助孩子克服自私的心理，让孩子走出狭隘的自我空间，多参加团体活动，那样，他会得到更多。

首先，鼓励孩子多参加集体活动，可以扩大孩子的交往空间。

如果父母总是把孩子关在家里，不让他们接触外界，那么孩子交往活动的空间一定会非常狭小，这势必会影响孩子的交往能力。那些经常躲在家里不出门的孩子往往见人会认生、害羞。而相比在幼儿园生活的孩子，活动空间明显增大，与人交往能力明显增强，他们能和其他的小朋友相处融洽，友好合作。

其次，让孩子过一段集体生活，可以纠正孩子的不良习惯。

许多孩子在家里娇生惯养，享受父母的极大宠爱，养成了许多坏习惯，如任性、挑食、赖床、随地大小便、不会用杯子喝水、不会用勺吃饭、不会自己穿衣服、不会系鞋带等，在情绪上也表现得十分脆弱，如爱哭、发脾气、胆怯、害羞、孤僻等。而当孩子参与集体生活后，在老师的引导下和受其他小伙伴的影响，以上这些问题都可以逐步得到改变。集体生活给孩子提供了互相学习的环境，而在同龄人的耳濡目染之下，孩子一般会主动自觉地改正以往的习惯。孩子在老师、父母的教育下学习是被动的，而孩子间的互相学习、互相影响则是主动的，这种学习方式在很大程度上能促进孩子的发展。同时，集体生活也有利于人际关系的融洽，培养孩子的团队合作能力。比如孩子在家里不爱吃胡萝卜，但当他在幼儿园里看到小朋友们都吃胡萝卜并且吃得津津有味时，他也会有滋有味地吃起来，从此也变得爱吃胡萝卜了。这就是集体的力量。

一般来说，从小生活在集体中的孩子，对于新环境的适应能力较强，在表达能力、行为举止方面也更显得突出，思维的发展水平也相对较高。受过集体生活锻炼的孩子，他的交往能力要比在家里娇生惯养的孩子更强，性格也更加开朗活泼。

指导孩子交友，用对方法最重要

父母教子心经
要适时对孩子的交友、择友进行正确引导。

一个小学生，因为找不到可以一起玩耍的伙伴，只有一个人玩，经常觉得很孤独、没意思。

另一个孩子，因为在班里没有朋友，得不到别人的重视，于是经常调皮捣蛋以吸引大家的注意，结果反而让同学们离她更远。

常常有小学生向老师反映："我找不到伙伴一起玩""为什么大家不跟我一起玩""我为什么没有朋友"……如今，越来越多的孩子享受不到和小伙伴玩耍的乐趣了。

孩子出现"伙伴危机"，主要有两大原因：第一，孩子生活圈子小，玩伴很少，孩子不善于交朋友。现在，大多数家庭是三口之家，孩子都是独生子女，在家中缺少同龄玩伴。第二，与父母过分的溺爱、保护有关。许多父母总希望孩子能跟学习好、家庭条件好的孩子交朋友，这缩小了孩子的交友范围。由于怕孩子受到伤害或不良影响，部分父母甚至阻止孩子和别人交往。

儿童的健康成长需要伙伴，经常产生孤独感的孩子易形成不健康的心理和性格。亲和能力是情商的重要部分，如果将来孩子只会学习、工作，却不知如何与他人交往，是无法适应社会的。

对此，父母应适时对孩子的交友、择友进行正确引导。

首先，父母应给孩子一个宽松的家庭空间。父母要注意培养孩子发表意见的能力，有些事情甚至可以咨询孩子的意见，这有利于孩子树立信心，并培养孩子分析、判断事物的能力。今后，这种能力也会被孩子运用到择友中去。

其次，教会孩子自己解决问题。当孩子与小朋友们发生矛盾时，父母不要一味地迁就、打骂，或者直接干涉，而是应及时地引导孩子正确认识、解决各种矛盾。实际上，这正是孩子学习的绝好机会，父母应给予建议，但不能一手包办。

最后，放手让孩子自己择友。父母应该避免以成人的观念帮孩子选

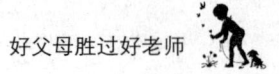

择朋友。孩子自己择友的过程，也就是她学习、成长的过程。父母可在一旁多加注意，并适时给予建议，但不能粗暴干涉、阻止。

帮助孩子战胜交友中的挫折

父母教子心经

当孩子面临交往挫折的时候，父母能够做的，就是和孩子一起分析原因，让孩子发现自身存在的问题。

齐菲菲最近几天一直很不高兴，回到家里一句话都不愿意多说，吃完饭就躲到自己的房间里面不出来。妈妈知道齐菲菲肯定是遇到什么事了。在睡前10分钟的床前故事时间里，妈妈对齐菲菲说："齐菲菲，今天晚上换你来给妈妈讲故事好吗？你就讲讲最近在学校里面有什么变化吧！"齐菲菲听到妈妈这么说，突然变得很沮丧："学校里面发生了什么事情我没有去注意。这几天，我和孙琳琳吵架了，到现在还没有和好。妈妈，我是不是很不讨人喜欢？"妈妈吃了一惊，忙问齐菲菲："怎么回事？你不是和孙琳琳是最好的朋友吗？怎么突然吵架了？"齐菲菲告诉妈妈，最近孙琳琳和她的同桌越来越要好，有时候都冷落了自己。齐菲菲很不高兴，有一次，她看到孙琳琳在和同桌咬耳朵，还一边偷看自己，觉得她们是在说自己的坏话，就冲孙琳琳发了一顿脾气。之后孙琳琳来跟她说话，她一想到她和同桌那么好，心里就不舒服，所以也就没有搭理孙琳琳。一直到现在，俩人还没说话呢。

故事中的齐菲菲在交友道路上遇到挫折，一方面是由于对朋友的独占欲太强，不愿意自己的好朋友与别人走得太近；另一方面是由于她的心思太敏感，看到别人说悄悄话就觉得是在说自己坏话。当孩子在交友上面遭遇这样的挫折的时候，父母应该弄清楚孩子所有的想法和事情的全部经过，然后再根据情况找到对策。

孩子在与朋友交往的过程中，可能存在一些思想误区。这些误区，会让孩子的交友之路走得坎坎坷坷。一些极端的想法和做法——比如朋友是自己一个人的，只能和自己玩；好朋友就应该让着自己，时刻关注自己等等，会让孩子在交友上变得自私。这些误区让孩子在朋友面前的形象越来越差，一些不经意的举动还会伤害到朋友的感情，从而使友谊破裂。

造成孩子交友误区的因素主要有以下几种：

第一种，孩子受到父母的过度宠爱，思想上太过自我。孩子在家里是小主人，是家里所有人的关注焦点，习惯了以自我为中心。在与朋友相处的过程中，孩子也会要求同样的待遇，一旦得不到就会受不了，出现一些过激的言行。

第二种，孩子缺乏挫折交往的经历，心理承受力不强。孩子小的时候，可能是在父母的帮助下结交朋友的，没有受挫的经历。等到孩子独立地与朋友交往时，就会因为一点点的小问题让孩子大感失落，从而做出不正常的表现。

当孩子面临交往挫折的时候，父母能够做的，就是和孩子一起分析原因，让孩子发现自身存在的问题。孩子还小，还没有能力完全客观地分析，父母作为引导者，可以给孩子一些有用的意见。在父母的引导下，孩子自己发现的问题，更有说服力，孩子更容易引起警觉并改正。齐菲菲的妈妈就用了一个好办法。

听了齐菲菲的内心独白，妈妈知道，是孩子的交友观念存在着一些误区，现在正是解决这些误区的好时机。于是妈妈开始讲述自己小时候是怎么和朋友相处的，小伙伴们会相互介绍自己喜欢的朋友，大家该玩的时候就在一起玩，该学习的时候就自己忙自己的，不互相干扰。有矛盾了就把心里话全都写在纸上，给朋友看过之后就全部销毁，大家就消除了所有的芥蒂，又开心地玩在一起……齐菲菲听完妈妈的讲述，一下子明白了很多，她决定明天就去找孙琳琳和好，为自己发脾气道歉，然后和她的同桌一起玩，大家都做好朋友。

齐菲菲妈妈的做法就是给孩子讲自己的经历，用孩子身边的真实案例来让孩子比较出自己身上的问题，从而让孩子发自内心地知错、认错、改错。

强化团队意识，培养孩子合作能力

父母教子心经
从孩子懂事时起，就要有意识地培养其与他人合作的精神和能力。

孩子终有一天会走上社会，人在社会上，如果缺乏与他人合作的精神和合作的能力，那么，他不仅在事业上不会有所建树，就连适应社会都很困难。

在21世纪竞争激烈的时代，一个人的合作能力要比他的知识水平更重要。懂得与人合作才能在事业中安身立命，才能在团队合作中完善自己、提升自己，相信是很多人在人生道路上总结出来的成功经验。而对于孩子来说，尤其是孩子，尽管年龄还小，但也有必要让他学会与人合作，帮助他建立团队协作的意识，和他一起体验和分享与人合作的快乐和成果。无论是在快乐下成长的童年，还是顺应未来的社会生活，具备良好的合作能力是孩子成长的必备条件和技能。奥地利心理学家阿德勒说："如果一个儿童未曾学会合作，他必然走向孤僻，并产生牢固的自卑情绪。"

如今的家庭，孩子多是独生子女，在家里处处表现以自我为中心，获得父母的宠爱。然而，未来社会是充满竞争和挑战的，缺乏社会历练的孩子在涉世之初将无所适从。如果父母想尽到教子的责任，就应该摒弃"树大自然直"的想法，做到未雨绸缪，有必要提前让孩子了解社会，接触人群。

现代社会在要求人们进行激烈竞争的同时，又需要人们进行广泛的多方面的合作。其实，这两点并不矛盾。从孩子懂事时起，父母就要有意识地培养其与他人合作的精神和能力。

那么，如何培养孩子的合作能力呢？

1. 让孩子学会与人分享

如果孩子凡事都自私自利、斤斤计较，那么他就很难做到友善待人，与人和睦相处，更很少与人合作。因此，父母有必要让孩子学着做个慷慨大方的人，懂得与他人分享。

从孩子小时候起，父母不妨有意识地培养孩子喜欢分享的品质。比如，当孩子手中拿着画册时，父母可拿着一个玩具，然后温柔地与孩子手中的画册进行交换。这样通过反复训练，孩子便能学会分享与信任。

2. 让孩子学会悦纳别人，接纳别人的缺点

金无足赤，人无完人。父母要让孩子知道，每个人都不是完美的，都有优点和缺点。不能因为别人有缺点或毛病就嫌弃、疏远甚至嘲笑对方。父母要教育孩子善于发现别人的优点，真诚地加以赞美，而不是疏远、树敌。父母自己平时在工作和生活中，也应坚持以这种态度来对待他人，为孩子做出表率。

3. 让孩子多参加一些活动

由于父母的溺爱、娇惯，往往使他们处处以自我为中心，任性、攻击性行为较多，不愿与人合作。还有的孩子受父母不良教育思想的影响对小朋友不友善，如父母告诉孩子别人打你，你就打他，使孩子在与人

合作中处处逞强、霸道，所以，一旦发现孩子在这方面存在问题，就要及时采取恰当的方法，配合纠正孩子的不良习惯。

父母可以让孩子玩一些共同搭积木、拼图等需要协作的活动，还要鼓励孩子参与足球、篮球、排球、跳绳等体育活动。这些活动既体现出团体之间的对抗与竞争，又体现出团体合作的巨大力量，有利于培养孩子的团队合作精神。

总之，交往合作能力是现代人必备的性格特点，对孩子加强合作性的训练，是形成一个健康向上的集体的必要条件，也为孩子良好人格的形成打下了坚实基础。

第 11 章

爸爸妈妈,请这样对孩子说话

唠叨让孩子离你越来越远

父母教子心经
唠叨会让孩子厌烦，会使孩子不愿意接近父母，离父母越来越远。

如果我们留心一下周围的生活，都会听到不少孩子这样议论：

"我家里人真是啰里啰唆，我干了点儿不对的事，就唠叨个没完没了，真是烦死我了。"

"我爸爸妈妈什么事都要管一管。一会儿这样，一会儿那样，连我的零花钱怎样花也要过问，真讨厌！"

爱唠叨的父母的确不少。当然，大多数孩子都不喜欢听父母唠唠叨叨，有的爱说爸爸妈妈得了"嘀咕病"，有的甚至与父母顶撞，闹得大家心里不愉快。但是，我们是否认真想过，父母为什么爱唠叨呢？而我们又该怎样对待爱唠叨的父母？

父母关心子女的功课虽然是正常而应该的，但如果经常在他身旁督促，或唠叨不休，给孩子最大的"帮助"是干扰孩子的读书情绪，令他觉得像是罪犯般被人监视着一举一动，坐立不安，无法专心读书。

生活中，许多父母往往对自己的孩子期望很高，总希望孩子事事顺自己的心愿。若有不顺心就不停地说教，翻来覆去，便成了唠叨。唠叨一般总是指责得多，批评得多，抱怨得多，有时甚至讽刺挖苦，孩子当然不爱听，甚至会感到厌烦、反感。唠叨没有明确的目的或要求，见什么说什么，想到哪里说到哪里，让孩子无所适从，还会有损父母在孩子心中的形象。

唠唠叨叨地骂孩子，会使孩子不愿意接近父母，父母也会觉得这孩子不可爱。对于精神散漫，无法专注于书本的孩子，再多的唠叨和督促都不能奏效，反而会令情况恶化。

作为父母，唠叨会让孩子厌烦，易招致怒气，那么对于孩子的一些行为究竟应该怎样去纠正呢？

1. 学会尊重孩子，正确把握住孩子的心理状态

一般情况下，孩子的心理状态会不同程度地有所暴露。父母这时就要善于把平时对孩子的了解与他在谈话中的外部表现联系起来，细心观察孩子的神情、言语、注意力和习惯动作的变化等，从而正确把握住孩子的心理状态。

2. 学会交流

亲子教育专家张勤女士曾经讲过这么一件事，一天下午，她突然被儿子的小学老师叫到学校。在老师的办公室里，老师当着儿子的面向她抱怨：你这个孩子是多么多么淘气……老师甚至使用了很多难听的字眼，而她一听，又没有什么大不了的事儿。小男孩子嘛，淘一点儿很正常。事隔多年，她仍然觉得心痛："当时我儿子就站在一旁，老师就那样数落他，孩子吓得缩在墙角一个劲儿地哭！一路走，孩子一路哭，任我怎么安慰也停不下来。可见唠叨对于孩子的伤害有多么大。"

3. 以行动代替说教

另外，当孩子怠惰、不专心读书，父母说教无效时，不妨停止语言的劝诫，改为行动，施以适当的处分，让他反省自己的过失。父母看到孩子有悔意就不要再过多加以指责。有过亲身教训后，孩子会改进的，父母还是少唠叨为妙。因为唠叨不是教育孩子，多半是父母为自己的辛劳找平衡。

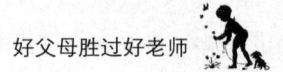

以打代教不可取，以骂代教不可行

父母教子心经

孩子如果生活在批评之中，他就学会了谴责；如果生活在敌意之中，他就学会了争斗；如果生活在讽刺之中，他就学会了害羞；如果生活在暴力的地狱之中，他就会成为魔鬼！

有一位老师晚上十点多在街上巧遇了无精打采的15岁学生小平，问他为什么这么晚了还在闲逛，孩子支支吾吾地说："早上出门的时候，因为一件小事爸爸骂我时我顶撞了他，晚上回去肯定会被爸爸打的，因此到现在还没有吃饭，也不想回家。"他还说，爸爸对他和妹妹都很严厉，动不动就打骂，走路慢了要挨骂，做错事了要挨打，考试成绩不好要挨打。不管什么事情，只要爸爸看不顺眼，爸爸都会责骂、甚至动手。他说，不知道爸爸为什么这么对待他和妹妹，他甚至怀疑自己和妹妹是不是爸爸亲生的。让他疑惑的是，有时候爸爸对他和妹妹又非常关心，非常好。因为爸爸经常打骂他，让他非常愤怒，也没有自信。在爸爸打他的时候，他甚至想杀了爸爸，但想到妈妈，想到妹妹，想到爸爸对自己的好，每次都忍了。但是，他现在真的不想再念书了，他想离家出走，到外面去流浪……

老师感到了事态的严重，一早就去了他家，把头天晚上的事情给孩子父母说了，听完后他们嘴张得大大的，半天说不出话来。之后，妈妈一边不停地擦眼泪，一边埋怨丈夫："就知道打骂，就知道打骂。"而他的爸爸则低头坐在一边，时不时来一句："为什么这样，我也是为他好啊！"这位老师告诉他爸爸："我们为孩子好的出发点是对的，但教育孩子的方法不仅仅是简单的训斥和打骂。孩子大了，有自己的人格和自尊，孩子有缺点、错误应该批评、应该教育，但是不应该这么简单粗暴。我们做父母的应当把孩子当一个大人一样，平等对待，要和孩子坐下来进行交流。孩子大了，沟通、交流要比训斥、打骂有效得多。有时候当自己错了还应当向孩子道歉……"

当天下午，老师组织一家人坐在一起，父母说父母的想法，儿子说儿子的委屈。爸爸向儿子道歉，儿子也原谅了父母。那场面，父母哭、儿子也哭。之后，爸爸变了，儿子也变了，爸爸不再打骂小平，小平的倔脾气也慢慢地改了，不再和同学老师较真，越来越阳光、随和，学习成绩也逐步上升，高中毕业时以优异的成绩考入重点大学。

广大的父母朋友们，从以上两个故事中我们是否能够得到某些启示？我们爱孩子，对孩子严格要求并没有错，错的是不恰当的教育方法。现在有一些父母对孩子的教育就是打、就是骂，而不是尊重，不是说服，更不是沟通。"棍棒之下出孝子""孩子不打不成器"的教育观念已经过时，动不动就打骂、训斥的教育方法也已过时。

有关教育研究指出，孩子如果生活在批评之中，他就学会了谴责；如果生活在敌意之中，他就学会了争斗；如果生活在讽刺之中，他就学会了害羞；如果生活在暴力之中、地狱之中，他就会成为魔鬼！心理学家也指出，杀人犯大多是在暴力的、缺乏爱的环境里培养与成长起来的。

打骂不是教育孩子的好方法。打骂孩子，只会造成严重的亲子隔阂；会让孩子失去自信，悲观厌世；会让孩子会变得脾气暴躁，心惊胆战；会让孩子对父母、对学校、对社会产生不满的情绪；会导致孩子说谎的行为；会促使孩子陷入孤独的深渊；会使孩子学习错误的解决问题的方式；会造成孩子人格畸形等。

打骂的结果，是将孩子的学习热情"打"消了、"骂"消了，将孩子的探索精神"打"没了、"骂"没了，给孩子身心两方面都造成了巨大创伤。

英国著名的哲学家和教育思想家约翰·洛克早在300年前就提出："打骂式的管教，所养成的只会是'奴隶式'的孩子。"简单粗暴地打骂孩子是绝对不可取的教育方式，父母在教育孩子时要谨记。

永远不要对孩子说伤害话

父母教子心经
教育孩子、说服孩子，要多用"良言"，禁用"恶语"。

提起对孩子的伤害事件，人们首先想到的是被人抢劫、勒索、欺负、性侵害以及被父母或教师体罚，等等。但是，孩子们怕的"软"伤害常常被人忽视，如软性的"语言伤害"。"中国少年儿童平安行动"曾公布了一项内容为"你认为最急迫需要解决的校园伤害"的专项调查，结果显示：81.45%的被访小学生认为校园"语言伤害"是最亟须解决的问题。

尽管这个调查是针对校园伤害而开展的，但对于父母来说，同样要予以重视和反省。因为对孩子们来说，"语言伤害"不仅来自学校，而且也有来自父母的。美国一权威机构对1万名0～10岁的孩子进行跟踪调查，最后发现，对幼小心灵伤害最大的是来自父母的"语言伤害"。这种情况在我国也较为普遍。

镜头一：5岁的丹丹不小心把杯子碰倒在地，妈妈气急败坏地说："你怎么这么蠢，真是个笨蛋、傻瓜，一点儿用都没有……"

危害：父母的这种对人不对事、直接进行人身攻击的"破坏性批评"会导致孩子不正确的自我评价，使之丧失自信，变得自卑。

镜头二：6岁的小静贪玩，不好好练琴，气得妈妈经常说："孩子，爸爸妈妈多不容易，挣钱给你买钢琴，还付学费，你一点儿不争气，一点儿都不像其他小孩那么乖、那么聪明。你不好好练琴怎么对得起我们？"

危害：这样教育的结果，要么增加孩子的内疚感，产生自责心理；要么让孩子看不起父母，对父母的这份苦心和付出置之不理，久而久之导致孩子产生人格障碍。

经常遭受"语言伤害"，孩子的心灵就会扭曲，即使成年之后也会出现较多的行为障碍和个性弱点，难以适应社会。为了孩子健康成长，父母们要对不良语言的严重后果予以高度关注，不要以为区区几句过头话不会对孩子造成多大危害，气急之下就口不择言地说许多刺激孩子的话，对孩子造成了心理伤害，却浑然不知。要知道这种心灵的伤害甚至比肉体的伤害更严重。父母作为孩子的第一任老师和最亲近的朋友，切不可成为这样的伤害者，让孩子感觉"最亲近我的人伤我最深"，因而疏远、躲避父母。

"良言一句三冬暖，恶语伤人六月寒"，同样是语言，功效却截然不同。父母们若要科学地教育孩子、说服孩子，就该多用"良言"，禁用"恶语"，以免对孩子造成"语言伤害"，酿成无法挽回的过错。

父母要避免对孩子的"语言伤害"，并不是件难事，可从以下几方面做起：

（1）要清醒认识到"语言伤害"的严重程度，在思想上高度重视。

（2）多鼓励孩子，采用积极性语言教育孩子，时时刻刻注意不对孩子说伤害他们的话，尤其是在"恨铁不成钢"或气急的种种情况下，更要保持理智，控制好情绪，努力做到和风细雨、循循善诱。

（3）讲究批评的艺术，要以提醒、启发来代替指责、训斥。如用"我相信你可以做得更好"使孩子有更努力的动机，用"没关系，慢慢来，尽力而为"帮助孩子调整焦虑、紧张的情绪，等等。

（4）做好自我调整，以平常心看待自己的孩子，根据孩子的生理、

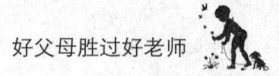

心理特点，因材施教。

父母朋友，为了孩子，从现在开始，改变自己的说话方式吧！

和孩子沟通，讲究方式很重要

父母教子心经

作为父母，要想让孩子接受自己的意见，使教育达到一定的效果，就必须学会与孩子说话，把握好与孩子沟通的方式。

孩子兴冲冲地跑回家："妈妈，我想把在学校发生的所有事告诉你！"

妈妈："你说，你说，妈妈听着呢！"

孩子："我们班的小帅又把新来的女老师气哭了。"

妈妈："噢！"

孩子："小明和强子打架被老师罚站了。"

妈妈："噢！"一边说，一边还在厨房里不停地忙碌着。

孩子继续："我们要发新书了！"

妈妈："知道了！"

孩子有点不耐烦："妈妈，你到底有没有再听我讲啊！"

妈妈："听着呢，都听见了。"

孩子："那就给我复述一下。"

妈妈："我现在忙着呢！"

孩子："算了，我也不跟你说了，你好像一点儿也不关心，我回屋了！"

像上述例子孩子的妈妈一样，很多父母由于没有学会与孩子进行有效的交流，往往在不知不觉中，用一些孩子不会喜欢的声调，说了一些违反自己本意的话，结果和孩子造成了不必要的冲突。

没有哪一位父母打算让孩子伤心，也没有哪一位父母会对自己说"今天只要有可能，我就要让孩子下不来台"，只不过有的时候没有注意罢了。

也有很多父母在动怒的时候，往往口无遮拦。因为是他们觉得，对于自己的孩子，他们完全有资格骂，所以多难听的话都能说出来。有时觉得说得越难听，越能提醒孩子注意。哪里想到，许多话是有严重后果的，绝对不能说出口。例如：

"给我滚！就当我没有你这样的儿子！"

"你以为你是谁，你可是我养大的！"

"妈妈不要你这种不听话的孩子，现在马上给我滚出去！"

"你简直一无是处！"

"你很讨厌！"

"养个你这样的孩子，我真是倒了八辈子的霉！"

"你可是我养大的，有本事别让你老子养着你呀！"

诸如这类的话对孩子都是一种"威胁"。孩子听到，心里会怎么想？也许他还没有关于"自尊"的意识，可是这话会让他感到自己是个没用的人，是个累赘，可又无力改变这个现实。这种矛盾的心理会让孩子惶恐和无所适从。这样的情绪压抑得太久，必定会化为愤怒，总有一天会爆发出来。那时，很可能会有严重的后果了。

作为父母，要想让孩子接受自己的意见，使教育达到一定的效果，必须学会与孩子说话，必须注意和孩子说话的口气。

教育专家建议，父母与孩子交谈可以采用以下方式：

诱导式：通过循循善诱，使孩子增知增智，获得乐趣，加深感情。

协商式：对孩子采取平等的态度，尊重孩子的人格，通过商量和讨

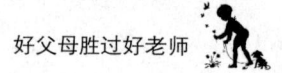

论,启发孩子动脑筋想办法,使孩子积极参与交谈。

说理式:动之以情,晓之以理,当不赞成孩子做什么的时候,应解释原因,说明道理,并使孩子理解。当孩子做错事时,帮助孩子分析原因,指出危害,使孩子心服口服。

另外,在与孩子交谈时,父母注意自己的口气,还要特别注意以下几点:

1. 要平等对待孩子

要从平等的地位出发,不摆父母的架子。在心情好的时候要这样,在心情不佳或被顶撞的时候更要注意态度。

2. 要以孩子为中心

要以孩子关心和感兴趣的话题进行交谈,当然,有父母和孩子都感兴趣的话题更好。父母与孩子以这类话题交谈最容易沟通,也便于掌握孩子的思想动向。

3. 要有足够的耐心

有些问题孩子不一定能很快理解,父母要有耐心帮助孩子慢慢认识。总之,只要父母掌握与孩子交谈的艺术,在教育孩子的过程中一定能取得好的效果。

掌握批评的诀窍,孩子也会乖乖听话

父母教子心经

批评孩子要客观,就孩子所做的这件事本身讲道理、提出要求,不要加入过多的感情色彩,借此发泄,更不要大声训斥。

在英国的亚皮丹博物馆中,有两幅藏画格外引人注目。其中一幅是人体骨骼图，另一幅是人体血液循环图。说起这两幅藏画，里面有着一个引人入胜的故事。原来，这两幅画是当年一个名叫麦克劳德的小学生的作品。麦克劳德从小充满好奇心，凡事总好寻根究底，不找到答案不肯罢休。有一天他突发奇想，想看看狗的内脏到底是什么样的，于是便和几个小伙伴偷偷地套住一只狗，将其宰杀后，把内脏一个一个割离，仔细观察。没想到这只狗不是别人家的，正是校长家的，且是校长十分宠爱的狗。对这事，校长甚为恼火，感到太不像话，如不严加惩罚以后还不知会干些什么出格的事。

但是，到底如何进行处罚没有确定，经过反复考虑，权衡利弊得失，校长采取了一个十分巧妙的处罚办法：罚麦克劳德画一幅人体骨骼图和一幅人体血液循环图。麦克劳德很聪明，他知道自己错了，应该接受处罚，并决心改正错误。于是他认认真真、仔仔细细地画好两幅图，校长和教师看后很满意，认为图画得好，对错误的认识态度很诚恳，杀狗之事便这样了结了。这样的处理方法，既使麦克劳德认识到自己的错误，又保护了他的好奇心，还给了他一次学习生理知识的机会，使他对狗的解剖派上了用场。后来，麦克劳德成了一位著名的医学家，与医学家班丁一起，研究发现了以前人们认为不可医治的糖尿病的胰岛素治疗方法，两人于1923年荣获诺贝尔生理学及医学奖。

老校长对小麦克劳德杀狗事件的处理独具匠心，对我们颇有启发。如果当初这位校长对麦克劳德简单粗暴地严厉训斥，通知父母要他赔狗，那就有可能把麦克劳德身上闪光的探索欲、好奇心一同砍伐殆尽，很有可能后来他就不会成为有名的解剖学家和医学家。

相比之下，我们许多父母对孩子错误的处理，往往简单生硬，不善于保护孩子的积极性，甚至做了扼杀他们好奇心的蠢事。

批评是教育孩子不可缺少的重要方法之一，如何批评孩子是一门艺术。恰当地批评可以帮助孩子改正错误，达到预期的教育目的，否则，

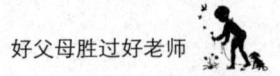

就会造成孩子的逆反心理，起到相反的效果。

父母在批评孩子时应注意掌握以下原则：

1. 就事论事

批评孩子要客观，就孩子所做的这件事本身讲道理、提出要求，不要加入过多的感情色彩，借此发泄。批评孩子时不可唠唠叨叨，将孩子以前的错事也说出来，或者进而给孩子的这次行为下某种不负责任的结论，这会引起孩子的反感。

2. 避免说教

批评孩子时，用语要有针对性，要讲他错在哪里，这种错误有哪些害处，以后怎样改正。批评用语要易于被孩子理解和接受，不要泛泛讲大道理。总是讲大道理，时间久了，孩子容易产生厌烦情绪。

3. 保护自尊

批评孩子不可用易于损伤孩子自尊心的恶语，如"蠢货""没出息的东西""不要脸的玩意儿"等。另外，尽量避免在众人面前批评孩子，尤其对那些较敏感的孩子。

4. 适当鼓励

在孩子接受了批评并做出积极的反应后，父母要及时给予肯定和表扬，强化他的积极行动，不可置之不理。

心平气和比指手画脚更有效

父母教子心经

为了孩子的健康成长，容易冲动、喜欢对孩子报以拳脚的父母们一定要引以为戒，摆正自己的心态，不要粗暴地对待孩子，否则将一失足成千古恨。

"去，给我回家写作业去！""不准说话，赶紧吃饭！""今天必须去辅导班听课……"这种以成人为中心、强迫责令的教育方式在我们的生活中随处可见，但这样做的效果，往往是孩子被动学习和做事，到下一次遇到同样的问题，还是要父母来敦促。可以说，父母强势的教育是收效甚微的，甚至适得其反。

有些父母认为对孩子训斥、恐吓、打骂才是爱孩子，尤其是一些父亲，更以为如此，殊不知他们这种过分严厉的教育方式使他们走向了与溺爱对立的另一个极端——苛责。

其主要表现为：

打骂威胁：部分父母把孩子当作自己的私有物品看待，完全忽视孩子是一个独立的个体，动辄就打骂、吼叫，甚至威胁送派出所、公安局。

无故斥责：自己不顺心就拿孩子出气，孩子的一切言行都在其训斥之列，无休止、无理由地训斥孩子这也不对，那也不对。

蛮横专制：在家里，孩子的一切言行都必须听从父母，不许孩子稍有叛逆行为，喜欢发号施令，指手画脚、高嗓门儿，希望孩子服服帖帖，乖巧听话。

由于以上几种不正确的爱孩子的方式，会使孩子变得冷漠。这样的孩子由于从小体会不到家庭的温暖，感觉不到父母的和蔼可亲之处，容易对周围的人或事采取冷漠和无动于衷的态度。

在教育孩子的过程中，很多父母都忽略了孩子是发展中的个体，具有独立的人格和鲜明的个性心理特征。"有理不在声高"，父母要懂得把握好言语的分量，而不是数量。了解孩子、尊重孩子、激励孩子，才是成功的教育方法。

父母是最了解自己的孩子的。父母要根据自己孩子的特点，重视沟通的重要性，采取不同的方式来教育好自己的孩子，不能一味地下命令，这样有的放矢、持之以恒，一定会取得良好的教育效果。

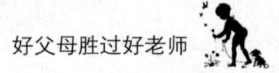

父母要多跟孩子说道理,不要用打骂、斥责的方式对待孩子,指手画脚的命令这种方式应慎用,绝对不能滥用。平常要多和孩子沟通,了解孩子的想法,用讲道理的方式教孩子会较为适当。

要知道,好孩子是夸出来的

父母教子心经
每天夸孩子一句,将收到意想不到的教育效果。

每天夸孩子一句,重要吗?日本的一项研究表明,经常受到父母夸奖和很少受到父母夸奖的孩子,前者成才率比后者高5倍!

许多父母和幼儿教师都知道:如果今天夸孩子的手干净,第二天他的手会更干净;如果今天夸他的字比昨天写得好了,明天的字准写得更工整;如果今天夸他讲礼貌了,明天他也会更注重礼貌……孩子毕竟是孩子,在受到大人的夸奖时,他不仅心情愉悦,而且懂得了什么是对的、什么是错的,什么是大人提倡的、什么是大人反对的。

这样,比父母直接对他说应该做什么、不应该做什么,效果要好得多。

每天夸孩子一句并不难,但夸奖孩子并不是一件易事。首先要夸得准,如果夸得不准,孩子就会感到是受了欺骗,起不到激励作用。

如果夸错了,那反而会引起不良后果。孩子会把错的当成对的,会起到非常严重的坏作用,即使以后你想更改过来都很难,因为他心中的是非标准因你的错夸而混淆了。因此,父母要时刻关注孩子的每一点细微的进步、每一个小小的闪光点,及时给予夸奖和鼓励,让孩子产生成就感和自豪感,促使孩子不断进步。

为了使表扬产生较好的教育效果,爸爸妈妈规范孩子行为的过程中，应准确地把握表扬的尺度，也就是说表扬要适度。

1. 表扬时爸爸妈妈的感情流露要"浓淡"适度

有些父母望子成龙心切，孩子稍微有点进步就欣喜若狂、赞不绝口，久而久之，必然助长孩子的自满情绪。还有的父母对孩子总是恨铁不成钢，尽管已看到孩子有很大进步，但为了防止孩子骄傲，他们按捺住内心的喜悦，在语言、行动上无任何表示。经常这样，必然会挫伤孩子的进取心。正确的方法是：在表扬孩子时，高度重视感情的作用，尽量做到"浓淡"适度。有时对孩子轻轻的一个微笑，也会起到许多赞美之词难以起到的作用。

2. 表扬和批评的反差要"大小"适度

表扬不仅具有激励、导向功能，而且具有批评功能，例如对甲的表扬在某种意义上是对乙的批评。有的父母为了督促孩子进步，总是过分笼统地夸奖别人家的孩子如何好，时间长了，无疑会使自己孩子丧失信心或产生抵触情绪。

3. 表扬的方式要"实虚"适度

对孩子的评价应该是公正、准确的。但是，表扬作为教育孩子的一种多功能手段，在具体运用中可以有一定的灵活性，即在坚持实事求是的前提下，允许有一点儿"虚"内容。这里的"虚"主要指的是两个方面：第一，是对事实的适度夸张。例如，孩子纯粹是因为好玩，挥着扫帚在院中"扫地"。爸爸妈妈明知如此也不必道破，应及时表扬他爱劳动的行为，这种夸张有利无害，因为它既是对孩子正确行为的肯定，又可以让孩子知道，劳动是一种美德。第二，是对孩子将来的期望。例如孩子的美术作业并不好，幼儿园每次作画，孩子总有自卑感。爸爸妈妈可以这样说："你现在还没掌握方法，以后只要按老师要求认真去画，肯定会画得很好！"这种鼓励尽管超越现实，但对孩子来讲是必不可少的，关键是要把握好表扬中"虚实"的程度。为此，在含有虚的内容的

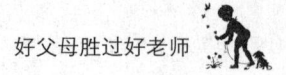

表扬中,应该注意三点:一要有利于增进孩子自信心;二要不脱离实际;三要给孩子指明前进的方向。

对孩子露出八颗牙齿的微笑

父母教子心经

经常赞美孩子,让孩子生活在和谐、温暖、相互信任、相互赞美的氛围中,可使孩子养成健康向上的心理,充满着决心和信心。

年仅15岁的女中学生小华前后离家出走多达45次。她的父亲采取说教、责骂、体罚、跪求等方式均未能阻止她离家出走的念头和行为,反而加剧了她对父亲的怨恨和反抗。

父亲最后不得已将女儿反锁在家中达一年之久,但最终还是被女儿设计骗过逃离家门。

面对自己教育孩子彻底失败的事实,父亲伤心之余还是把最后的希望寄托在教育专家身上。教育专家在通过与父亲、女儿对话了解孩子的成长过程之后,得出了一个令父亲吃惊的结论:

孩子始终缺乏父母的赞美是导致孩子畸形成长的诸多因素中的一个关键所在。

美国第16届总统林肯是贫寒家庭出身,以其高尚的人品、钢铁般的意志、质朴而又高超的处世艺术,由摆渡工、律师、议员而逐渐成为总统。他的处世名言是:"人人都需要赞美,你我都不例外。"可是我们的孩子又有多少能经常得到父母的赞美呢?

究其原因大致有三种情况:

一是受中国传统家庭教育思想的影响,对孩子批评的次数要远远大于表扬，好像只有批评才能使人进步。不是有一个词语叫"鞭策"吗？就是鞭策着前进，这是中国教育思想的一个写照。纵然对孩子很满意，极有赞美之意，也是很含蓄地留在心底，不溢于言表。

二是望子成龙是父母们的夙愿，可有的父母缺乏对孩子的确切了解，对孩子的期望值过高，不管孩子如何努力总也达不到父母的要求，又怎能得到父母的赞美呢？

三是有的父母只注重孩子的吃穿，对孩子成长中的精神、行为、习惯等缺乏全面的关心和了解，不善于发现孩子的优点和长处，故对孩子的赞美少之又少，这也是上面例子中的父亲教育小华失败的真实原因。

我们许多父母习惯于用审视或挑剔的眼光注视孩子，在这种心态的支配下，我们看到的多是孩子的缺点和不足，而当我们换一种心态，改用信任、欣赏的目光关注孩子的行为时，就会发现，原来每个孩子都有那么多的优点和长处。要想真正做到用信任欣赏的目光关注孩子，必须改变那些根植在我们思想深处的陈旧观念。

我们都会笑，那能不能对孩子露出八颗牙齿真诚地微笑一下，让孩子感到实实在在的亲切感呢？

要想让孩子生活在和谐、温暖、相互信任、相互赞美的氛围中，使孩子养成健康向上的心理，能积极主动面对生活中的种种问题，从而使孩子的人生旅途充满笑声、掌声，充满着决心和信心，那就要学会做赞美孩子的父母，让你的赞美成为承接孩子昨天的成绩与明天的进步的加油站。

允许孩子顶嘴，给孩子申辩权

父母教子心经

孩子和父母顶嘴是"一个巴掌拍不响"，父母应当反思一下自己，在教育方式上多下些功夫！

中国的家庭教育信奉"听话"教育，中国的父母普遍认为听话的孩子就是好孩子，不听话爱顶嘴的孩子就是坏孩子，这种思想在我们的文化中有几千年的历史沉淀，所谓"君君臣臣，父父子子"。"听话"也是中国父母对孩子讲得次数最多的、在教育孩子时使用频率最高的词，孩子在家里被时时教训要听父母的话，孩子上幼儿园后，就被千叮咛要听阿姨的话，孩子上学了也要被嘱咐要听老师的话。总之，听话的孩子总是招人疼、惹人爱的孩子，不听话的孩子总是招人嫌、惹人烦的孩子。

正是由于有这样的认识，中国的父母往往刻意要求孩子对自己的无条件顺从。一些父母觉得自己绝对正确、无所不晓、无所不能，自己过的桥比孩子走的路还多，孩子当然要无条件地接受自己的教诲，于是，当孩子与大人出现分歧时，大人经常武断地表态"你错了""你这样不对"；当孩子想对某件事做个说明时，便会遭到父母更大的训斥："不许顶嘴！""还嘴硬？"更有一些缺乏耐性的父母，十分反感孩子顶嘴，当孩子向他们父母的权威发出挑战时，盛怒之下免不了对孩子一番拳脚相加。

实际上，顶嘴意味着孩子的心理在成长，说明他已经开始有了自己的喜好：喜欢什么，不喜欢什么；说明他已经开始有了自己的判断：什么是对的，什么是不对的；说明他已经开始有了自己的见解：应当怎么做，不应当怎么做。当孩子年龄尚小且自理能力较差的时候，让孩子按大人的指示去做是可以的，但当孩子逐渐长大以后，再总是用"听话"去教育孩子和要求孩子，就显得有些偏颇了。这时，父母应该认可孩子在心理上的成长，积极努力去理解孩子的想法，采用不同于过去的方式帮助和指导孩子，而不是一味地抱怨什么"孩子长大了，不听话了"，或者简单地采取高压政策使孩子屈服。

其实，孩子顶嘴比不说话反抗好。因为顶嘴可使父母容易了解子女。客观地说，孩子"顶嘴"是有许多积极意义的：

（1）培养孩子的自信心。孩子顶嘴，说明他有自己的见解，而且敢于表达和坚持自己的见解，如果父母这时能够听取和采纳孩子的正确的意见，孩子就会感觉到自己是有能力的、是有价值的，这对他的自信心的提高大有裨益；相反，如果总是用"听话"两个字去教育孩子，只能养成孩子唯唯诺诺的性格。

（2）提示父母亲教育的不当。孩子顶嘴通常发生在父母亲批评不得法、孩子不服气时，孩子没做错事而受到父母亲的冤枉时，孩子不想马上去做的事、可父母亲硬逼着他去做时，或者大人心情不好拿孩子出气时。其实这些都反映了父母亲在教育孩子时的方式方法有问题，父母正好可以从孩子的不满情绪和顶嘴的表现中反思一下自己的做法，从而来改变和提高自己。

（3）缓解孩子的心理压力。孩子的顶嘴也是一种心理宣泄，这是孩子缓解心理压力，保持心理平衡的一种方式。如果孩子心里对大人的不恰当的所作所为不敢怒、不敢言，许多委屈都憋在肚里，孩子的心理压力就会非常大，久而久之就会产生忧郁、头痛、精神不振、懦弱等不良心理反应。

但是顶嘴不是解决问题的好方式，一旦习惯成自然，也不利于孩子的学习和成长，甚至会影响长大成人后的人际关系的和睦。所以作为父母要从以下几方面进行引导：

1. 遇事冷静，赏罚有度

作为父母无论孩子犯了多大的错，都不要急躁，先要问清事情的来龙去脉，再决定处治方法，不搞连带处罚、不翻旧账。赏罚前，要讲明道理，让孩子彻底信服。

2. 注重言传身教

孩子的模仿能力很强，作为父母也应对其父母或上司表现出应有的尊重，少与之发生争执，否则就会影响到孩子。

3. 给孩子申辩的权利

即便知道他们在狡辩，也要耐心听他们把话讲完，然后因势利导，帮助他们认识到自己的错误。如果条件允许的话还可以让他们选择将功补过的办法来弥补过错，这往往是他们最乐于接受的。

总之，孩子和父母顶嘴是"一个巴掌拍不响"，父母应当反思一下自己，在教育方式上多下些功夫，同时还要有一颗包容的心！

与孩子交流时应当少说多听

父母教子心经

如果在孩子情绪最糟时你在倾听、关切他，他会深深地体会到你对他的爱。

李颖有一个11岁的女儿，母女两人感情很好，形影不离，无话不谈，让身边的邻居朋友羡慕不已。可是，只有李颖自己知道，与女儿之间的沟通，她做了多少功课，下了多少功夫。

有一段时间，李颖由于工作原因，精神状态很不好，跟女儿说话也没了耐心，更多的是指责和呵斥。比如：一天，女儿放学回家，比平时晚了一点，李颖便劈头盖脸地呵斥："去哪里了？怎么比平时晚了？"

女儿说："我和小霞一起去叶子家玩。"李颖依然不依不饶地说："我很担心你！你知不知道？以后放学就回家做功课；不许到处跑！"女儿听了脸色很难看，然后不理李颖就回自己房间去了。

　　李颖也意识自己说话语气和说话方式都不太合适，但觉得没什么大不了，就没怎么关注女儿的看法。后来李颖发现女儿越来越不听话，甚至不愿意跟自己多说话，每天回来就做作业，做完就睡觉。她担心女儿出了什么问题。于是去咨询家庭教育专家，专家听了李颖的情况给她开了一个"药方"：多倾听孩子的诉说，与孩子交流时少说多听，并交给了她许多倾听孩子心声的技巧。

　　从此，李颖转变了自己的态度，也不再随便对女儿的言行作价值判断；即使当孩子不同意自己的看法时，她也会承认女儿想法的合理性，并积极做个女儿的倾听者，母女俩的关系又回到了从前。

　　一天，女儿放学回来沮丧地对李颖说："妈！今天的考试考坏了，我好难过。"李颖听了，停下手边的工作，坐下来温和地对女儿说："愿意详细地跟妈妈说说吗？"女儿看了看妈妈，点点头，然后就一五一十地把自己考试考坏的情况给妈妈讲了。李颖听后，先安慰女儿，接着和女儿一起分析了失败的原因，并和女儿制定了相应的补救措施。

　　和女儿分析完情况，已经是深夜了。女儿感激地看着妈妈，说："妈妈你真好！有你这样的妈妈，我太自豪了！"那一刻，李颖也感觉很幸福。

　　倾听孩子的心声，让孩子把内心的真实想法说出来，体会孩子的感受，不但可以增进父母与孩子之间的感情，也可以让孩子明白，不管有什么困难和烦恼，都会得到父母的体谅和支持。这会让孩子有安全感，而这种安全感可使孩子的创造力和理解力得到全面的发挥。

　　倾听孩子说话，重要的是少说多听。经常有孩子抱怨："没有一个人真正听我说话，他们只是在说自己的！"孩子对这种情况有特殊的感受。称职的父母，一定要学会聆听孩子说话，用自己对孩子的信任、尊重去促使孩子多说话，让孩子把自己的所思所想都表达出来，这样才能与孩子进行良性的交流和沟通。

亲子教育，此时无声胜有声

父母教子心经

不要因孩子话语过长而感到厌烦，要善于控制自己的情绪，耐心地听孩子把话讲完。

我们做父母的对待孩子的情绪流露的典型反应是"采取措施"助他恢复平静。之所以这样是因为我们成年人非常担心孩子会变得没有理性，不能不带偏见地观察事物。事实是，当有人给予起码的关心、肯定和尊重时，孩子的情绪流露肯定会改善他的观察力和自信心。

孩子开始哭或发脾气时，很重要的一点是父母要和蔼持续地倾听，亲切地留在孩子身边，温和地抚摩或搂住他，讲几句关心的话，但不要多。例如，"再多告诉我一些""我爱你""发生这样的事我很难过"。假如你在此时说话说得太多，你就会在这种"交流"中凌驾于孩子之上，不能倾听孩子的话。如果你能听听孩子的想法，而不是企图"纠正"他，那么孩子会深深地感受到你的关心。孩子把自己的情绪通过发火或哭喊发泄出来后，会重新注意你和他周围的情况，而且一般说来，他会感到轻松和精神焕发。跟随着孩子的浅笑或哈欠而来的暴风骤雨似的哭泣，常常预示着孩子正在重新调整自己的意识。

当孩子感到紧张或孤独时，他可能"制造"一个情况，以使父母不得不对他的行为给予限制。一旦父母定出合理的限制，孩子就会乘机哭闹发脾气，从而消除他感受到的紧张。假如此时父母能给孩子几句使他安心的话并耐心倾听他，他就能摆脱恶劣的心境，变得情绪放松、明白事理，接受父母制定的限制。不过，如果孩子身上已积累了大量的不安、愤怒或不信任感，那么他就得经过若干场哭闹才能消除掉足够多的情绪积累，从而意识到父母是爱他的。

许多父母发现，倾听孩子哭泣或发脾气而不是要求他"恢复正常"的做法，实际上要比试图控制并转移他的注意力或强迫他举止温顺有礼更容易，也更有益处。孩子哭泣和发脾气的时候会感到自己的世界已经崩溃，此时你向他传递你的爱能达到最佳效果。当你留在他身边，不提任何要求，他迟早会修整好自己的世界，而你对他的关怀会成为这个世界中充满活力的一部分。

定期地给孩子"专门时间"倾诉，意味着你开始尊重孩子的判断力，开始倾听他急于摆脱的紧张及其他感受。开始"倾听"几乎对于所有的父母都非常困难，因为我们现在学着给予孩子们的关怀与"倾听"，我们大多数成年人自己都不曾享受过。在这陌生的领域中，我们会感到不舒服，但是，孩子的反应就是我们的向导。每一次耐心地倾听他们的倾诉，每一次充满探索或笑声的"专门时间"，都会说明：我们寻求的与孩子之间的爱和信任正在得到加强。

实践证明：成功的倾听应把握以下几点：

1. 要专心

每个孩子都希望自己的讲话能受到重视，皆有被尊重的心理需要。因此，父母在倾听时需精力集中、态度端正、全神贯注，尽量注视着孩子的眼睛，不要做看手表、抠耳朵、打哈欠等影响孩子情绪的动作，否则会让孩子觉得你心不在焉。

2. 要耐心

不要因孩子话语过长而感到厌烦，父母要善于控制自己的情绪，耐心地听孩子把话讲完。特别是孩子发表见解或有火气的时候，更要耐心倾听，给孩子提供表达情感的机会，从而有助于问题的解决。

3. 要诚心

要尊重孩子，在孩子还没有充分把意见表达出来之前，不要随意表态或乱下断语，也不要随便批评。此时倾听者的坦率、真诚尤为重要，否则会产生一种距离感，影响沟通效果。即使不同意孩子的看法也不要轻易打断孩子的话，如确有必要纠正其不妥的观点时，也要等孩子把话讲完后再阐明自己的观点。

父母在倾听中，还要学会透过现象看本质，通过孩子的身体语言、情态，弄清话中之话，把握孩子的真实意图，从而有的放矢地做好导向工作，促进问题的顺利解决，解开孩子的心结。

第 12 章

不一样的孩子,不一样的养育

男女不一样，教育大不同

父母教子心经

养育孩子，就要根据孩子的基因特征和生理特性，针对孩子的性格特征因材施教。

我们都知道，婴儿的性别取决于母亲的X染色体是同父亲的X染色体还是Y染色体的相遇。这两种小小染色体的结合将决定这个孩子是女孩还是男孩。

在母亲怀孕的前6周，几乎无法看出女性胚胎与男性胚胎的区别。胎儿的性器官在怀孕的第7周开始发育。由于性器官的发育不同，所以婴儿出生时的性别就很容易分辨了。那么，除了这一点外，男孩和女孩的区别还有其他的吗？

根据儿童专家的观点："一直到3岁之前，女孩和男孩之间都没有太大的区别，他们的身长和体重的成长曲线几乎相同。3岁之后，同龄的男孩比女孩一般会高1～2厘米。体重也会比女孩重600～700克。"之所以会产生这种差别，是因为男孩体内分泌的睾丸素加速了男孩身体发育的速度。同样也是由于这种激素的存在，男孩和女孩的行为也表现出差异性。有研究发现，男孩比女孩更需释放自己的能量。

根据最新的医学成像技术，男人和女人（婴儿也不例外）使用大脑的方法是不同的，大脑活动的优势区域也是不一样的。比如，如果说女孩在语言方面更强的话，男孩的空间识别能力可能会优于女孩。

这是什么原因呢？有专家认为可以从激素分泌方面来寻求答案。因为对胎儿性器官发育发挥作用的激素，同时也会影响到大脑的发育。它往往会激活某些神经元的连接，同时使得其他神经元的连接受到抑制。简而言之，男孩和女孩的大脑存在着很大的差别。

既然一个婴儿是男是女是由染色体的不同而决定的，那我们为什么还会提出"怎么成为女孩或者男孩"的疑问呢？

其原因在于染色体只能决定婴儿的生理性别，而在后天的成长过程中，这个孩子更具有男孩特征还是女孩特征，则更多的是由父母的抚养与教育方式来决定的。

其实，这一点在20世纪50年代就已经为科学家所认识了。1957年，3位美国科学家跟踪了105个婴儿的成长。这些婴儿出生后，人们不能根据外部的生殖器官来对他们的性别作出判断（由于染色体或激素分泌异常，会出现这样的现象）。结果如何呢？这些婴儿完全是根据父母的培养方式来确定自己的性别角色的。

我们在生活中常可以看到，如果用培养女孩的方式来培养一个男孩，那他长大后的言谈举止就会有女性化的趋势。同样的道理，如果把一个女孩当成男孩来教育，那么她的行为也会变得像个男孩。这表明，教育在其中所起的作用是非常重要的。

尽管在社会不断进步的今天，我们大力倡导男女平等，然而，用完全相同的教育方式来培养不同性别的孩子是根本行不通的。对孩子的养育方式、传递给孩子的信息以及对他们的期望，要视孩子性别的不同而有所不同。所以，养育孩子时，不同性别孩子的养育方式也是不同的。

养育孩子，就要根据孩子的基因特征和生理特性，针对孩子的性格特征因材施教，对男孩要采取适合男孩的教育方式，对女孩要采取适合女孩的教育方式，方能达到理想的教育效果。

溺爱是男孩成长的毒药

父母教子心经

爱孩子，是做父母的天性。但是，千万不可溺爱，溺爱只会害了孩子。特别是男孩，千万不要让溺爱成为男孩成长的毒药。

现在父母因为只有一个孩子的缘故，于是孩子要什么有什么，凡事有求必应。每个孩子都像是上帝赐予的恩物，是父母的天之骄子，不但受到长辈们疼爱，更受父母们用心的关照。因此从孩子出生到会抓取物品、会爬行、会登高、会走路，孩子所有的一举一动、所用的一衣一物，父母们总是想尽办法满足他们的需求。因为在每个父母眼中，孩子就是宝贝，是心头一块肉，如此也渐渐养成孩子予取予求的霸道行为。而当孩子有霸道行为出现时，父母又认为没关系，认为他只是个孩子，而未能加以辅导并给孩子适当的纠正。因此，日积月累之后，孩子就会觉得凡事都理所当然，也因此变得越来越霸道。

教育男孩，最怕溺爱。一个在溺爱中长大的男孩，别指望他会有出息。爱孩子，只能放在心里，表现出来的时候，该狠还是要狠一点儿。要舍得让孩子吃一点儿苦头，不要对孩子的要求全部给予满足。一味地溺爱，以孩子为中心，是不利于孩子的身心健康的，对他们的成长不利。一般来说，在家庭中，父母溺爱孩子，最典型的表现有以下几个方面：

1. 特殊待遇

由于重男轻女的思想以及独生子等原因，男孩在家庭中的地位高人一等，处处受特殊照顾，如吃"独食"，好的食品放在他面前供他一人享用；做"独生"，爷爷奶奶可以不过生日，孩子过生日得买大蛋糕、送礼物……这样的孩子自感特殊，习惯于高人一等，必然变得自私，没有同情心，不会关心他人。

2. 轻易满足

有的父母对儿子的要求无原则地满足，儿子要什么就给什么。有的父母甚至不顾给自己造成沉重的负担，满足儿子过分的需求。这样男孩必然养成不珍惜物品、讲究物质享受、浪费金钱和不体贴他人的坏性格，而且毫无忍耐和吃苦精神。

3. 剥夺独立

作为男孩，应该具有强烈的独立精神。可是有的父母为了绝对安全，不让儿子走出家门，也不许他和别的小朋友玩。更有甚者，让儿子变成了"小尾巴"，父母或老人时刻不离开一步，搂抱着睡，偎依着坐，驮在背上走；含在嘴里怕融化，吐出来怕掉了。这样的男孩会变得胆小无能，丧失自信，养成依赖心理，还往往成为"把门虎"，在家里横行霸道，到外面胆小如鼠，造成严重性格缺陷。

4. 大惊小怪

本来"初生牛犊不怕虎"，顽皮淘气是男孩的天性。他们不怕水，不怕黑，不怕摔跤，不怕病痛，摔跤以后往往自己不声不响爬起来继续玩。可是，有的父母却忽略了这些，儿子稍微有点闪失，就惊慌失措，大呼小叫。从此，就给孩子打下了懦弱的烙印。

5. 当面袒护

有时爸爸管教孩子，妈妈护着："不要太严了，儿子还小呢。"有的父母管教孩子，奶奶爷爷会站出来说话："你们不能要求太急，他大了自然会好。你们小的时候，还远远没有他好呢！"这样的男孩当然是"教不了"啦！因为他全无是非观念，而且时时有"保护伞"和"避难所"，其后果是孩子性格扭曲，有时还会造成家庭不和睦。

以上的溺爱方式不是每个家庭全部都有，但是一般家庭会占有几种，或各种都有轻度表现，这是值得警惕的。为了男孩的健康成长，我们要给他以充分的爱，但是不问是非曲直，一味地迁就他，这爱就成了溺爱。而溺爱和放任一样，对男孩的健康都是有害的。

坐享其成的男孩会一事无成

父母教子心经

不要让男孩坐享其成，要启发男孩靠自己的能力去奋斗，去摘取成功果实。

小克莱门斯的老师玛丽是一位虔诚的基督徒，每次上课之前，她都要领着孩子们进行祈祷。有一天，玛丽老师给男孩们讲解《圣经》，当讲到"祈祷，就会获得一切"的时候，小克莱门斯忍不住站了起来，他问道："如果我祈祷上帝，他会给我想要的东西吗？""是的，只要你愿意虔诚地祈祷，你就会得到你想要的东西。"

小克莱门斯当时的梦想是得到一块很大很大的面包，因为他从来没有吃过那样诱人的面包。而他的同桌，一个金头发的小姑娘每天都会带着一块这么诱人的面包来到学校。她常常问小克莱门斯要不要尝一口，小克莱门斯每次都坚定地摇头，但他的心是痛苦的。

放学的时候，小克莱门斯对小姑娘说："明天我也会有一块大面包。"回到家后，小克莱门斯关起门，无比虔诚地进行祈祷。然而，第二天起床后，当他把手伸进书包的时候，除了一本破旧的课本，什么也没有发现。他决定每天晚上坚持祈祷，一定要等到面包降临。

后来，金头发的小姑娘笑着问小克莱门斯："你的面包呢？"

小克莱门斯已经无法继续自己的祈祷了。他告诉小姑娘，上帝也许根本就没有看见自己在进行多么虔诚的祈祷，因为，每天肯定有无数的男孩都进行着这样的祈祷，而上帝只有一个，他怎么会忙得过来？

听到朋友的坦白，小姑娘说出了一句影响他一生的话，这句话对任何祈祷者都适用：

"原来祈祷的人都是为了一块面包，但一块面包用几个硬币就可以买到，人们为什么要花费这么多的时间去祈祷，而不是用自己的双手去赚钱买面包呢？"

小克莱门斯决定不再祈祷。他理解了小姑娘话中的含意——只有通过实际的工作，才能获得自己想要的东西，而祈祷永远只能让你停留在等待中。"我不要再为一件卑微的小东西祈祷了。"小克莱门斯开始了新的道路。

小克莱门斯长大成人，当他用"马克·吐温"的笔名发表作品的时候，他已经是勤奋而且多产的作家了。他再没有祈祷，因为在无数个艰难的日子中，他都记着：只有自己通过努力和辛勤的汗水换来的收获才是最真实的，也只有勤奋才是通向成功的必由之路。

而在现在的中国父母中，则很缺乏这样的意识，他们习惯为男孩创造最好的物质条件，尽量不让男孩受苦。但是，每个人的一生都不是一帆风顺的，一个人如果习惯了坐享其成、养尊处优的生活，将来一旦面对了困难该怎么办呢？男孩总有一天是要长大的，他们总有一天需要自己去工作、去独立生活，父母不可能永远跟着他。

据不久前的一项抽样调查显示，上海高中生对家务劳动的疏远程度，达到了令人吃惊的地步。调查表明，高中生近六成起床不叠被子；五成从不倒垃圾，也不扫地；七成不洗碗，不洗衣服；九成从不洗菜做饭。还有部分高中生什么家务也不做，个别人连整理书包都还要父母代劳。

是现在的男孩真那么懒，不肯做家务劳动吗？其实不然，调查结果出人意料，有82%的高中生表示愿意做家务，36%的学生认为做家务很开心，是一种乐趣，有40%的学生说父母不让做家务，也从不教他们怎么做。

父母的理由是：他还只是个孩子，他现在的任务就是学习，这些事

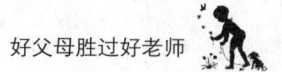

等他长大了再学做也不迟。这些父母的一片"苦心",使男孩们不仅不会做家务,养成了衣来伸手、饭来张口的习惯,以为别人为自己做什么都是应该的,却不知道自己也有关心与帮助别人的一份责任。

教育家苏霍姆林斯基认为,体力劳动对于小男孩来说,不仅是获得一定的技能和技巧,也不仅是进行道德教育,而且还是一个广阔无垠的、惊人的、丰富的思想世界。这个世界激发着儿童的道德的、智力的、审美的情感,如果没有这些情感,那么认识世界(包括学习)就是不可能的。

作为父母,要教育男孩从小养成勤劳的好习惯。要男孩养成良好的动手习惯,就先从改变他们对劳动的态度开始。你可以选择对男孩进行言传身教,多给他讲一些勤劳的故事,比如在勤奋中长大的商人李嘉诚、用勤奋换来天才的童第周,给孩子制造一个勤劳的家庭氛围,让他从意识上觉得劳动最光荣。只要燃起男孩认真劳动的渴望时,就能使他形成勤劳的性格,养成热爱劳动的习惯。

警惕男孩的"王子病"

父母教子心经

要想办法避免男孩"王子病"发展倾向,不要把男孩的生活条件创造得太精致。

然然每天早上起来都要做瑜伽,然后喝一杯果汁。他有着干净的面庞、长短不一错落有致的头发,他有着明眸皓齿和灿烂的笑容,总是把自己的眼神修饰得深情款款,喜欢漂亮的衣服。

无论春秋冬夏,然然的包包里永远都备着润唇膏,而且平均不到半小时就要"补妆"一次。他喜欢把桌子擦得光亮光亮，这样就可以看到自己的倒影美了。

不要误会，然然并不是个女孩，而是一位男士。对于这样的然然，别人的评价是褒贬不一，女孩子可能会喜欢他，男孩子会骂他娘娘腔。甚至会被人误会是性取向有问题。而对于然然本身来说，可能他并不觉得这有什么不好，他反而会骄傲地向周围的人炫耀："我有'王子病'，所以周围的人都喜欢我。"

王子病都有哪些与众不同的特点呢？

他在说话的时候时常夹杂着英语，以显示自己与众不同；

他喜欢留长长的头发，并且喜欢长发在空中飘逸的感觉；

他喜欢从最前沿的领域中淘点皮毛来向人炫耀，可是再问下去他就一无所知了；

就算是在零下10摄氏度，他都会穿得很单薄，宁要风度不要温度；

他开始埋怨自己的爸爸为什么不是董事长或是财团巨头。

作为父母要警惕自己的男孩是否有类似这样的迹象。王子病虽说是一种对流行的追捧，如果火候太大也会过犹不及。所以父母应该想办法避免男孩有这样的发展倾向，避免的方法之一就是不要把生活条件创造得太精致，多给男孩讲一些艰苦创业的事例。

受苦磨难，给男孩最珍贵的财富

父母教子心经

自古纨绔少伟男，穷人的男孩当家早。

香港地区前特首曾荫权在中学毕业之后考上了香港大学，但是他家境贫穷，拿不出学费来供他上学。无奈之下，他只好放弃去香港大学读书，到一家药品公司当推销员，小小年纪就尝尽了人生的苦辣。几年之后他考上了公务员，由政府送到哈佛大学深造，攻读博士学位。后来一步一步走到了今天。

从一位推销员到成为一名行政区的特首，这中间需要多少努力才能达到？可想而知，任何一个胸怀大志的人都没有必要去做推销员，可能年轻的曾荫权也是这样想的，但是谁叫他老爸是个穷警察呢？如果不做推销员就没有饭吃了。在当时的处境之下，还能做什么呢？

也许，这就是"穷人孩子早当家"的道理。为什么要这样说呢？相信答案只有一个，那就是自强。正因为家境贫穷，他们才会不断地拼搏努力，除了这一条路没有其他的路可以走，是这样的环境迫使他们学会了自强。

当然，穷的含义并不只是家庭经济这一个方面。贫困的意义很广，陷入了困境，都算得上是一种贫困。常言道："自古英雄出贫贱，纨绔子弟少伟男。"因为在顺境中的人容易受到迷惑，他们往往会贪图享受，不思进取，不知道苦难为何物，所以没有志向。没有进取心的人，又怎么会有成就呢？而身处逆境中的人则不同，他们饱受磨难，一次次与命运和苦难做斗争。人如果没有动力就不知道奋进，这正是处于顺境中的人所不具备的。

现在的社会，工业化、数字化、信息化的进程过快，导致现在的青少年心智成熟较缓慢。也可以说是由于经济基础决定了孩子的心智成熟缓慢。美国的专家做过这方面的研究：20年前美国的青少年心智成熟是在15岁，而现在美国的青少年要到25岁至30岁心智才成熟。为什么会出现这样的倒退呢？很重要的一个原因就是工业化的进程太快，孩子的物质条件太优越，动手机会和实践能力都大大减少了。而穷人家的孩子则不是，他们的生活压力大，要做很多家务劳动和其他事情。所以越是富裕的地区，孩子的心智成熟越慢。

孟子云：生于忧患，死于安乐。忧患和安逸同样是一种生活方式，但一个可以培育信念，一个只能播种平庸。

英国博物学家、进化论者赫胥黎说："人在早年遭受几次挫折实际上有极大的好处。"

古人常讲："少年得志大不幸。"从少年到青年是人生的关键时期，如果在这个时期里一帆风顺，那么长大后，一旦遭遇挫折，心理就未必能承受得住。如果在这个时期经历一些挫折，那么长大后，不论遇到什么样的失败，都不会被打倒。

四十得子的一对农民夫妇对儿子非常宠爱，儿子要风得风，要雨得雨，从小便爱发脾气，做事却毛毛躁躁。

儿子上学了，从来也不知道爱惜衣服，回家时不是弄脏了衣服，便是把书包忘在田里，回家后就只知道哭鼻子。母亲即使每天跟在他身后，也没有办法。

一天，父亲拿着铁锹，在儿子回家的必经路上挖了很多坑，又在坑上搭起一座座独木桥。孩子回家时，走到桥边，不知所措。田野里没有人，只有风从树林中吹过，孩子想哭，却不知道哭给谁听。没有后路，孩子只好小心翼翼地走上桥，他胆战心惊地走过一座座独木桥后，学会了认真对待小桥。

回家后，孩子得意扬扬地告诉父母今天的经历。母亲不理解。父亲解释说："他走在平坦的大路上，当然不会注意脚下，现在路途艰险，他自然会集中精神走好路了。"

孩子因为走过了一条艰难的路而变得认真起来。人生就是一条大路，如果我们的路途太平坦，那么不免会左顾右盼，忘了注意脚下的路，如果有挫折在脚下，那么孩子们会因挫折而变得坚强、成熟起来。

心理学家常常会接待这样的母亲，她们被自己的孩子伤透了心。心理学家发现，这些母亲的共同之处是，如果孩子第一次系鞋带的时候打了个死结，母亲们便不会再给孩子买有鞋带的鞋子。如果孩子第一次洗碗的时候弄湿了衣服，母亲们就不再让孩子走近洗碗池。这样的孩子永远也学不会系鞋带，学不会洗碗时不要让水溅到身上。他们长大后遇到困难也会想办法绕开，他们没有学会克服困难。有时候，父母们真的需要咬咬牙，放手让男孩去独立完成一些事情。男孩在成长的道路上吃一些苦，绝对不是坏事。

在生活环境越来越优裕的今天，如何让男孩具有"身在苦中不知苦，面对困难不觉难"的素质，对孩子的一生具有重要意义。做父母的要为孩子长远着想，就要让他在幼年的时候学会承受挫折，接受惩罚，经历磨难。孩子长大以后，一定会感激父母赠予的这份人生财富。

"穷"养的男孩成大器

父母教子心经

要想培养真正的男子汉，让男孩将来有一个辉煌的人生，就必须让他们从小经受苦难的洗礼。

刘明今年13周岁，上初中一年级。不久前，他滋生了一种和别的同学比阔气、比花钱大方的思想。比如，学校组织校外参观，他听说有的同学带了20元零花钱，他就要父母给他30元。以前，踢足球穿一般的足球鞋就行，现在他则嚷着要买名牌球鞋，还说："不少同学穿的是进口名牌，我买国产名牌已经是低标准了。"为了他上学方便，家里专门给他买了辆轻便自行车，结果没骑多长时间，他就又缠着要买辆变速车。

这是很多孩子的一种攀比心理。青少年往往不知道钱是怎么来的，他们觉得来得很容易，久而久之，乱花钱的行为就会根深蒂固。如果这种行为愈演愈烈，也许真的会有那么一天，你的孩子的生存会因此而受到威胁。

现在，我国的许多家庭物质条件好了，又只有一个孩子，所以父母一门心思地想让孩子尽量过得舒服些，孩子要什么就给什么，口袋里零花钱不断，如今随便从一个孩子的身上掏出50、100元钱，不是什么稀奇事。孩子手里钱多了，是人们生活水平提高的一种体现。但是孩子手里的钱多了，也令人担忧。

靠工资生活的"工薪族"，在购买商品时未免有些踌躇，很难真正潇洒起来。然而，和"工薪族"的孩子相比，一些暴富人家的少男少女们却先"富"了起来，着着实实地"潇洒"：穿的是"彪马"或"耐克"名牌运动衣，用的是"派克"金笔、日本进口卷笔刀、高级文具盒，骑的是千元的赛车，累了就到麦当劳吃"巨无霸"和冰激凌，那份派头儿，令每月靠工资生活的父母们叫苦不迭。

在发达国家，人们生活普遍比较富裕，但大多数富人对孩子要求甚严。他们生活保持低标准，并不鼓励孩子纵欲使性，为的是砥砺孩子的意志，培养孩子艰苦的品质，不让他们堕落成钱多智少的庸才。

让男孩们"穷"着点实际上是为他们的未来着想。如有可能，可以让孩子适当地参与父母的劳动，让他们深刻体会到父母工作的辛苦。有一名对已下岗的父亲嗤之以鼻的男生，有一天，陪父亲在街头替人修自行车，还在父亲手把手的指导下拧了几下扳手。他回家后默不作声，脸上写满了愧疚。从此，每当父亲回家，他必定端一盆温水，绞干毛巾塞到父亲手里。那份真诚的孝心，出自对父亲艰辛工作的感激和敬重。

如此"穷"养大的男孩子，必定懂得生活的艰苦，比同龄的孩子更坚韧，在将来的人生道路上，也就更容易取得成功。

西汉宣帝时一位大官叫疏广，告老回乡后，每天让家人提供酒食，宴请亲朋乡邻。他经常问家里剩钱还有多少，让家人赶快拿出去买酒买菜。这样过了一年多，家人劝说疏广买一些田地和住宅，留给子孙。疏广说："我难道老糊涂了，不想子孙的事了？我是想，我们已经有了一些田地和住宅，子孙如果勤劳，足够供给衣食，与普通百姓差不多。现在再给他们增加什么都是多余的，有了多余的就会使子孙变懒。如果是贤材，财富多了，就会损害他的志向；如果是蠢材，财富多了，就会增加他的罪过。而且，富人容易招群众的嫉恨。我既然没有什么可以用来教育子孙，也不想增加他们的罪过而又被很多人嫉恨。"

一般人富贵了之后自然想到封妻荫子，给子孙留下一笔可观的财富。但是，我们从历史上看，很多人虽然留了财富，子孙都不会享受一辈子的。名门之后，还想高人一等，结果是连普通人都不如，享受少而受苦多，有出息的更少。在东南亚的华侨，有很多人发了大财，但是，传到第二代，就破产了。电脑大王王安有着千亿美元的财富，传到第二代也就破产了。所谓"富不过三代"，这是一种比较普遍的社会现象。

问题在于这些有钱人把钱的作用扩大化了，把钱看作是万能的，因而忽视了孩子的教育以及独立生活能力的培养。积累财富任其消费，以为这样就是爱心的充分体现。实际上，这是危害子女的普遍做法。"坐食山空"，即使有金山、银山也会花完的。鉴于古人的教训，我们应该如何为子孙后代计划呢？

我们应该给孩子留些什么？林则徐做出了回答："子孙若如我，要钱干什么，贤而多财，则损其志；子孙不如我，留钱干什么，愚而多财，益增其过。"

曾国藩写信给儿子说："银钱田产最易长骄气逸气，我家断不可积钱，断不可买田，尔兄弟努力读书，绝不怕没有饭吃。"

为人父母者假若不下苦心培养子女的一技之长，在当今乃至今后"凭本事吃饭"竞争日趋白热化的社会里，你的孩子那个饭碗如何能端得牢靠？你纵然财大气粗富甲一方，给你的孩子留下一座金山，也架不住子孙坐吃山空、挥霍一尽。

养尊处优并不是父母送给男孩子的最好礼物，恰恰可能埋下祸根。倒是那些从小就挣扎在社会最底层的人们，没有别的出路，没有任何指靠，只有以死相争，常常可以出人头地建功立业。理性的父母是用金钱为男孩子健康成长提供基本条件，而不是让男孩子在挥霍金钱中消磨意志，自毁前程。

公主是"富"养出来的

父母教子心经

从来富贵多淑女，在家庭经济条件许可的前提下，要尽可能地满足女孩对物质的需求，让她享受公主般的待遇，同时培养她高雅的气质和大家闺秀的涵养。

提到公主，很多人都会第一个联想到那些童话中美丽、善良、单纯的主人公。公主最大的美丽就是能够赢得别人的喜欢，而这放到现实社会，就是能够得到更多人的帮助、关心和信任。

富养女孩，就是要将女孩养育成一个"公主"。富养二十载，女儿必定美丽、温柔、贤惠，善察人意而又心地善良、纯真、诚实、不吝啬，多情而不软弱。自重自爱，平易谦和，彬彬有礼，富有同情心，能体谅人，正直，乐于助人，尊敬师长、老人，不忘乎所以，有自知之明。活泼而不放荡，稳重而不呆板，有内涵、坦白、洒脱、性情开朗，心胸开阔，不叽叽喳喳于大庭广众，不搬弄是非于朋友同事之间，具有现代青年人的文化教养。头脑灵活，虚心好学，不矫揉造作，事业心较强，谈吐不俗，热情开朗，不缩手缩脚、忸忸怩怩、羞羞答答。

莉莉安妮·贝当古的确是欧洲少有的"公主"级人物。不管是作为"欧洲最富有女人"，还是法国部长安德烈·贝当古的妻子，她都不可避免地成为媒体竞相追逐的对象。但奇怪的是，这位世界上最大的化妆品公司——法国欧莱雅集团创始人欧仁·舒莱尔的独生女莉莉安妮·贝当古，在媒体眼中一直是一个神秘的人物。

据英国的《欧洲商业》杂志报道，莉莉安妮拥有近1270亿法郎的资产，并且这一数字还以每年100多亿法郎的速度递增，这使她成为名副其实的欧洲女首富。但莉莉安妮谨慎、内敛的形象和普通亿万富翁的形象相去甚远。她将自己的私生活保护得很好，让媒体为她着迷，却又难以接近。如果不小心被记者逮到，她总是摆出很自然的姿态让他们拍照，但不会停留太长时间。

1922年10月21日，当莉莉安妮·贝当古出生在巴黎第七区的时候，她的父亲还只是一位敬业的企业家。15岁起，莉莉安妮就在父亲的公司里从贴标签开始学习，逐渐成为管理公司的董事。1957年，31岁的莉莉安妮正式继承了父亲的事业，拥有欧莱雅公司27.4％的股份和瑞士雀巢公司3％的股份。

在这期间，莉莉安妮受到父亲的极大影响，无论是在处理公司的业务上，还是在面对人生的态度上。而且，父母给莉莉安妮一个很好的成长环境，可以说当很多同龄人还在为付不起新衣服的价钱而担心时，莉莉安妮已经是一个手握几个部门的管理人员了。

25岁那一年，莉莉安妮患上结核病前往瑞士休养。在那个美丽宁静的度假胜地，她邂逅了安德烈·贝当古。生命中最重要的人出现，往往就容易一见钟情，于是他们开始了甜蜜的爱情。

安德烈一直在法国政府里担任重要职务，1970年，他率团到中国访问，成为第一位受到毛主席接见的法国部长级官员，莉莉安妮也陪同丈夫会见了毛泽东、周恩来等人。

在巴黎社交圈里，贝当古夫妇一直行事低调，不过作为时尚品牌的掌舵人，莉莉安妮也有前卫的一面。

20世纪70年代初，当香奈尔的时尚概念席卷全球的时候，莉莉安妮成为她生活圈子里第一个穿裤子的女人。每逢公众场合，莉莉安妮便会选择优雅的香奈尔礼服，与丈夫形影不离。这时，不知有多少人羡慕安德烈有这样一位有能力却不张扬、有钱却从不炫富、安静温柔的妻子。

工作之余，贝当古夫妇最大的爱好便是旅游，所以每逢圣诞节来临，他们就来到法国南部或者印度海岸，尽情地享受碧海蓝天。

在古老的圣莫里斯市，安德烈的祖父给这对幸福的夫妇留了一栋两层小楼，莉莉安妮很喜欢那栋蔷薇花盛开、飘荡着醉人芬芳的老宅子。

在巴黎，每天早上莉莉安妮都会按时去巴加特勒公园转一圈，看喂着鸽子的孩子们嬉戏玩耍、推着婴儿车的母亲们幸福漫步，这似乎已经成了莉莉安妮的生活规律。莉莉安妮还有一件让世人津津乐道的事情，那就是在世界五大洲的五位女首富中，她是唯一一个没有离过婚的。

莉莉安妮的最大爱好是做慈善事业。爱心就像燃烧着的火焰，照亮别人的同时也能够温暖自己，所以1987年，贝当古夫妇成立了"贝当古-舒莱尔基金会"，在旺多姆广场这所普通的屋子里，莉莉安妮任基金会主席，主要包括救助贫民、医学研究、历史遗产保护等方面。

也许，你觉得莉莉安妮实在是太幸运了，生在这样一个"有前途"的家庭里。但富有并不像很多人想的那样，带给人的就一定是好处。有时候大量的金钱和财产、权力，也是一个巨大的任务，如果你没有足够的底气和能力驾驭，极有可能被这些外物所累。对于一个富裕的家庭来说，教育女儿如何适应这种显赫、引人注目的生活，也是父母的责任。如果父亲没有及时手把手地引导莉莉安妮为自己的公司工作，没有交给她为人低调、踏实、忠于婚姻的品格，她也极有可能和很多富翁一样，

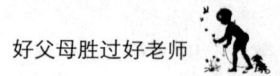

沦为金钱的牺牲品。

女孩需要富养,但是富养更需要学问。

谁都不希望自己的孩子将来是一个一文不名的穷光蛋,更不想孩子的一辈子都由老爸来埋单。培养孩子的理财意识是大势所趋。会理财的人,能在有限的条件下生活得很好,而不会理财的人,不管挣了多少钱都不能提高生活质量。

女孩虽然要富养,少沾染一些"铜臭气",但是父母也不妨和女孩说说钱是什么。

女孩一定有生活体验。拿着钱可以换到自己喜欢的东西。钱是社会的通行证之一,人们拿它来衡量不同的创造。也就是说,必须要有创造,才能有财富。没有创造,就没有财富的产生。无论是艺术家、科学家、演员还是建筑工人、农民,勤劳是所有人创造财富的不二法门。

条件相对比较好的家庭,一方面让女儿看到自己能够在她需要的时候拿钱解决问题;另一方面也要让女孩知道,这些钱是来自自己的辛苦工作。很多女孩子被保护得很好,她们不知道金钱到底是怎么来的,好像只要自己开口,就一定能得到父母的支持。这其实是不利于女孩了解金钱、萌生理财意识的。

父母甚至可以和女儿谈谈"合作",比如说如果她手工制作了一个花篮,妈妈可以按照市场价格来把它买下;如果女儿喜欢创作,妈妈可以鼓励女儿去投稿,让她自己管理稿费等。

打造千金的别样气质

父母教子心经

"富养女孩",最重要的就是培养女孩子自身超凡脱俗的气质。

对于自己的女儿，要培养她注重个人形象的意识。从生活中的细节入手，从一点一滴的小事做起，塑造出一个讲究外表礼仪的女孩：

要勤洗脸，保持面部的清洁，这样才能给人留下一个比较好的印象。

要经常洗头发，最好一天一洗，最长也不应该超过三天。

此外，还应该保持头发的整齐，不要太乱。

不要把头发染成黑色以外的其他颜色，更不应该烫发。

要经常刷牙，以消除口中的异味。

走路姿势要"行如风"，也就是走起路来要像风一样轻快。正确的走路姿势应该是：轻快稳重，胸脯要挺起，头要抬起，肩部要放松，两眼平视着前方，面带微笑，自然摆动双臂。

在夸奖别人的时候，应该伸出右手，并跷起大拇指，指尖应该朝上，并让拇指的腹面朝向被称赞的人。但在交谈的时候，就不应该这样做了，因为这样往往表示对别人的轻视。

当你为别人引路，或者是指示方向的时候，应该将一只手抬到一定的高度，将五个手指并在一起，掌心朝上，然后再朝着一定的方向伸出手臂。

应该杜绝一些不卫生的手势。例如搔头皮、掏耳朵、抠鼻孔、剔牙齿、挠痒痒、摸脚丫等，这些手势是很不文雅的。

微笑表示着自己心情的良好，在你微笑的时候，你的身体就会处在一种非常好的状态，这非常有利于你的健康。同时你的微笑也能给人一种亲切、温暖、愉快、和蔼的感觉。真诚的微笑也是和人交往的最好通行证，它是最能打动人的一种表情，可以向人传达出你的善意。

着装应该符合自己的年龄特征，不同年龄段的人应该穿不同的衣服。例如，小学生，就应该穿一些有朝气、有活力的衣服，而不应该穿那些太成熟的衣服。

在"富养女孩"的教育理念里，一个女孩子的气质比她的外部形象

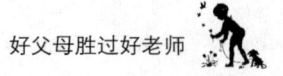

更受关注,更具有魅力。"富养女孩",最重要的就是女孩子自身的气质,这就需要女儿对外表有正确的看法,不过分追求外表美。

端庄优雅,给女孩最金贵的礼物

父母教子心经

端庄优雅,是盛开在女孩身上的花朵,更像雕塑家手中的刻刀,从内心到外表雕琢着女孩。

池莉是我国当代文坛上有着极高知名度的女作家,她的代表作《来来往往》《口红》《小姐你早》等作品一经搬上荧屏就成为观众热烈追捧的收视热点,均取得了艺术和市场的巨大成功。池莉的作品关注市井生活,文字能够与读者坦诚相见。其新作《生活秀》一问世,便同时被改编成电影和电视剧。电影《生活秀》获得多项大奖,充分展现了池莉作品的独特魅力和市场价值,这与她习惯探究和思考生活本质,去碰触社会与人性的灵魂有莫大的关联。

她不但是一个懂得思考生活的人,在家庭教育上也有自己的独到见解。她曾说:"我希望我的女儿,首先能够从真实不虚的生活中懂得生命意义。如果她慢慢懂得了衣食是一种大事,勤俭是一种美德,心静是一种大气,宽容是一种真爱,知晓是一种最好,那天下还有什么功课她拿不到A的呢?"

池莉这样的教育心境,让孩子得到一个宽松的学习环境和成长空间,这样没有约束的教育只有潜移默化的影响,让她的女儿亦池最终成了一个端庄优雅的女孩,不管遇到什么麻烦的事情都能冷静对待,礼貌处理。

亦池上初三的时候,一次课间休息,学生们在操场上运动玩耍。

他们班的一个男同学打篮球热了，脱下棉袄，要亦池帮忙照看。亦池就将男生的棉袄接过来，挂在旁边的树枝上。忽然上课铃声响了，男生大叫："我的棉袄。"亦池急忙拉下棉袄，扔给男生。可是，不小心，树枝挂破了棉衣的下摆。男生立刻气势汹汹，要求索赔，因为那是一件新买的正宗德国名牌阿迪达斯，价值好几百元呢。亦池安静地回答他两个字："好的。"

周末的时候，亦池把男生的棉袄带回了家，把事情的经过讲给了妈妈听，最后她幽默地对妈妈说："你缝一缝自己穿吧，买件新的我赔给他。妈妈穿上小男生的衣服肯定很神气。"

后来男生的家长知道了这件事情，觉得自己的孩子做得不对。于是带着孩子登门道歉，最后是峰回路转，男孩的家长把池莉缝好的衣服拿了回去。之后，亦池无一句闲话。

看到孩子这样的处世方式，池莉心中升起了一种骄傲。随着亦池渐渐长大，她的这种骄傲从来就没有减少过：那就是孩子高贵的心底和端庄优雅的品格，她的浑然大度和忍让。这让池莉收获了幸福。她感到很欣慰，她能给女儿的端庄优雅的品格，那是最宝贵的财富。

在塑造女孩端庄优雅的气质上，母亲起着最重要的作用。女孩的气质养成更多的是来自母亲的感染和熏陶。

什么是端庄优雅呢？母亲应该拥有怎样的优雅和端庄才是美丽的呢？

其实端庄优雅是一种味道，由内而外散发着迷人的芳香。端庄优雅是一种感觉，这感觉更多地来源于丰富的内心，智慧、博爱，还有理性与感性的完美结合。

一个容貌美丽的母亲未必优雅端庄，而优雅端庄的母亲一定"美丽"，因为她的知识和智慧让朋友信任，她的细腻与关爱让孩子依赖。而这智慧、细腻、关爱，你会从她充满迷人韵味的举手投足、一颦一笑间体味。

一个端庄优雅的母亲能让女孩理解美的含义。在中国古代,皇后有"母仪天下"的责任。作为国母,她的仪态是子民的范本,因而皇后要恪守自己的礼仪规范,她的身份不允许她在行为上有任何闪失。然而今天,虽然我们在大街上可以看见光彩照人的妈妈们,但回到家里,却只看到穿着睡衣、脸上贴着黄瓜片的"大妈们"。在家里的确应该保持随意轻松的氛围,但是在孩子面前太过随意,就很容易让孩子也养成人前人后两个模样的生活习惯。宋美龄就非常注重自己在孩子面前的形象,她从来不会衣冠不整地出现在孩子面前,与别人对话时她也是彬彬有礼,堪称才女与大家闺秀的典范。正是这种气质,让她赢得了蒋经国的尊重。蒋经国在回忆宋美龄的时候,也坦言她让自己在行为上更加注意自我约束。

一个端庄优雅的母亲在家庭教育会注重对女孩子神态的培养,这样女孩子才会在交往中表现出对他人的尊重、理解和善意;一个端庄优雅的母亲也很重视女孩子的礼貌教养;她会让女孩子养成使用文明礼貌用语的好习惯,如经常说"您好""谢谢""请""对不起""没关系"等;一个端庄优雅的母亲在恰当的时候还应告诉女孩子,沉默寡言、重复啰唆,都是不正确的语言表达方式。

一个端庄优雅的母亲在教育女孩子的过程中体现的就是一种优雅气质,当她向女孩子讲解优雅举止的标准时,不会用教训、命令的口吻,而是循循善诱、谆谆教导。如此这样,母亲的端庄和优雅举止会影响女孩子养成一种不自觉的习惯,女孩子卓尔不凡的气质也就形成了。

气质在心不在身,塑造女孩内在美

父母教子心经

具有修养的父母才会养育有涵养的女孩。

一个有气质的人是行为大方的，装扮得体的。但这仅仅是一个人的外在美，真正有气质的人是从内到外散发魅力的人，有内在修养的人更有气质。因此现代父母在生活中必须提升自身的修养，具有修养的父母才会养育有涵养的女孩。

所谓修养，体现在日常生活当中，与人相处或是独自一人时，所思所言都是修养的体现。父母与女儿朝夕相处，因而女孩身上大多数的修养，还是在父母的影响下点点滴滴培养而成的。父母尊老爱幼，女孩自然就会上行下效；父母彬彬有礼，孩子自然就会谦虚谨慎……

父母的修养会在大事上体现出来，比如女孩在选择前途上的尊重和理解，处理自己周边的人际关系上。而更多的是体现在细节当中，有些并不引人注意的细节会摧毁父母的形象，摧毁父母为女孩一手营造的快乐生活。

有很多人认为，生活中一个无关紧要的细节，却上纲上线到"修养"的问题上，未免有些小题大做了。但是，仔细想一想，我们生活中大部分的快乐都是通过有修养的行为得到回报的。我们每时每刻都在从内心判断、评价一个人。陌生人的一个微笑、一句真诚的感谢，立刻会赢得我们由衷的赞赏："真有修养，真有礼貌。"同样的道理，无论你在做什么，每一个场合，每一分钟，只要有人存在，你的一举一动、一言一行都在表现着自己的修养，人们根据你的举动来判断你是否有修养。其结果再简单不过了：有修养，人们就喜欢你；没有修养，人们就厌恶你。

诗人海涅曾给一个想当作家的少尉上课，在最后一堂课上。海涅在柔和的灯光下，对少尉说："在成为作家之前，首先自己要成为一个有修养的人……"说到这里，作家意味深长地看了少尉一眼说："第一，要有同情心；第二，千万不要讥笑不幸的人。"

可见，有修养的人要富有同情心。富有同情心的人才会真正去关心他人，一个富有同情心的人才能在别人需要的时候给予最及时的关爱。有这样的母亲才能让女孩学会去帮助别人，关心别人。

有这样一个故事：

一位妈妈带着女儿去戏剧院看演出，孩子和往常一样安静，静静地看着舞台上故事的发展。

约瑟上场了，他温柔地保护着玛丽亚，使劲敲着装在背景上的木门。

"你要干什么？"乔治——客店老板粗声粗气地问，并打开了门。

"我们找店住。"

"店已经住满了。"

"先生，我们已经走了很远，而且很累了。"

"这里没有住的地方。"乔治看起来很严厉。

"行行好吧，好心的老板。这是我的妻子，玛丽亚。她怀着孩子，你肯定还有一个小角落给我们歇歇脚。"这时，店老板看了看玛丽亚，然后停了很长时间没有说话，这时间长得让观众焦急了。

"不行！滚开！"提示人在幕后小声地说。

"不行！"乔治重复道，"滚开！"

约瑟凄惨地扶着玛丽亚，两个人缓缓离去。乔治站在门口，望着这对不幸的夫妻，张着嘴，忧愁地皱着眉头，眼里满是泪水。

女孩看到这里说道："妈妈，让约瑟夫妇住在我的房间里，好吗？"这句稚嫩的话语引来观众所有的目光，随之对女孩富有同情的心所感动。演出结束后，大家纷纷谈论的不是演出的内容，而是这个小女孩，她从小就是如此富有同情心，该是受到多么高的教养啊。当大家离散时，有的人对女孩的妈妈竖起了大拇指，有的人对她点头微笑称赞。

人的内在美的核心在于一个人的修养，一个人的外形不管修饰得多么靓丽，如果没有内在美也是不会有风度、气质和魅力的。正是认识到内在美是修养来决定的，所以很多人也都在注重内在的修养了。

父母时刻应该注意对真善美的追求，因为这是提高修养的一部分。相信一个在生活中不矫揉造作，处处以真情处世的母亲不会遭到别人的厌恶。一个把别人从痛苦的深渊中拯救出来的母亲，她的善意不但会打动周围的人，还会深深地感动孩子。一个希望给别人留下美好印象的母亲，首先自己要追求美，才能把美化为自己形象的一部分。

对真善美的追求，会让你拥有一颗善良的心、宽大的襟怀、光明平和的处世态度。这样待人会使你谦虚而有自信，积极向上而不嫉妒别人，欣赏别人的美而不自卑。追求真善美的父母会让自己的女孩了解自己的长处而不嚣张，勇于负责而不跋扈，从而让女孩举止自然从容，落落大方。

知识是对女孩最有价值的投资

父母教子心经

"知识改变命运""腹有诗书气自华"，教给女孩各种有益的知识，引导女孩多阅读有思想、有内涵的书籍，是对女孩最有价值的投资。

据说，每个犹太人在小时候都会被问道，如果家里着火了会带什么出来，父母会引导孩子回答是书本。因为书本是最宝贵的财富。而书本最终能够带给人的，就是知识。想要让女孩一辈子过得幸福、充实，就要给她足够多的知识，去应对人生中的各种困难，争取各种机会。

我们都很熟悉的主持人曾子墨，就是一个典型的博学多才的女孩。她的自我介绍就能说明这一点："我是曾子墨，曾子的曾，孔子的子，墨子的墨。"

翻开曾子墨的简历，你会发现上面有这样的记载："参与完成了摩根斯坦利历史上最大规模的并购交易。1998年回到香港，加入摩根斯坦利亚洲分公司，1年后升任经理。2000年，加入凤凰卫视资讯台担任财经节目主播，主持的栏目包括《财经点对点》《财经今日谈》和《凤凰正点播报》。2001年采访于香港举行的财富全球论坛，3天内总共采访了8位大企业和财团的领袖，并参与制作专题节目《复关入世十五年》。2002年采访了亚洲开发银行35届理事会年会和'两会'。参与拍摄的纪录片《我们在朝鲜的日子》获得观众一致好评。现担任《社会能见度》《世纪大讲堂》以及《经济制高点》的主持人。"

如今，呈现在人们眼中的这个意气风发的女子，再也不是记忆中那个梳着小辫，用春秋战国时期的三个"子"来介绍自己的小女孩了。在她身上，人们所看到的，是一个美丽、坚定，有着巨大能量的都市女主播。

而她今天所拥有的一切，都与她扎实的学问和深厚的积累分不开。

从小，在子墨的观念里，在家就要做一个好孩子，在学校就要做一个好学生，就算工作，也一定要做一份最好的工作。高三时，当别的同学正在高考的煎熬下彻夜难眠，曾子墨就以北京市模拟考试前三名的成绩被保送到人民大学金融系。一年后，当别的同学正在托福中冲刺的时候，她以托福660分的高分被达特茅斯大学以全额奖学金的方式录取。1996年毕业后，曾子墨在美国华尔街的摩根斯坦利从事投资工作，在担任分析员两年中的出色表现使她成为该公司最耀眼的明星员工。出色的成绩，让子墨与众不同。

知识改变命运，对女孩来说尤其是如此。

可能有的父母会说，我们也知道女孩应该有很多知识，但是我们家的孩子就是不爱读书，有什么办法？

其实，那只是父母的一面之词，其实很多女孩子还是爱读书的。学习是女孩天性中的一部分，但如果大人给孩子学习太大的压力的话，她们就会变得不爱学习。有时候，那些抱怨孩子不爱学习的父母，往往自己首先就是不爱读书学习的人。

"你怎么不能多看点书？"其实，这些孩子往往周围除了教科书没有什么书可以读。

在这里提醒女孩的父母们，如果你想要女孩变得爱知识，首先你要尊重有知识的人，比如你们的很有水平的邻居、女孩的老师等；另外，父母最好是能够和女孩一起学习，让她们感受到学习的乐趣来。

第 13 章

提升爱的质量,让孩子成为更好的自己

走出情绪误区，排除教育隐患

父母教子心经

父母在教育孩子时应依靠理智的力量学会控制自己的不良情绪，比如学会并善于以自我暗示、自我激励、心理换位等来管住自己。

有的父母教育孩子，常常为自己的情绪所左右。父母高兴时，教育孩子能注意方式方法，不高兴时就简单粗暴，甚至无事找事，把孩子作为出气筒，或打骂训斥、讽刺、挖苦等等。这种因父母情绪的好坏而出现的教子尺度不一，其祸害是无穷的：

一是会在孩子的行为标准上造成混乱。就是说，这往往会使孩子不知自己到底应该怎样做，既不利于孩子不良行为的及时纠正，又不利于孩子良好行为习惯的养成。

二是容易使孩子养成看父母脸色行事的坏毛病，并且不利于父母及时、准确地把握孩子的真实情况，不利于父母教育的针对性、实效性。

三是影响着孩子的心境，特别是因不良情绪而导致的父母教育孩子方式方法上的简单粗暴，往往会使孩子同时遭到"体罚"与"心罚"的双重伤害，这不仅严重地影响着孩子身心的健康发展，甚至会对孩子的一生带来重大伤害。

四是使父母在孩子心目中的威信大大降低，这种威信的"降低"，往往又会对以后的家庭教育人为地制造出种种障碍，比如，有些父母所说的"孩子大了，反而越来越不听话"，就与这种"障碍"有关。

要培养教育好孩子，父母应学会调节自己的情绪，别让不良情绪影响对孩子的教育。为此，教育专家给出如下建议：

1. 培养自己具有乐观的生活态度

无论遇到什么困难和挫折，都要以乐观、积极的态度去面对，相信问题总会有办法解决的，从而勇敢地面对现实，努力进取，永不失望，对前途充满信心和希望。持这样的乐观态度往往会产生积极情绪。

2. 适当地发泄积存在心中的不良情绪

比如，可以向知己的人倾诉自己的苦恼和忧伤等等。这样做，有助于消除心中的烦恼、压抑，从而达到心平气和。这种发泄对心理健康是有益的。

3. 保持适当的紧张和热情

紧张是一种情绪，它能维持和提高学习、工作效率。如考试时产生的紧张情绪，能使大脑功能达到最高效率状态；平时工作或做某件事，也需要保持适当的紧张。张弛调节适度，就会使生活更有节奏和情趣。

4. 善于理智地控制自己

种种要求和愿望，都应符合社会道德和规范，否则就要用理智打消这种念头，不能苛求社会与他人满足自己的一切愿望。这样做对维持心理平衡、培养健康情绪有好处。

通过不断加强心理品质的修养，不但做父母者能使自己保持良好的情绪，同时，自己的方式方法和情绪态度将带给孩子潜移默化的影响。

因材施教，教出优秀好孩子

父母教子心经

教育孩子要考虑他们的个性特点，因材施教，切不可以将自己的意志强加于孩子。

李宁是世界体坛上一颗璀璨夺目的明星，他创造了体操史上空前的奇迹。然而有关他小时候的故事，或许知道的人并不多。

李宁的父亲是小学教师，家境贫寒，但父亲对幼小的李宁寄予了很大的希望，一心要把儿子培养成音乐家，让他常听音乐，亲自教他练声学琴，甚至经常为儿子举行家庭音乐会。

后来，父亲发现李宁学习没有长进，学琴心不在焉，放学后不知去向，很晚才回家。

一天，父亲来到儿子读书的学校，看到李宁趴在体操室的窗台上目不转睛地往里看，然后又跑到操场上翻起筋斗来。父亲看得很仔细，跑过去抱住李宁问道："宁宁，你想练体操吗？"李宁用力点了点头："是的，爸爸，让我练体操吧！"父亲看着儿子那期待的目光，陷入了沉默。

此时，父亲的心情不免有些悲哀，他一辈子幻想当音乐家却没当成，让儿子当音乐家的美梦又破灭了。但他并没有绝望，因为他已经在痛苦中醒悟——音乐乃人之心声，勉强不得，与其拉牛上树，不如放之青山。于是，他把大腿一拍，说："好，我支持宁宁学体操。"从此，李宁走向了通往世界体操巨星的道路。

在李宁获得巨大成功时，有记者问他最感谢的人是谁，他毫不犹豫地说："是我父亲，假如他没有放弃初衷，也就没有我的现在！"时至今日，全世界的人都可以证明，李宁的天赋在体操。而如果他的父亲执拗于己见，非让他学习音乐，其结果不但产生不了一位音乐家，而且也会埋没一位体操巨星。

当今社会，人们对子女的成长极为关注，这与社会生存竞争的需要是紧密相关的。而且，由于独生子女在家庭中的地位，也迫使孩子的父母望子成龙、望女成凤的欲望比以往任何时期都更为强烈。实际上当孩子来到世上之前，他们的父母就设想了一条成功培育之路。从孩子进托儿所到幼儿园、小学、初中，父母一步步地紧跟其后，耐心与烦恼同在、希望与挫折并行。吃了数不清的苦，受了道不完的气，同时也享受过无数次培养儿女成功后的喜悦。

望子成龙是每位父母的愿望，谁不希望自己的孩子能出人头地有出息？但每位父母又有不同的望子成龙的观念。当孩子进入名校后，父母似乎自己也正在进行百米赛跑中的最后冲刺。他们急切地希望自己的孩子能不断进取，按照原先设想的蓝图，完成学业成为精英。且不说光宗耀祖，最起码尽了一项庄重的义务，完成了为人父母的责任。所有这些应该说都是人之常情。然而，我们身边还有一些孩子不愿意继续深造，或者愿意到自己喜欢的领域谋发展，这可能与父母的期望有一定距离。

在孩子念书阶段的教育过程中，若父母遇事、处事沉着，干事斟酌，对他们的孩子就会起着潜移默化的作用，会使他们在遇到挫折时，能正确地面对现实，从自己的实际出发，不至于茫然不知所措，更不会放任自流。如果再加上父母的引导，孩子就不会走太多的弯路，特别是在对今后的出路问题上。一定要从孩子与社会的实际情况出发，随时调整自己的期望值，把握好孩子的定位，使孩子看到希望，在希望中生活、学习。同时，自己也应该时时充满自信与乐观，为孩子做出榜样。有志者事竟成，让自己的孩子一步一个脚印地在希望中走向未来。

父母教育孩子要考虑他们的个性特点，因材施教，切不可将自己的意志强加于孩子。

1. 父母为孩子拟定一个切实可行的奋斗目标

父母和孩子一起制订目标时，也要听听家里亲戚朋友的看法，更要与学校老师交流孩子在学校中的具体情况。

让孩子看到希望，经过努力能达到目标，使他们学习起来兴趣逐渐增大，越来越有干劲。这里的目标定位很重要，定高了不切实际，使孩子感到奋斗无望，力争不及，使自己的努力付之东流。定低了也不行，因为这样会使孩子感到人来到世间太轻松了，不知生活的艰辛，尤其不知父母的辛勤养育之苦，到头来仍使父母的希望落空。目标定位应以适中为宜，也就是说，孩子必须经过努力才能达到，稍有放松就难以实现，并使他们时时看到希望、事事想着目标，这才是父母应协助孩子完成的。

2. 父母要搞清孩子成长过程中一些以前未曾注意的因素

当今社会是一个开放的社会，孩子的成长环境已远远不同于其父母当年求学时的情景。父母应经过认真分析后，再与孩子就人生目标的问题平心静气地谈谈自己的想法，以求得共识。

爱子切忌矫枉过正

父母教子心经

过于溺爱孩子和过于严苛地对待孩子都是不正确的教育方式，都是有害的，应当避免和摒弃。

现在的父母在教育孩子上，往往采取两种极端方式：要么对孩子过于溺爱，对孩子放任自由，予取予求，一味迁就孩子的要求；要么对孩子过于严苛，孩子稍有不听话的行为，就非打即骂，这两种方式都是非常不可取的。都是非常有害的。

溺爱属于教导方面的异常，是一种家庭功能失调，是父母对子女一种畸形的爱，也是一种失去理智，直接影响儿童身心健康发展的爱。

溺爱容易造成孩子的自我中心化倾向，使得孩子极少考虑他人感受，缺乏责任感，缺乏独立自主能力，耐挫能力差，稍有点挫折便丧失生活的勇气和完善发展自己的愿望。长此以往，对孩子的成长、性格的形成、学习的进步等都是百害而无一利的。父母要认识到，家庭教育中的爱不等于溺爱，要爱孩子，但不要溺爱，不要让自己的溺爱毁了孩子的一生。

不溺爱孩子并不意味着可以打骂孩子。据美国的一项问卷调查显示，有7%的父母认为打骂是管教孩子的最佳方式，有40%的父母觉得打骂之后，孩子的表现还是一样。有经验的父母会发现，打骂一开始的确会收到立竿见影的效果，可是长久下来，孩子并没有变得比较好，有的甚至更坏了，尤其是只用打骂一种方式来管教孩子，更是有过之无不及，为什么会这样呢？

因为打骂只会使孩子不再在你的面前表现你不喜欢的行为，并非真的改正了，而是躲到你背后，在你看不到的地方继续淘气，继续使坏；打骂只是让他学会了逃避被打，而没有学会什么是应该、什么是不应该的是非善恶。如此一来，你还觉得拿出棍子打孩子是很管用的管教方式吗？而且即使孩子真的犯错，没有人会甘心被打，孩子内心充满怨恨和不满，渐渐失去自尊、自爱和自信，同时他更学会了用打人来解决问题的模式。

那么，难道父母就不能动孩子一根汗毛，就任他为所欲为了吗？不，这里说的是打骂不是唯一的管教方式，不要用体罚来解决问题，因为那样做的效果只是暂时的、表面的而已；孩子犯了错误是要处理，要做适当的处罚。

父母爱自己的孩子，这是人之常情。它对孩子的健康成长起着很大的促进作用。那么，怎样才算是真正爱孩子呢？也就是说应该如何掌握爱孩子的"分寸"呢？

1. 要有理智地爱

这就是说，在爱孩子的过程中，要能自觉地控制自己的感情，克制那些无益的激情和冲动。苏联著名教育家马卡连柯的《父母必读》一书的序言中有这样一段话:"子女固然由于父母方面的爱的不足而感受痛苦,可是,他们也会由于那种过分洋溢的伟大的感觉而腐化堕落。理智应当成为家庭教育中常备的节制器,否则孩子们就要在父母最好的动机下养成最坏的特点和行为了。"这段话讲得十分深刻。然而,我们有些父母,尤其是相对年轻的父母,在对待孩子上,往往缺乏应有的"分寸感"。他们对待孩子往往是无原则的,过分地溺爱。有的对孩子姑息迁就,任其发展;有的只知道想方设法满足孩子的衣锦食美,却不懂得给孩子良好的精神食粮和思想营养。这样。势必把孩子惯坏、宠坏。这种"爱"是盲目的、有害的。

2. 爱要与严格要求相结合

严格要求也是爱孩子的一种体现。所谓"爱之深,责之切",就是说,严格要求正是出于深切的爱。所以,做父母的不应该受盲目的爱所支配,要"严"中有"爱","爱"中有"严"。当然严格要求并不意味着对孩子的严厉、动辄训斥打骂,而是要做到以合理为前提。同样,态度应该是耐心的、循循善诱的。

严格要求对孩子来说,是很重要的。这是因为,孩子们往往缺乏经验,是非界限有时不清,而且对自己的情感和行为往往也不善于独立控制。如果父母对他们不严格要求,他们往往还不能主动、自觉地学习和按行为道德标准来行动。因而,这就更需要父母对他们的思想和行为有严格的要求,使他们养成良好的思想和行为习惯。仅有爱不见得能教育和培养出优秀的孩子来,而应该把爱和严格要求结合起来。

3. 选择正确的处罚方式

采取"暂时的隔离"的处罚方式,可以使孩子真正地改过向善,又没有后遗症。"暂时的隔离"就是在孩子犯错时让他暂时不和别人接触,例如让他坐在角落的一张椅子上,以一岁一分钟为原则。不过,这不是把孩子关进厕所或单独留在一个房间里,那会造成孩子恐惧的心理，影响极深远。处罚的同时要让孩子明白自己做错了什么，因为孩子如果不明白自己为何受罚，那么处罚就没有意义了。

教育的核心是"心"育

父母教子心经

父母要善于抓住孩子的内心需求，总能把握孩子的内心感受，伺机进行引导。

在对孩子的教育上，有的父母时常感到困惑，在方式上难以抉择，往往不知道怎么办才好。有的父母在孩子很小的时候，就开始对孩子采取近于放任的态度，然而完全放任一个孩子，他会怎么样呢？很少有人敢做这样的实验，因为人生没有重新来过的可能。古时候斯巴达人的做法正好相反，几乎是严酷地对待自己的后代，倘若不能长成一个强健的人，甚至不惜置其于死地。现在中国人普遍骄纵孩子，而骄纵与任其发展的差别是父母自己也不易区分的。

传统的中国教育近于严酷，私塾先生是拿着板子上课堂的，这在20世纪初被革命者当成一种压迫。如今当我们再回过头去看的时候，不能不感到，传统教育中的许多方法，即使对革新来说，这也未必没有一点儿好处。那么，如何在放任与规范之间寻找一个恰当的平衡点，恐怕需要更加慎重地来进行研讨。

我国著名教育家陆士桢曾经说过，教育孩子要学会一手接纳，一手控制。因为孩子毕竟只是孩子。对于孩子，适度的控制是必要的。但教育的核心毕竟是"心"育，一切教育应从"心"开始，想方设法唤起孩子的内心动力才是主要的，再适度辅之以外部的控制（内因为主，外因为辅）。控制与疏导相结合。就像大禹治水一样，在孩子的教育中，光靠"堵"不行，光靠"疏"也不行。要堵疏结合才行。

但是这个堵疏的比例怎么控制呢？这里面大有学问。

在孩子的学龄前期要"管"和"教"为主，越小的孩子的行为越应该管束和规范，对小孩子的无理行为不能迁就。如果在孩子幼年时期父母就不能制服孩子的对抗行为，那么孩子以后的每一次对抗，父母都不会获胜。假如父母无法让一个5岁的孩子拾起他的玩具，那么就不可能在孩子具有逆反心理的青春期进行任何有效的管教。

到了小学阶段除了要继续管和教以外，也要重视疏和导，做到管、教、疏、导同时并用；孩子越是长大，管和教就应该逐渐减少，而疏和导就越来越处于重要地位。孩子越大，就越要增加疏和导的分量。

孩子进入初中，父母对孩子的疏和导就应该占据重要地位了。进入初中阶段的孩子已经有了较强的独立意识，尤其是这个阶段的孩子的逆反、对抗心理较强，他们已经不再屈从父母的管束和说教，希望父母尊重他们，与他们平等的沟通。这时，激励和引导就应成为教育孩子的主导原则和方法了。

总之，如果父母能综合运用管、教、疏、导的四个原则，注意在孩子的不同成长阶段采用侧重点不同的教育方式，就能使自己对孩子的教育收到理想的效果。

当然，以上四原则要想有效实施，必须建立在父母对孩子的尊重和关爱之上的。没有对孩子的尊重就不会有对孩子的有效教育。没有对孩子的关爱之情，就不会有对孩子良好的情感沟通和良好亲子关系的建立，当然也不会有有效的教育。而且，一个教育水平越高、越有教育智慧的父母，越善于疏和导，管和教的成分用得极少。因为他们总能抓住孩子的内心需求，总能把握孩子的内心感受，伺机进行引导。

孩子不是货，莫要比三家

父母教子心经
争强好胜地拿孩子跟其他家的孩子去比，往往会给孩子带来伤害。

"我的孩子比你的强""我的教育方法比你好"，身为父母，这样的话是不是听着很耳熟？也许是听过，甚至是说过。是的，我们生活在一个充满竞争的社会，外界的压力迫使我们自己竞争，还要捎带上孩子。不过，你有没有想过，这样做会不会给孩子带来伤害？做了父母，人身上便会散发出一种慈爱的光辉。不过，初为人父母，也会有一点点惶恐，不知道如何才能成为一个好父母，于是倍感压力。他们开始和其他父母比较，开始对孩子倍加呵护，想成为完美爸妈。这些原本好意的父母最终却多因给孩子压力过大，伤害了孩子。

评介孩子须在以肯定为主的大前提下注意"度"，并把期望渗透其中。此外语气最好中肯、平和，给孩子一种实事求是、给听者一种不卑不亢的感觉为最好。

"我听说你家孩子考上重点高中了，真希望我的孩子也能像你的孩子一样有出息。"或者"你肯定走后门了吧？"

如果这是你的口头禅：当朋友或邻居们的孩子做得很出色时，我们都免不了会比较。如果自己的孩子相形见绌，不要自责。要常常提醒自己，就算孩子没有得到很多的奖品或证书，你也同样可以是个好父母。如果连你都很在意这些荣誉的话，你就在向孩子传递一种信息：他是个失败的孩子，因为他没有得过奖。同样，你也不能想当然地认为，如果别的孩子得了奖，他们的父母一定是走后门。这种想法会使得你们之间产生隔阂，一旦孩子碰到困难时，你便不会伸出援助之手。

如果你是听众：听到别人夸奖自己的孩子，这是对你的最好的恭维和鼓励。但切记不要时时刻刻都在别人面前夸耀自己的孩子。因为这样，你和孩子都会慢慢迷失在这些夸奖当中，无从判断其实他仍然有待提高。但如果你总是对孩子的成绩不予以重视，吝惜你的夸奖，那么你的孩子便会始终缺乏自信。

当你带着孩子和亲朋好友、左邻右舍在一起时，有时你免不了会当着孩子的面对他评介一番。尽管这些评介可能是脱口而出，或仅寥寥数语，然而对听者和孩子本人往往会产生微妙影响，要么会助长孩子的骄傲自满心理，要么会损伤孩子的自尊，打击孩子的自信心，使得孩子变得自卑起来。一些儿童教育专家总结了父母当面评介孩子的六大忌讳：

1. 忌自夸

"她是班上的小公主，老师、同学个个对她喜欢得要命！""他每次考试都是第一名，简直是个神童！"这类夸奖话即使真实度很高亦不宜常常挂在嘴边。在外人听来，这犹如"王婆卖瓜"，而对一些已略知谦虚的孩子来说，听了也会颇感别扭。

2. 忌全盘肯定

"他数字竞赛得了第一，校运动会上夺得了冠军，还被推选为拉拉队队长……"这类父母也许是被亲情迷糊了双眼，对孩子的缺点视而不见，而这种"全盘肯定"式的评介恰恰最易导致孩子的自满情绪。

3. 忌全盘否定

相反，诸如"这小子样样不行，是个大草包""我们家里没有哪个有他这么笨的"等全盘否定的评介又易走向另一极端，导致孩子产生自卑心理，甚至不思上进，破罐子破摔。

4. 忌是非不分

"这孩子喝酒快赶上他爷爷了""他真有两下子，偷了他姐姐十元钱却没被发现"……这类是非不分的评介肯定的是缺点、陋习，对孩子的坏影响不言自明。

5. 忌损伤自尊

对那些缺点较多但自尊心又较强的孩子来说，父母在向他人作评介时切莫信口开河。"这孩子今年又考了个倒数第一""她演出砸了锅，同学们都小看她"……这类损伤孩子自尊心的评介极易引起孩子的反感乃至反抗。

6. 忌贬低他人

在对自己孩子作评介时，与孩子的同龄人作"横向比较"是十分自然的，但此时须注意多多肯定别人家孩子的优点，而切莫任意抬高自己、压低别人，它本身就是一种"缺德"行为，如孩子仿而效之，将后患无穷。

教育孩子不能红白轮流唱

父母教子心经

家庭当中，当父母产生分歧的时候，孩子往往会觉得胜利一方的观点就是正确的，而事实上也许并非如此。长此以往，小孩的是非观会变得模糊，甚至颠倒是非。

《红楼梦》第三十三回"不肖种种大承笞挞"，写贾政因宝玉"不肖种种"，"笞挞"宝玉，王夫人上前阻拦："既要勒死他，快拿绳子来先勒死我，再勒死他。"接着，贾母出来进逼："先打死我，再打死他，岂不干净了！"逼得贾政只得跪下，又检讨又保证："皆是作儿的一时性起，从此以后再不打他了。"可见，对子女教育的态度出现分歧，从古到今在生活中屡见不鲜。

幼儿思维的一大特点是缺乏主见，易于服从。他们迷信权威，任何长辈包括父母、老师等，在他们心中都享有很高的权威，所以这时，如果父母的教育一致，是易于使孩子接受的。反之，如果父母意见有分歧，而且这种分歧是公开化的、让孩子一目了然的，那么就很影响教育效果了。孩子本身还不具有明确的是非观念，如果父母意见不一，孩子无所适从，很自然地倾向于保护他们的一方，那么持正确观点的一方所做的努力也就完全无济于事了。

只要有人的地方，就会有矛盾，没有两个人的看法是完全一致的，即使是感情深厚的夫妻。在对孩子的培养问题上、在处理与孩子有关的种种生活琐事上，父母双方的观点也不能永远保持一致，即使基本观点是一致的，也可能在具体问题上不一致。例如，父母都愿意孩子吃得好，但有时会因为给不给孩子吃肉而发生争执。小孩子在这个时刻，真所谓"处于两人之间，难以为人了"。

父母对孩子教育时一致性很重要，如果不一致，可能使父母大量的心血大打折扣，甚至付诸东流。父母在教育孩子的问题上发生分歧，爸爸说要往东，妈妈偏偏说往西，会令孩子无所适从，不知道听谁的才好。父母教育的不一致对孩子造成诸多严重的影响：

一是造成孩子的双重人格。

有的家庭在教育孩子时甚至会有意识地"你唱白脸我唱黑脸"，一个迁就、保护孩子，另一个则扮演严厉教育的角色，这对孩子是很不好的。情况严重的就会造成孩子的双重人格，在爸爸面前一个样，在妈妈面前另一个样。

二是使父母的威信降低，破坏家庭教育的效果。

当父母的教育意见不一致，尤其是在孩子面前发生争执甚至彼此否定对方的时候，会使孩子对父母产生失望的情绪，破坏了父母在孩子眼中的形象，降低了父母的威信，从而影响教育的效果。

三是削弱孩子自我控制能力的发展。

当孩子出现一定的行为后，如果父母一致肯定或否定，他就会知道自己正确与否，并学会在新的环境中继续或停止、改正这种行为，从而发展自我控制能力，但如果父母意见不一致，当孩子再次遇到同样的情况时，他根本就不知道自己究竟应该怎样做，更谈不上有意识地改正自己的行为。

四是容易使孩子不明是非。

当父母产生分歧的时候，孩子往往会觉得胜利一方的观点就是正确的，而事实上也许并非如此。长此以往，孩子的是非观会变得模糊，甚至颠倒是非。

五是影响孩子的心理健康。

父母教育观点不一致时，双方容易发生争执甚至争吵，使家庭气氛变得紧张，孩子会因此变得胆小、内向、惶恐不安，成长会受到影响，尤其是在心理健康方面。

那么这一问题应如何对待呢？应该商量，应该求大同存小异。最关键的问题是不宜把分歧暴露在孩子面前，即使他是0~3岁这样小的孩子。

1. 父母在孩子面前讲话要注意分寸

否则细心的孩子也会听出父母的意见有分歧（而且这是很自然的，不需要有谁教他们），就会寻求对自己有利的一方，而拒绝听从对自己不利的一方。这样，孩子怎么可能接受到良好的道德意识、道德情感方面的教育呢？

2. 当父或母一方教育方法不当时，另一方应在孩子不在时，提出自己的观点

千万不可一怒之下当着孩子什么都说，或者经常赌气：你如此，我偏要反其道而行之。这样只会使孩子是非观念紊乱，导致形成不良品德。

3. 父母各自对孩子的爱要把握好分寸

母爱是人世间最伟大而无私的爱，这种爱对孩子是有极为重要的作用的，缺乏母爱的孩子中有很多心理发育不全。但母爱又不能"好"

无止境,毫无理智。对待孩子,母亲也需要理智地去爱,这样才能使自己从"慈母"的角色中解脱出来,同父亲统一观点,使孩子具有对就是对、错就是错的明确看法。当然父亲也不应该过于严厉,不应该采取令孩子生畏的各种粗暴体罚,那样也不利于孩子的身心健康。

把时间分给孩子

父母教子心经
每天都要尽量花一定时间与孩子在一起,与孩子进行朋友似的谈心。

玛丽每天一早上班,下午3点下班。回家后,玛丽检查儿子的书包,到洗衣店给儿子洗衣服,然后做晚饭。一次,当玛丽打电话聊天时,10岁的儿子在起居室吼了起来:"妈妈,你就不能坐下来陪我一分钟吗?"儿子的话令玛丽大为震惊。自以为对儿子已够关心的玛丽,居然受到了儿子的责问。在今日美国,父母因工作繁忙,仅注重在生活上关照孩子,而对于孩子想要什么、想干什么,却一无所知。这一现象已引起美国社会的关注。

美国最近一项对全国三至十二年级的1023名学生的调查表明,孩子希望有更多的时间同父母在一起,希望父母不要总是忙忙碌碌,并希望父母重视自己。华盛顿的"青年发展研究所"对年龄在11~14岁的429个孩子的调查发现,孩子普遍希望能与父母有更为紧密的联系,希望能与父母在一起做些简单的事情。美国许多孩子说:"对我们来说,能与父母在一起多待一会儿是最大的愿望。"

教育专家们却指出,父母能够给予孩子的最好礼物就是时间。

据统计,目前儿童患孤独症的人数是以往的3.5倍。专家认为,这与父母工作紧张，无暇陪伴孩子或对孩子缺乏耐心有关。患孤独症的儿童多有语言障碍、多动、不合群等症状，这些孩子上学后多会出现学习障碍，长大后在与人交往时也会遇到困难。据调查，患孤独症的儿童一半以上父母经常忙于工作或性格急躁，很少与孩子交流。孤独症被称为精神疾病中的"癌症"，目前基本不能完全治愈，因此医生提醒父母：在为孩子提供丰富物质生活的同时，应多关心孩子的精神生活，以免造成终生遗憾。

现代生活的快节奏和人们心理的躁动不安，以及各种复杂的社会和生活问题，使得人们很难安心地与孩子们在一起。也许我们真的有无数事情要做，但这并不意味我们在工作与照顾孩子之间必须做出选择。只要稍动脑筋，就会发现许多事情都可以变成娱乐。做饭时，不妨与孩子玩玩"过家家的游戏"，其实这并不耽误做出一顿丰盛的晚餐，还能培养孩子的家庭责任感。与大一点的孩子一起做家务、猜谜、说故事、讲谚语都是不错的内容。

调查显示，我们身边超过40％的父母与孩子沟通时只谈孩子的学习，而沟通的方法多数仍以"父母"自居，以命令口吻与孩子说话，更有一部分父母干脆承认无法与孩子沟通。如今孩子喜欢的父母是：和蔼的、朋友式的、愿与孩子沟通的、有幽默感的。而父母对孩子的尊重，是良好沟通的前提，因而父母应学会倾听孩子的心声。

无论我们多忙，关心孩子都应该成为有责任心的父母的首要任务。父母们可从以下方面做起：

（1）父母每天都要尽量花一定时间与孩子在一起，时间长短并不重要，重要的是每天都要花一定时间坐下来与孩子朋友似的谈心。

（2）远离日常事务走出家门，对孩子和大人都有益处。只要有可能，父母就应设法与孩子一起去郊游、散步等。

（3）如果你的工作的确很忙，不妨每天制订一个工作时间表，并尽可能取消应酬、聊天等不是非干不可的事情，这些时间完全可以奉献给孩子。

勿以成人世俗心，误导孩子成长路

父母教子心经

　　孩子的世界像水晶，孩子的内心晶莹透明、纯洁无瑕，不要用世俗的观念和错误的思想来误导孩子的心态，父母要端正教育观念，教给孩子受益一生的正确的世界观、人生观和价值观。

　　有这样一个故事。

　　英国某家报纸曾举办一项高额奖金的有奖征答活动。题目是：在一个充气不足的热气球上，载着3位关系世界兴亡命运的科学家。

　　第一位是环保专家，他的研究可拯救无数人，使他们免于因环境污染而面临死亡的厄运。

　　第二位是核能专家，他有能力防止全球性的核子战争，使地球免于遭受灭亡的绝境。

　　第三位是粮食专家，他能运用专业知识在不毛之地成功地种植食物，使几千万人脱离因饥荒而亡的命运。

　　此刻热气球即将坠毁，必须丢出一个人以减轻载重，使其余的两人得以存活，请问该丢下哪一位科学家？

　　问题刊出之后，因为奖金数额庞大，信件如雪片般飞来。

　　在这些信中，每个人皆竭尽所能，甚至天马行空地阐述他们认为必须丢下哪位科学家的宏观见解。

　　最后结果揭晓，巨额奖金的得主是一个小男孩。

他的答案是：将最胖的那位科学家丢出去。

孩子的声音无疑是伟大的！有人说，千万不要当着孩子的面说谎，因为那是上帝的眼睛在看着你。

孩子的童心世界，装满了梦！代表着纯真、新奇、祥和、简单、友爱。孩子那清澈透亮、活力充盈的眼神，清纯得让你的良心不忍欺骗他、碰伤他。在孩子眼中，一切都是新的，没有所谓的社会、礼仪、道理、经验、尊卑甚至你我之分，完全是"自然人"状态，而后的种种经历、说教、文字和声音等的影响才使之逐步变成一个社会人，完成了"从猿到人的惊险一跃"！

可以说，孩子本身代表着一种文化，比如诚信、创新、人本、爱心、无边界等等，都在孩子身上有所体现。

然而，现在很多的父母亲在教育孩子方面，多采取急功近利的措施，过于关注孩子的学习成绩，而忽视了孩子心灵的培育和性格、品行的塑造。他们一方面为孩子的学习提供各种各样的优裕条件，一方面却又在用错误的方式误导着孩子。

比如，有的父母为了鼓励孩子好好学习，常常许诺给孩子奖赏多少元，或是给买好吃的食品、新衣服等等。

有的父母还把孩子领到棚户区，指着那里的人说："他们这么辛苦，因为他们都没上过大学。"又领着孩子来到高档宾馆和银行，告诉孩子："这里才是高层次的人工作的地方。"

这就是我们父母经常采用的教育孩子的方法。前者可称之为"物质激励法"，后者则为"环境对比法"。"物质激励法"广泛适用于那些生活水平高、物质丰富的家庭，此法可使孩子过早地懂得实用主义哲学，学习旨在获取物质；而"环境对比法"则较多适用于还不十分富裕、生活水平较低的家庭，急于培养孩子奋斗的方向和理想，从对比中明确取舍关系。

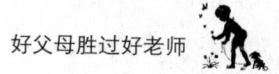

应该承认,这两种方法在一定程度上对孩子有鼓励、激发的作用。但从本质上看,这是不良的教育方式,说穿了就是在误导孩子,并以世俗杂念腐蚀孩子幼小的心灵。我们说,从"棒打出孝子""棒打出成绩"直到现在采用误导的方式,根本不是教育理念、教育方法和教学方法的进步,甚至是倒退。第一种方式会把孩子培养成简单的"功利主义者""急功近利者",而第二种方式也只会在孩子纯洁的心里种下"鄙视贫困者"的诱因。

向孩子许诺以好成绩换取父母的金钱、玩具;运用简单"忆苦思甜"的方式启发孩子;把狭隘的学习好是为家族父母争光的观念的灌输给孩子……诸如此类的带有很强的世俗观念的教育方式,无疑会扭曲孩子的灵魂,使得孩子的世界观、人生观和价值观产生倾斜。

作家路金波说:"千万不要给你的孩子只塑造一个世俗的、眼下的、渺小的世界。要从小给他看星空、海洋、恐龙、神话、圣贤。这样,等他长大的时候,他就有足够的胸怀容忍各种无趣的生活。"不要把世俗的复杂与混沌带给孩子,因为他们的世界像水晶——简单而透明。

孩子是属于社会、属于国家和属于世界的,作为一个完整的人应该有健康的体魄、健全的心理、高尚的品德和远大的理想,对周围人群充满仁爱之心,在未来社会上有竞争力。这才是我们做父母的应该努力的方向。

教育无小事,细节见真爱

父母教子心经

抓住点滴的细节对孩子进行及时的、恰到好处的教育,可让教育产生事半功倍的效果。

孩子从出生到长大成人，几乎大部分时间都生活在家庭中，接受着父母有意或者无意、有计划或者无计划、自觉或者不自觉的教育。这种教育往往是由一个个小细节组成的，要从点点滴滴做起，这样对孩子良好品行和行为习惯的形成是很有益处的。

孩子虽然还小，但他也是个独立的个体，也是家庭中的一员。父母要时时处处注意他的存在，家中的事情也要让他参与，多征求他的意见。尽管孩子的想法会很幼稚，但也要平等地对待，帮他分析、与他商量，不能很轻易地就否定了他的想法，要让孩子把父母当成朋友。一旦孩子真的把父母当成了朋友，对孩子的教育会方便多了。

在教育孩子时，同一种方法，在不同的时间或时机，发挥的效果是不同的，有时甚至会截然相反。如何抓住点滴的细节对孩子进行及时的、恰到好处的教育，让教育产生事半功倍的效果？以下是一些专家的建议，父母们不妨一试：

1. 生日时

对孩子来说，生日是最难忘而又愉快的日子。父母为孩子准备生日礼物和美味饭菜的同时，不要忘了生日赠言。生日赠言，既可是书面的，也可是口头的。赠言应使孩子明白一些道理。

2. 就餐时

从小时候起，就餐时教育孩子珍惜粮食、菜肴，使他明白饭菜来之不易的道理。让孩子在餐桌上学会礼貌和谦让。

3. 交际时

应利用家庭交际的机会，培养孩子文明、礼貌、热情、大方的交际素质。

4. 旅游时

给孩子讲解名胜古迹来历或故事的同时，有意识地教育孩子热爱祖国的大好河山，不要攀折花枝、乱涂乱写、用食物或脏物投掷动物、乱丢瓜皮果壳。

5. 家务劳动时

培养孩子爱劳动的良好习惯，可从他三四岁时教其干诸如洗手帕、铺床、叠被、扫地等入手，然后随年龄增长而"加码"。

6. 有成绩或过错时

孩子有了成绩，在鼓励的同时要让其看到不足，从而激励其更进一步；有过错，应帮其找出原因、分析危害，并"约法三章"，使孩子养成知错即改的好习惯。

7. 新学期开始或进入下一个新的学习环境时

此时，孩子会有一种新的学习意识或学习动力，父母若能注意因势利导，会旗开得胜，事半功倍。

8. 对某一事情怀有浓厚的兴趣时

只要孩子的这种兴趣是正当的，父母都应该尽自己的力量在物力、财力、时间等方面予以积极支持。一些文艺家、科学家就是这样产生的。

9. 有较大的集体活动时

应积极支持孩子参加，以培养其遵守纪律的习惯，加强其集体观念。

还孩子一片自由的天空

父母教子心经

什么是快乐的孩子？有自由的孩子才是快乐的孩子。

我们经常会听到类似的呼声，"给孩子减负，让孩子自由"，而有关的部门也正在努力做，正如有老师说："我们已经在学生的课业上减负了，但是父母们却没有给孩子减负，不是给孩子找家教就是上各类的补习班,不是学弹钢琴就是学画画,孩子大部分的自由时间都被挤占了。"

望子成龙、望女成凤是普天之下所有父母的心愿,我们对此没有什么异议,但爱孩子的同时您是否替孩子想过:他们的心里在想些什么?他们需要什么?他们喜欢过什么样生活?如今的父母都在千方百计地为孩子着想,让他们从小学这学那,总想着多学点东西以后会更优秀。

让孩子拥有多种技能,父母的用意是好的,但是如果把孩子的自由时间全部都排满了,孩子没有一刻闲着,那孩子就永远只能活在束缚下,永远都长不大了。因为一个真正成熟的孩子,是一个不用靠他人管教的孩子,是一个能独立的孩子,他能成为自己的主人。而要做主人就必须有足够的自由、自主能力,可以按照自己的条理来安排好自己的生活。

要想让孩子具有自主性,想让孩子更快地成长,父母应该适当放手,让孩子自己去做事情。其实,父母们只要肯放开手,就会惊奇地发现孩子的潜力是无穷的,他们能做许多在父母看起来不可能做到的事情。至于父母应该具体如何做,教育专家给出了如下建议:

1. 给孩子空间,让他自己往前走

孩子当然喜欢生活在父母亲的怀抱里,但是这样他永远不能长大。做父母的,应根据孩子自身的特点和能力,扩大孩子自由活动的空间,如鼓励他自己找朋友玩,让他在这个空间里自己当主人。

2. 给孩子条件,让他自己去锻炼

用拔苗助长这种违反客观规律的做法培养孩子,肯定是要失败的,但完全采用"顺其自然"的态度,也不利于孩子的成长。遵照客观规律,积极创造条件,让孩子去锻炼,这才是父母应该采取的正确做法。

3. 给孩子困难,让他自己去战胜

父母应多想办法给孩子设置一些困难,让孩子去解决;孩子在生活

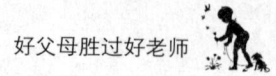

中碰到困难,也要求他尽量自己去解决,从而培养孩子应对未来的能力和意志。

4.给孩子权利,让他自己去选择

孩子的自主性在他的自主选择上表现得最为明显。但不少父母怕孩子选择错误,从来不给孩子选择的权利。这样的孩子长大后,就不能很好地适应竞争激烈的社会生活。父母应主动给孩子选择的权利,并告诉孩子要对自己的选择负责。

给孩子多一些自由吧!让孩子们快乐地成长,快速地成长!

教育,是让孩子成为最好的自己

父母教子心经

要高度关注孩子的内心想法和个性,让孩子成为最好的自己。

当下不少父母,对自己的孩子寄予很高的期望,为孩子制订的规矩也过于严苛。在教育孩子的过程中,一心按照自己设计的模式,要求孩子这样做那样做。殊不知,自己这样做只会扼杀孩子的天性,扼杀孩子的幸福,扼杀孩子的天真烂漫的童年。

蔡元培先生说:"教育的本质是展个性,尚自然。"教育孩子不是束缚孩子,不能违逆孩子的个性,应当按照孩子的成长规律对孩子进行正确、科学、有效的引导和启发。在21世纪的今天,时代对每一个孩子提出了更高的要求,要想培养出适应时代潮流的创新人才,我们就必须高度关注孩子的内心想法和个性,让孩子成为最好的自己。

父母要从思想深处、观念源头明白:孩子是一个无形的个体,不是自己的复制品,不能让自己成为一名雕刻师,按照自己的期望对孩子进行随意"雕刻",变孩子的无形为有形。那样只能会让孩子成为一个没有个性、没有头脑、没有热情、没有能力的"四无"型的平庸孩子。

父母要学会把选择权给孩子,让孩子成为自己的主人。千万不要用没有弹性的严苛规矩来限定孩子,给孩子的未来画上条条框框,不要在生活上凡事都为孩子包办代替,而应当给予孩子自己做主的机会,放手让孩子自己做自己。爱需要管教,更需要包容,需要守护,更需要引导,教育孩子的时候父母一定要学会收放有度。

父母不要用"过来人"的眼光去看待自己的孩子,为孩子制订不切实际的、束缚其个性的规矩,应当懂得放手,让孩子自己塑造人生的"方向",给予孩子充分的空间让其捏塑。父母要做的,是让自己成为一名欣赏者、引导者,对于孩子的每一次进步,及时送上掌声;对于孩子的每一个失误,及时加以纠正。也许孩子的成长不尽如人意,但只要你通过适当的指引让其掌好舵,他们终究会有到达彼岸的那一刻。

教育的真谛,不在于改造,而在于发现,在于引导,不在于向孩子灌输进去多少东西,而在于解放孩子固有的灵性,让孩子有力量自己成长。

父母是孩子学习与成长的引导者,而不是孩子思想的灌输者;是孩子跌倒时的搀扶者,而不是致其永不跌倒者。父母要遵循教育规律,让孩子有信心地成长,让孩子自觉、自主地发展,让孩子有能力主宰自己的命运,成为最好的自己。

不完美才是美,每个孩子都是一个不完美的天使。作为父母,不要苛求孩子,不要给孩子制订严苛的规矩,不要给孩子设定过高的期望值,不要苛求孩子成为群体中的佼佼者。培养孩子,不是培养完美。

在中国父母的眼里,孩子永远是孩子,孩子像风筝一样,飞得再高再远,父母都不会放走手中的线绳。但孩子毕竟不是风筝,而是一个真实存在的有思想的人。

孩子是你生的没错,可路需要他们自己去走。快乐应该是他们自己的快乐，成功应该是他们自己的成功。把握住这一点，作为一个父母，相信你才能像你期望的孩子一样——既成功，也快乐。

　　让孩子发展自己，成为自己，成为最好的自己，就是成功，也是作为父母最大的成功！

附录一　父母培养孩子要避免的 50 个错误

1. 重视言教而忽视身教
2. 只要求孩子不要求自己
3. 在教育孩子的问题上意见不一致
4. 刻意在孩子面前为自己树立威信
5. 自己犯了错，不能主动向孩子道歉
6. 把教育的责任推给学校
7. 认为"树高自然直"，对孩子放任自流
8. 轻易迁就孩子不合理要求
9. 对待孩子过度严厉，认为"不打不成才"
10. 孩子一有"出格"行为就训斥孩子
11. 孩子发脾气，自己的脾气更大
12. 教育孩子常常情绪化
13. 没有一个始终如一的规矩，掌握不好教育的度
14. 忽视孩子的责任心培养
15. 忽视孩子自信心的培养
16. 不忍心让孩子"吃点亏"
17. 教育孩子少管闲事
18. 无原则地为孩子辩护
19. 以大人的标准来判断孩子的问题

20. 注重孩子身体健康，忽视孩子心灵成长

21. 过分重视知识传授、技能培养，忽视孩子的品德教育

22. 只关注孩子的智商，而忽视孩子的情商、德商

23. 回避对孩子的性教育

24. 私自拆开孩子的信件

25. 利用自己的家长身份压服子女

26. 不给孩子发言权，家中变成一言堂

27. 认为听话的才是好孩子

28. 一心扑在工作上没时间与孩子沟通

29. 望子成龙望女成凤心切，高指标高标准要求孩子

30. 以分数作为衡量孩子能力的唯一标准

31. 只知责骂而不知赞美孩子

32. 对孩子的错误揪着不放

33. 过多地干涉孩子的兴趣

34. 拿孩子的特长当自己炫耀的资本

35. 强迫孩子按自己设计的轨道发展

36. 对孩子进行拔苗助长式的早教

37. 不能与孩子建立平等信任的朋友关系

38. 与孩子交流只说不听

39. 批评孩子不讲策略

40. 用挑剔的眼光找孩子的毛病

41. 不善于发现孩子的优点

42. 限制孩子与异性朋友交往

43. 孩子跌倒，赶快跑过去扶起孩子

44. 表扬的方式不注意"实虚"适度

45. 不重视培养孩子的自理独立能力

46. 替孩子把生活的一切包办好

47. 习惯用金钱奖赏孩子

48. 随意给孩子零花钱

49. 将孩子牵扯到家庭矛盾中

50. 从不跟孩子一起商量家庭大事

附录二 父母给孩子的50句成长期望寄语

　　1. 人生总会苦一阵子，但不会苦一辈子。请在你最无助、最孤独、最痛苦的时候选择好好活着，因为身体受之父母，那是我给你的生命，你无权放弃。

　　2. 人永远不知道意外和惊喜哪个先来，所以不要把好的东西放在最后才享受，要记住：活在当下。

　　3. 父母陪不了你一辈子，你将来的孩子也会离开你的家拥有他自己的小家。所以，你切记：靠山山会倒，靠人人会跑，让自己强大，靠自己才是一辈子最坚固的依靠。

　　4. 在任何时候，任何地点，任何场合都不要放纵自己。

　　5. 这个世界有真爱，前提是先爱护自己。

　　6. 人生的快乐比金钱更重要，善良比快乐更重要。

　　7. 女人可以不美，但心一定要美。生活可以不富裕，但要学会寻找快乐，快乐是人的一种心境。

　　8. 漂亮是没有错的，你可以利用美丽让别人第一眼对你产生好感，但是让别人长久地认为你美，只有善良。

　　9. 请帮助你能帮到的人，世界充满爱我们做不到，让你身边充满爱你是能做到的。

　　10. 人生只有一次，永远不会重来，所以，对什么有兴趣就往这方面发展，不在乎挣钱多少，天天从事的是自己喜欢的事业，最起码你每天工作是幸福的。

11. 请记住，这个世界有一盏灯永远为你亮着，有一扇门永远为你开着，不论你走了多远的路，经受了多大的痛苦，请不要忘了回家的路。

12. 孩子，任何时候请不要怀疑我对你的爱。我爱你永远比你爱我多。

13. 成长中，听烦了爸妈的教诲；离开家乡时，听烦了爸妈的祝福的话；悲伤时，听烦了爸妈的忧心话。殊不知，爸妈一直在牵挂。

14. 孩子，希望你做个身心健康、学习进步、将来对社会有用的人。

15. 孩子，在修好学业的同时要能够多承担集体、家庭责任，多关心天下事，做一个有责任感、品学体兼优的好孩子。

16. 只有你在业务上勤奋，你才会变得博学；只有你勤俭节约，你才会变得富裕；只要你积德行善，你才会心情畅快。

17. 只要你永远持有一颗积极向上的心，你就会迎来成功。

18. 成功需要坚持不懈，坚定地走好你的人生每一步路。

19. 不管你在哪里，妈妈坚信通过努力你会是最棒的。

20. 天道酬勤，人世间没有不经过勤劳而成为天才的。愿你日夜勤奋，早日成才。

21. 万丈高楼平地起。希望你认真学习，锻炼好身体，乐观开朗，和同学好好相处……记住：天道酬勤。

22. 振作精神，鼓起勇气，加油！孩子，你能行！

23. 竞争是压力和挑战，也是机遇和希望，成功属于战胜自我的人。

24. 你曾拥有阳光灿烂的昨天，你将迎来美丽快乐的明天，孩子，勇敢地面对未来的人生道路吧！

25. 生活是一本精深的书，别人的注释代替不了自己的理解，愿你有所发现，有所创造。

26. 不要说一天的时间无足轻重，人生的漫长岁月就由这一天一天连接而成；愿你珍惜生命征途上的每一个一天，让每天都朝气蓬勃地向前进。

27. 希望你发扬"笨鸟先飞"的精神，要明白"勤能补拙"的道理，在课堂上要勇于发表自己的见解，尊敬老师，团结同学，好好学习，天天向上！

28. 自立，自主，自强，那是你的优点，希望这些优点会陪伴你一生，让你享用不尽。胆小，犹豫，爱哭，那是你的缺点，希望这些缺点会在自己的努力下从你身上一一消失，那时，展现在我们眼前的是一个充满自信、充满阳光与笑脸的孩子。

29. 孩子，你是有着花样年华的小公主，伸展枝丫尽情地拔节生长、美丽绽放吧！

30. 孩子，别怕，只要有信心，你能做好一切你所想做的事。从身边的小事开始，做好每一件事，期待着你，小男子汉！

31. 希望你在新的一年里勇敢、坚强，好好学习，争取在思想道德、文化素质、劳动技能、健康等方面的素质继续创优！

32. 孩子，爸妈想给你提几个要求：一是要养成良好的学习习惯；二是要养成良好的生活习惯；三是要养成良好的日常行为规范。

33. 学习是不能偷懒的，懒一分钟，你的起步就比别人慢一个节拍。做什么事情都要脚踏实地，一步一个脚印朝着你的目标向前走。

34. 要掌控好属于你自己的分分秒秒，老师已把坚固的"船"和灵活的"桨"交给你了，希望你能依靠自己的力量把"船"划得更稳更远。

35. 只要你努力，就会有更多的希望。好好学习，知识永远是最强大的力量。

36. 期望你能度过一个快乐．丰富多彩的童年，通过不断学习，健康成长，提高本领，我们的生活因你而精彩。

37. 良好的行为习惯和学习习惯是你走向成功的双翼，希望你从小事做起，从点滴做起，勤奋、踏实、积极、健康、快乐。

38. 你面前那生活之海的沙滩，是一张金色的稿笺。愿你在这张无边的素笺上，用理想的霞光写出青春的诗篇。

39. 亲爱的孩子，你有着最令人羡慕的年龄，你的面前条条道路金光灿灿，愿你快快成长起来，去获取你光明的未来。

40. 你是泊于青春的港口的一叶小舟，愿你扬起信念的帆，载着希望的梦幻，驶向辽阔的海洋。

41. 你长着一对翅膀。坚韧地飞吧，不要为风雨所折服；诚挚地飞吧，不要为香甜的蜜汁所陶醉。朝着明确的目标，飞向美好的人生。

42. 明天，是个美丽灿烂．辉映着五光十色的迷人的字眼。愿你的明天无限美丽、无限灿烂、无限迷人。

43. 黎明即起，孜孜为善。愿你热爱生命的春天，珍惜时间的清晨，学那梅花，争作"东风第一枝"。

44. 聪明的人，今天做明天的事；懒惰的人，今天做昨天的事；糊涂的人，把昨天的事也推给明天。愿你做一个聪明的孩子!愿你做一个时间的主人!

45. 春天是碧绿的天地，秋天是黄金的世界。愿你用青春的绿色去酿造未来富有的金秋！衷心地祝贺你，用智慧、才情、胆略和毅力，开辟出一块属于你自己的土地。

46. 愿你在短暂的学习时日里，获得高超的本领、顽强的意志、博大的胸怀；像赛马一般，越过一道又一道高栏；让生命扬帆前进，驶向碧波滔滔的大海。

47. 愿你像那小小的溪流，将那高高的山峰作为生命的起点，一路跳跃，一路奔腾，勇敢地奔向生活的大海。

48. 愿你像颗种子，勇敢地冲破泥沙，将嫩绿的幼芽伸出地面，指向天空。孩子，愿你脱去幼稚的娇嫩，扬起创造的风帆，驶向成熟，驶向金色的海岸。

49. 愿你是一棵树：春天，吐一山淡淡的香味；夏天，洒一抹如泉的凉荫；秋天，举一树甜甜的青果；冬天，做一个养精蓄锐的好梦！

50. 愿你是风，鼓起白色的帆；愿你是船，剪开蓝色的波澜。生活正在你的前方微笑，勇敢地走上前去，将彩色的人生拥抱。